Soulful Georgia

소울풀 조지아

신화·종교·와인의 나라 **조지아**

마인드큐브

마인드큐브 책은 지은이와 만든이와 읽는이가 함께 이루는 정신의 공간입니다.

Soulful
Georgia

소울풀 조지아

신화 · 종교 · 와인의 나라 **조지아**

글·사진
변영숙

마인드큐브

차례

1. 트빌리시(1) 올드타운

2. 트빌리시(2) 루스타벨리

3. 므츠헤타

4. 시그나기

5. 텔라비 및 수도원 기행

6. 고리

7. 스테판 츠민다(카즈베기)

8. 쿠타이시

9. 메스티아

10. 우쉬굴리

아름다운 지상의 땅, 신화의 땅 조지아

조지아는 대(大)코카서스 산맥과 카스피 해 및 흑해로 둘러싸인 작은 나라다. 영토는 우리나라의 3분의 2 정도에 불과하고, 인구는 350여 만 명밖에 되지 않는다. 그러나 그들의 자연은 세계 어느 나라보다도 아름답고, 주민들은 놀랍도록 역동적이며 극적이다. 만년설과 빙하로 뒤덮인 해발 5천 미터가 넘는 고산준봉들, 끝없이 펼쳐지는 포도밭이 지평선 너머까지 이어지는 풍요의 땅, 풀과 모래바람만이 지나는 황량한 광야와 부드러운 바람에 일렁이는 바다까지, 그 모든 것을 품고 있는 곳이 조지아다.

그런가 하면 조지아는 고대 그리스 신화 '아르고 원정대'가 황금양피를 찾아 나섰던 고대 콜키스 왕국의 신화를 간직한 신화의 땅이자, 인류 역사 최초로 포도주가 만들어진 곳이기도 하다. 또 아르메니아의 뒤를 이어 로마보다도 먼저 기독교를 국교로 받아들인 최초의 기독교 국가이기도 하다.

그러나 조지아의 역사는 그리스, 비잔틴, 아랍, 페르시아, 몽고 등 주변 강대국들에 끊임없이 약탈당한 고난의 역사였다. 1801년 이후의 근대 200여 년은 러시아의 식민지로 지내야 했던 서러운 역사이기도 했다. 그럼에도 조지아의 전통과 정체성은 지켜져왔으며, 마침내 독립 국가로 우뚝 섰다.

우리는 조지아인의 정체성을 어떻게 이해하면 좋을까?

일찍이 푸쉬킨, 톨스토이, 레르몬토프, 고리키 등 위대한 러시아의 대문호와 화가들은 글과 그림으로 코카서스의 아름다움을 찬양했다. 톨스토이는 코카서스 산의 아름다움에 놀라움을 금치 못했고, 레르몬토트는 다리얄 계곡의 험준함과 쿠라 강 및 아그라비 강의 속삭임을 노래했다. 푸쉬킨은 그루지아 음식과 싸고 맛좋은 와인을 찬미했다. 고리키는 코카서스의 아름답고 역동적인 자연 덕에 게으름과 우울함을 떨치고 글을 쓸 수 있었다고 적었다. 러시아 대문호들의 아름답고 시적인 언어를 통해 코카서스의 아름다움을 접했다는 점에서 우리는 19세기 러시아 문학가들에게 빚을 지고 있음을 부정할 수 없다.

그러나 여전히 이 아름다운 지상의 땅, 신화의 땅 조지아에 대한 글은 너무도 적다. 인터넷상에 올라온 여행 글이 전부라고 해도 좋을 정도로 조지아 관련 서적이나 자료가 턱없이 부족하다. 내가 이 책을 쓰려고 마음 먹은 이유다. 여기저기 단편적으로 흩어져 있는 자료들을 하나로 모으고, 필자가 여행중에 보고 들은 생생한 이야기들을 더했다.

이 책은 나의 여행 일정을 토대로 씌어졌다. 조지아 관광청, 현지 여행사에서 제공되는 여행 정보 및 러시아어와 영어로 된 조지아 관련 문헌, 러시아 사이트 등 다양한 출처를 통해 자료와 정보를 수집했다. 그럼에도 내가 조지아 전문 연구가가 아니다 보니, 역사와 문화를 온전히 담아냈다고는 말하기 어렵다. 단지 조지아 여행 입문서나 인문 개론서로 읽힌다면 더할 나위없이 기쁘겠다.

— 변 영 숙

1. 트빌리시(1) 올드타운

조지아의 수도 트빌리시. 트빌리시는 쿠라 강변의 해발 500m의 절벽 위에 세워진 도시이다.

Tbilisi

나를 깨운 성당의 종소리
— 성삼위일체 성당

뎅그렁, 뎅그렁~~

짹짹짹~

어딘가에서 종소리가 들려와 잠에서 깼다. 새가 지저귀는 소리에 나도 모르게 미소가 지어졌다. 온몸에 기분 좋은 나른함이

느껴졌다. 반쯤 깨어 느끼는 나른한 행복감에 빠져들려는 찰나, 갑자기 정신이 퍼뜩 들었다. 낯선 누군가가 나를 지켜보고 있는 듯한 생경함에 벌떡 일어나 앉아 방을 휘둘러보았다. 가방은 제대로 닫히지도 않은 상태로 한쪽 구석에 팽개쳐져 있고, 옷가지는 소파와 의자 위에 아무렇게나 걸쳐져 있다. 화장품과 자질구레한 물건들이 화장대 위에 무질서하게 흩어져 있는 채다. 나는 그제서야 내가 한국의 내 방이 아닌 조지아 트빌리시에 와 있음을 깨달았다. 어젯밤 늦게 체크인을 하고 대충 씻고 그대로 곯아떨어졌던 것이다. 한국에서 조지아까지 장장 스물두 시간. 직항이 없어 바르샤바를 거쳐 오느라 시간이 많이 걸렸다. 공항에 도착한 것이 새벽 한시쯤, 게다가 비까지 부슬부슬 내렸다. 깜깜한 밤중에 어떻게 택시를 타고 여기까지 왔었는지…… 모든 게 꿈만 같았다.

사메바 츠민다 사원. 조지아 정교의 상징이다. 연중 순례자와 관광객들의 행렬이 이어진다.

또 종소리가 울려퍼졌다. 이번엔 아까보다 소리가 더 컸다. 커튼을 젖히고 창문을 열었다. 방안으로 빛과 바람이 한꺼번에 밀려들었다. 아, 얼마 만에 보는 맑은 하늘인지! 눈물이 다 날 지경이었다. 이토록 맑은 하늘을 미세먼지 때문에 보지 못하고 살았다는 것이 분했다. 미세먼지 걱정 없이 이토록 청명한 하늘을 보면서 살아가는 조지아인들이 부러웠다. 바람에 펄럭이는 커튼, 덩그렁거리는 종소리, 담벼락 아래서 누군가 조용조용 속닥거리는 소리, 비닐봉지 부스럭거리는 소리…… 모든 것이 몽환적이었다. 방은 1층이어서 창밖으로 보이는 것이 많지 않았는데, 그런 중에도 옆집 지붕 너머로 교회 끝자락이 보였다. 그 교회가 '츠민다 사메바'임을 깨닫는 데에는 단 1초도 걸리지 않았다. 갑자기 알 수 없는 감동이 밀려왔다. 조지아에 온 것이 정말로 실감되었다. 조지아인들의 정신적 지주라는 사메바 성당의 종소리가 주는 울림은 무척 특별했다. '성령'까지는 아니어도 어떤 신성함의 가까이에 다가와 있는 듯한 느낌이 들었다.

급히 옷을 차려입고 밖으로 나왔다. 숙소는 철제 대문과 마당이 있는 일반 주택을 연상시키는 구조였다. 안채와 별채로 나뉘어 있고, 과거 우리나라 단독주택에서 볼 수 있었던 장독대와 비슷한 것이 있었다. 장독 대신 야외용 테이블이 놓여 있는 것이 달랐고, 그 위를 포도 넝쿨이 덮고 있었다. 내 방은 마당과 면해 있었다. 방문만 열면 바로 마당이었다. 출입문이 어찌나 육중한지, 여닫는 것이 버거울 정도였다. 다른 투숙객들은 아직 잠을 자고

조지아 하우스. 트빌리시 변두리에 위치한 '조지아 하우스'는 70-80년대 우리나라 주택을 연상시켰다.
포도 넝쿨이 우거진 장독대 테라스와 마당이 있고, 지하에는 술 저장고까지 갖추고 있다.

있는지, 아무와도 마주치지 않고 대문 밖까지 나왔다. 숙소는 도로변에서 쑥 들어온 골목길에 있었는데, '조지아 하우스'라는 간판만 없었다면 일반 주택과 별로 다른 것이 없었다. 어린 시절 우리집 뒷골목에 있던 허름한 여인숙이 떠올랐다. 그래서일까. 처음 온 동네인데도 낯설지가 않았다.

새벽 공기는 서늘했고, 골목 안은 고요했다. 거리에는 오가는 사람이 거의 없었다. 도시가 깨어나려면 아직 더 시간이 지나야 하는 걸까. 경사가 심한 비탈길을 따라 다닥다닥 붙은 낡고 허름한 건물들이 길게 이어졌다. 아직 문을 열지 않은 상점과 식당들, 가판대, 전신주에 나붙은 전단지들, 바닥에 널려 있는 쓰레기들…… 텅빈 공간 속에 어제의 흔적이 고스란히 남아 있었다.

아블라바리 거리는 시내에서 뚝 떨어진 변두리 지역으로, 일명 '아르메니아 타운'으로 불린다. 작고 허름한 음식점들과 카페들, 싸구려 노점상들이 들어차 있다. 우리나라 신림동이나 인천의 차이나타운 같은 곳이다. 조지아이면서 조지아가 아닌 듯한 묘한 느낌이 나는 거리였다.

골목 입구에 연보랏빛 꽃이 활짝 피어난 자카란다 나무가 골목을 환하게 밝히고 있었다. 주로 아프리카에서 볼 수 있는 자카란다를 이곳에서 보는 건 뜻밖이었다.

나무 옆에 한 노인이 서 있었다. 나는 인사를 건넸다.

"도브로예 우뜨로(좋은 아침입니다)!"

"도브로예 우뜨로!"

"혹시 이 나무 이름이 뭔지 아세요? 나무가 참 멋지네요."

"아뇨, 나도 몰라요."

"이 동네에서 오래 사셨나요?"

"그럼요. 주욱 여기서 살았는걸요."

나고 자란 동네의 나무 이름을 모른다는 건 좀 의외다.

"츠민다 사메바 가는 길이 이 길 맞나요?"

"사메바요? 그래요, 저 위쪽으로 곧장 올라가면 돼요."

노인은 친한 친구 이름을 부르듯 짧게 '사메바'라고만 불렀다. 그 노인에게 사메바는 그냥 동네 교회일 뿐일지도. 스무 시간 넘게 비행기를 타고 와서 '츠민다 사메바'를 찾아 올라가는 나와는 다르겠구나. 노인이 일러준 방향으로 천천히 걸었다. 아침 공기가 신선했다. 게스트하우스, 식당, 고급 레스토랑, 유스호텔, 할렘 식당이 사메바의 턱 밑까지 이어졌다.

성물 판매점과 성상화

성물 판매점 문이 열려 있었다. 비좁은 가게 안에는 십자가와 이콘, 종교서적, 성경책, 묵주 등이 진열대를 다 채우고도 모자라 바닥에까지 쌓여 있었다. 하나님과 성모마리아, 예수는 물론이고 성경 속 인물들과 조지아의 역사적 인물들을 묘사한 성상화들이 벽에 가득했다. 타마라 여왕과 성녀 니노의 성상화도 눈에 띄었다. 타마라와 니노. 두 여인이 없었다면 조지아는 어떻게 되었을까. 조지아는 이 두 여인에게 빚을 지고 있다고 할 만큼 조지아 역사에 두 여인이 미친 영향은 지대하다. 한 명은 조지아 역사상 가장 강력한 시대를 이끌었던 군주이고, 또 한 명은 조지아에 처음으로 기독교를 전파한 조지아 정교의 어머니다. 문득 이 두 여인을 합한 것이 '조지아의 어머니상'이 아닐까 하는 생각이 들었다. 타마라와 니노는 사후에 조지아 정교의 성인으로 추대되었다. 조지아인들이 가장 좋아하는 성상화가 바로 타마라 여왕과 성녀 니노의 성상화다.

성상화는 원래 글을 모르는 사람들에게 기독교를 전파할 목적

츠민다 사메바 사원 가는 길에 들른 성상화 판매점

츠민다 사메바 사원 후문 쪽에는 허름한 상점과 노점상들과 허름한 식당들이 즐비하다.

으로 제작되기 시작했다. 예수나 성모마리아의 일대기 또는 성서의 교리나 성인, 순교자 등을 그리다가 후대로 가면서 역사적 인물들을 소재로 한 성상화들도 제작되었다. 교회의 벽에 그려지던 성상화는 점차 나무판 조각이나 채색 삽화, 에나멜화, 테피스트리나 스테인드글라스 등으로 발전해갔다. 성상화는 나라와 시대에 따라 예술적 경향성과 표현 기법이나 방식, 대상 등이 달라졌다. 때문에 성상화는 단순히 종교화의 의미뿐만 아니라 시대적, 역사적 상황 등을 파악할 수 있는 귀중한 사료이기도 하다. 변두리 골목가 성물판매점에서 방대한 분량의 성상화와 성물을 보다니 운이 좋다는 생각을 하며, 사메바 언덕으로 향한다.

드디어 츠민다 사메바

상점들과 식당을 지나자 사메바 성당의 입구가 보였다. 그런데 뭔가 이상했다. 조지아 정교의 자존심이라는 성당의 입구가 이렇게 허술하다는 것이 이상했다. 알고 보니 그곳은 정문이 아닌 후문이었다.

성당 정문 입구에 검은 옷을 입은 걸인들이 앉아 있었다. 그녀들은 눈만 내놓고 머리까지 검은 천으로 감싸고 앉아 지나는 사람들에게 들릴 듯 말 듯한 소리로 '빠마기쩨, 빠마기쩨(도와주세요)'라며 구걸했다. 사람들은 대부분 그들에게 눈길 한 번 주지 않고 그대로 지나쳤다. 나는 돈을 주어야 하나 말아야 하나 고민이 되었다. 그냥 지나치자니 너무 야박한 것 같고, 몇 푼이나마 돈을 주자니 다들 지나치는데 혼자만 이상한 사람이 되는 것 아닌가 하는 생각이 들었다. 결국 나는 주머니에 있던 잔돈을 다 꺼내어 건넸다. 그래야 마음이 편할 것 같았다. 그런데 그녀들의 반응이 당혹스러웠다. 내가 건넨 돈의 액수에 비해 너무 과하게 고마움을 표시하는 게 아닌가. 몇 번이고 고개를 숙이며 '스파시바(감사

츠민다 사메바 후문에서 도움을 청하고 있는 걸인들. 조지아 대형 사원 주변에서 쉽게 만날 수 있는 풍경이다.

합니다)'를 웅얼대는 통에, 돈을 줄까 말까 망설였던 내가 오히려 부끄러워졌다.

분홍색의 작은 예배당을 지나 드디어 사메바 성당에 닿았다. 규모가 정말 압도적이었다. 누군들 그 거대함에 제압당하지 않을 수 있을까. 사메바 성당은 '인간들이여 보라, 너희들이 얼마나 작은 존재인지! 신이 얼마나 위대한지를!' 하고 외치고 있는 듯했다. 인간의 나약함과 신의 위대함을 동시에 느끼게 하려는 것

츠민다 사메바. 한눈에 담기 힘들 정도로 거대한 사메바 성당.

이 설계자의 의도였다면, 그는 분명 성공한 듯하다. 목이 아플 정도로 고개를 뒤로 젖혀야 성당의 모습이 한눈에 들어왔다. 다른 나라의 가톨릭 성당들의 화려함에 비하면 사메바 성당의 외관은 비교적 소박했지만, 알 수 없는 위엄이 서려 있는 듯했다.

사메바 성당의 정식 명칭은 츠민다 사메바 대성당이다. 조지아어로 '츠민다'는 거룩하고 성스럽다는 뜻이며 '사메바'는 삼위일체라는 뜻이니, '성삼위일체 성당'이라는 뜻이 된다. 트빌리시 시내가 한눈에 내려다보이는 엘리야 언덕 위에 우뚝 세워져 있는 대성당은 조지아 정교와 조지아인들의 자존심이다.

사메바 대성당은 조지아 정교회 독립 1,500주년과 조지아 독립 공화국 설립을 기념하기 위해 세워졌다. 설계자는 1989년에 개최된 국제 설계공모전에서 선정된 조지아 건축가 아킬 마인디아스빌리. 설계안이 확정된 후 6년이 지난 1995년 11월 조지아 총대주교 일리아 2세가 첫 삽을 떴고, 2004년 완공되었다. 건축

츠민다 사메바 대성당의 야경

에 9년(설계안 채택 시점부터 따지자면 15년)이 걸린 셈이다. 그해 5월 6일 조지아의 수호성인인 '성 조지아의 날'에 봉헌되었다.

사메바 성당은 정부의 주도 하에 국민들의 성금으로 지어졌다. 당시 조지아 국민들은 집안에 있던 금붙이를 팔아 기부할 정도로 성당 건축에 뜨거운 관심을 보였다. 해외 교포들의 성금도 줄을 이었다고 한다. 사메바 츠민다를 조지아 정교의 상징이며 자존심이라고 하는 이유를 알 수 있을 듯했다.

사메바 성당은 전체 면적이 5,000제곱미터, 높이가 87미터에 이르러, 전 세계 정교회 성당 중에서 세 번째로 크다. 성당 본당은 대예배당 외에 대천사, 성녀 니노, 성 게오르기우스, 성 니콜라스, 12사도 등 9개의 소규모 예배당을 갖추고 있으며, 이 중 5개는 성당 지하에 있다. 본당 외에도 종탑, 대주교사택, 목회신학교, 남자 수도원, 호텔, 휴게실 등을 두루 갖추었다. 아마 조지아에서 이 정도 규모와 시설을 갖춘 종교 시설은 앞으로 나오기 힘들 것이다.

사메바 성당 안으로 들어섰다. 내부는 예상과 달리 무척 소박하고 간결했다. 정교회 예배당에 의자를 두지 않는 전통에 따라 예배석이 없고 2층까지 뚫린 통구조 덕분에 무척이나 넓고 광대해 보였다. 워낙에 관광객과 방문객들이 많아서인지 예배당은 활짝 열려 있었고 사람들이 자유롭게 오고갔다.

언젠가 정교를 믿는 러시아인에게 왜 예배당에 예배석이 없는지를 물어본 적이 있다. 그때 러시아인의 대답이 지금도 생생하다.

"신 앞에서 참회하고 기도를 올리는데 어떻게 편하게 앉아서 하겠어요?"

모두가 똑같이 서서 머리를 조아리는 모습에서 자신을 한껏 낮춘 죄인의 모습을 본다. 많은 이들이 정교 교회에서 더 신의 거룩함과 신성함을 느꼈다는 것을 보면 이 사소한 '전통'이 큰 역할을 하지 않나 싶다.

아치형의 높은 천장과 하얀색 벽면, 은은한 색상의 거대한 대리석 기둥들이 예배 공간의 권위와 경건함을 한층 더 부각하고 있었다. 천장과 벽면의 창문을 통해 흘러드는 빛은 마치 천상에서 비추는 듯 신비하고 신성하게 느껴졌다. 사메바의 가장 화려한 장식이라면 이 눈부신 빛이 아닐는지. 제단의 정면 벽에는 지금도 프레스코화가 그려지고 있었다. 어떤 작품이 사메바의 벽면을 장식하게 될지 기대가 된다.

벽면과 기둥 벽면에는 성모나 예수, 타마라 여왕, 성 조지 등 수호성인이나 역사적 인물들의 이콘화들이 걸려 있었는데, 나무판에 제작된 소박한 이콘을 비롯해 에나멜 기법과 금은세공과 보석 등으로 장식된 화려하고 값비싼 이콘화들까지 무척이나 다양했다.

입구 왼쪽 벽에 걸려 있는 대형 이콘화 〈조지아의 성인들〉은 크기(가로 3미터, 세로 3미터)와 에나멜 기법, 그리고 금도금으로 장식된 화려한 수법이 압도적이었다. 이 성상화에는 조지아에 기독

츠민다 사메바

츠민다 사메바 내부

교를 전파한 성녀 니노, 타마라 여왕과 함께 가장 위대한 왕의 반열에 오른 다비드 4세(일명 '건설왕'), 이교도의 침략으로부터 조지아를 지켜낸 영웅들과 수도사들 등 조지아의 모든 성인들이 총망라되어 있었다.

이 화려하고 웅장한 이콘 역시 조지아인들의 기부와 성금으로 제작되었다. 남녀노소 할 것 없이 반지와 귀걸이, 시계, 금목걸이 같은 장신구들을 성상화 제작에 기꺼이 내놓았다고 하니, 조지아인들이 얼마나 성당 건립을 염원했는지를 알 수 있다. 조지아인들의 헌신과 정성으로 탄생한 놀랍도록 아름다운 이 성상화는 사메바 대성당과 함께 조지아 정교의 통합의 상징으로 많은 사랑을 받고 있다. 이밖에 에나멜 기법과 추금 방식으로 제작된 타마라 여왕의 이콘, 성 조지의 이콘 등도 눈길을 끌었다.

그러나 이토록 아름답고 신성한 사메바 대성당 건립의 이면에는 어두운 그림자도 드리워져 있다. 엘리아 언덕은 원래는 17세기에 조성된 '호지반크'라는 아르메니아인들의 공동묘지였다. 그러나 성당을 건립하는 과정에서 무덤들은 무참히 파헤쳐졌고 유골들이 모습을 드러냈다. 그러나 조지아 당국은 이 유골들을 그대로 흙더미 속으로 파묻어버리는 만행을 저질렀다. 조지아 당국의 비인도적이고 야만적인 행위는 아르메니아인들의 공분을 산 것은 물론, 조지아 사회 내에서도 상당한 파장을 일으켰다. 가장 성스러워야 하는 한 국가의 '성전'이 다른 민족의 피눈물과 유골 위에 지어졌다는 사실이 씁쓸함을 자아낸다.

츠민다 사메바 내부를 장식하고 있는 성상화들

사메바 성당에는 관광객들과 순례객들의 발걸음이 끊임없이 이어졌다. 사람들은 입구에서 성호를 긋고 초를 사서 밝히고, 이콘 앞에서 성호를 긋고, 이콘에 입을 맞추고, 성경책을 읽고, 기도문을 암송했다. 어떤 이들은 바닥에 무릎을 꿇고 앉거나 이마를 조아리고 엎드려서 한참 동안 일어나지 않았다. 획일적인 방식이 아니라 자신이 원하는 방법으로 신과 소통하고 기도하는 모습이 무척 인상적이었다. 그들의 몸짓에서 묻어나는 정성과 경건함에 이방인인 나까지도 사뭇 숙연해졌다.

제단 앞에서는 사제복을 입은 사제들이 일정한 간격을 두고 기도문을 암송하거나 촛불 봉헌을 하거나 일행들이 둥그렇게 모여 서서 성호를 긋고 기도를 했다.

"저분들은 지금 뭘 하는 건가요?"

옆에 서 있던 현지인에게 물어보았지만 그도 잘 모르겠단다. 일반인들이 복잡한 종교의 예법을 잘 모르는 것은 우리나 그네들이나 별 다를 바가 없었다. 신앙이란 그런 것인 모양이다. 그냥 믿는 것이다. 증명할 수 없는 믿음의 영역일 뿐이다. 그래서 신앙이다. 교리를 해석하고 논쟁하고 피를 뿌리는 일은 신앙의 영역을 벗어난 또다른 영역의 일이다. 신앙을 빙자한 인간의 탐욕이

츠민다 사메바에서 기도하는 사람들

개입되는 영역이 아닐지.

어둠 속에서 수없이 성호를 긋고 머리를 조아리며 신을 찾는 사람들을 보면서 인간이 얼마나 연약한 존재인가를 깨닫는다. 자신의 연약함을 깨달을 때 비로소 겸손해질 수 있다는 사실도. 종교란 무엇인가, 믿음이란 무엇인가 하는 질문들이 떠올랐다. 사람들은 이 질문들에 대해 저마다의 답을 할 것이다. 나 역시 나의 답이 있다. 그리고 두 시간 이상 사메바에 머무는 동안 조지안들의 답도 들은 것 같다.

사메바 대성당에 서면 쿠라 강 건너편 언덕에 우뚝 솟은 '조지아 어머니상'이 보인다. 조지아인들이 선지자 엘리아 언덕에 사메바 대성당을 세운 이유를 어렴풋이 알 것도 같다. 사메바 성당과 어머니상을 마주 보이게 세움으로써 조지아와 정교가 하나임

츠민다 사메바에서 만난 수도사.
쿠타이시 수도원에서 온 맑은 눈빛과
온화한 표정을 잊을 수가 없다.
수도사는 끝내 수도원의 이름도
본인의 이름도 알려주지 않았다.

을 표현하고 싶었던 것은 아닐지. 그들에게 어머니는 곧 신이 아닐지. 그러나 그 어머니와 신이 조지아 민족만을 위한 신이라는 것이 안타까울 뿐이다.

츠민다 사메바.
트빌리시에 머무는 동안 몇 차례나 사메바 언덕을 올랐다. 매번 다른 풍경을 마주하면서 깊은 감동을 느꼈다.

맞은편 풍경을 한참 감상하고 있는데 좀 전에 예배당에서 마주쳤던 조지아인과 또 맞닥뜨렸다. 그는 수도사와 함께였다. 간단하게 인사를 주고받았다. 수도사는 그의 형인데 지금은 쿠타이시의 작은 교회에 있으며 트빌리시에 온 김에 사메바 성당에 '성지순례'를 왔다고 설명해주었다. 수도사의 눈빛이 그지없이 맑았다. 그 눈빛을 보면 거짓말을 하거나 나쁜 생각을 하는 것은 꿈도 꾸지 못할 정도로 맑았다. 쿠타이시 어느 수도원에 계시냐고 물었더니 수도원이 작아서 말해줘도 모를 것이라며 굳이 수도원 이름을 밝히지 않았다. 그 수도사의 맑은 눈빛과 온화한 표정을 잊을 수가 없다.

조지아인에게 정교는 삶 그 자체

조지아는 아르메니아와 비잔틴 제국의 뒤를 이어 세 번째로 기독교를 공식적으로 받아들였다. 정교의 종주를 자처하는 러시아보다 무려 650년이나 이르다. 조지아인들이 자긍심을 갖는 것도 바로 이 부분이다. 조지아인들에게 종교는 당연히 '조지아 정교'이며, 다른 종교란 생각할 수조차 없다. 2018년 기준 조지아 국민의 83.9퍼센트가 조지아 정교를 믿는다.

조지아를 돌아다니다 보면 자기들의 조상과 나라가 자랑스럽다는 조지아인들을 많이 만난다. 늘 외부의 침략에 시달리고 지금도 전쟁 중이며 가난한 나라를 물려준 조상들이 뭐가 자랑스럽다는 것인지 의아스러웠다.

"대체 어떤 점이 자랑스러워요?"

"우리 선조들은 끝까지 우리의 종교를 지켜내고 그렇게 지켜낸 종교를 후손들에게 물려주었습니다. 목숨을 바치기도 했죠. 나는 기독교 국가를 물려준 우리 선조들이 무척 자랑스러워요. 우리 역시 우리의 종교를 지켜 우리 자손들에게 물려줄 겁니다."

그의 말투는 무척 단호했고, 얼굴에는 자부심이 가득했다. 자국의 역사와 선조에 대해 이 정도로 자랑스러워하는 모습은 나에게는 조금 생소했다.

나는 어떤가. 나도 그 사람처럼 내 나라와 선조들을 자랑스러워하는가. 몇년 전, 사마라칸트에서 한 청년이 한국은 어떤 나라냐고 나에게 물었다.

"한국이요? 글쎄요……"

나는 청년의 질문에 선뜻 대답할 수 없었다. 그 전까지 한번도 진지하게 '내 나라'의 정체성에 대해 고민해본 적이 없었다. 삼면이 바다에 둘러싸인 아름다운 나라라고 할까. 오천 년의 역사를 지닌 동방의 조용한 나라라고 할까. 사람들이 착하다고 할까. 세계 8위의 경제력을 지닌 IT강국이라고 할까. 세계에서 유일한 분단국가라고 할까. 지금까지도 나는 조지아인들만큼 준비를 해놓은 것 같지 않다.

조지아인들의 신앙심은 남다르다. 시골 촌구석, 산꼭대기 작은 성당에도 촛불이 꺼지는 법이 없다. 돌무덤같은 성당 한 구석에는 꼭 누군가가 두 손을 모으고 기도를 드리고 있는 모습을 보게 된다. 그들은 수시로 이콘에 입맞춤을 하고 성호를 긋고 기도문을 암송한다. 운전 중에도 교회나 길가에 세워진 십자가가 보이면 성호를 긋는다. 조지아인들의 이런 행동들은 거의 무의식적인 반사작용에 가깝다. 조지아인들의 집과 차에서 이콘을 발견하는 것은 그리 어려운 일이 아니다.

조지아인들에게 종교는 공기처럼 당연한 것이며, 기도는 생활이고 일상이다. 그리고 그들의 종교는 다름 아닌 조지아 정교다. 조지아인들의 신앙은 이미 어머니 뱃속에서부터 시작된다. 태어나면서 세례를 받고, 걸음을 걷기 시작하면 아버지의 손을 잡고 교회에 간다. 커서는 교회에서 결혼식을 올린다. 자신의 아이가 생기면 또 손을 잡고 교회로 이끈다. 죽어서는 하나님의 품으로 돌아간다고 생각한다. 그들의 삶이 이런데 어떻게 다른 종교를 믿을 수 있겠는가. 그렇다고 조지아인들이 자신의 종교를 일부러 혹은 유별나게 드러내는 법은 없다. 시도때도 없이 '하나님 아버지, 우리 주'를 목 놓아 부르는 한국의 기독교인들과는 많이 다르다.

조지아인들이 정말로 이해하지 못하는 것은 '신을 믿지 않는 것'이다. '신은 존재하지 않는다', '신을 믿지 않는다'고 말하면 '어떻게 신을 믿지 않고 살아가지? 말도 안 돼!. 농담하지 마!'라는 반응이 대부분이다. 조지아인과 조지아 문화를 이해하기 위해서는 조지아 정교가 키워드인 이유다.

조지아가 기독교를 국교로 공인한 것은 4세기 고대 이베리아 왕 미리안 3세 때이다. 물론 미리안 3세가 기독교를 공인한 데에는 '왕권 강화'라는 정치적인 목적이 깔려 있었다. 즉, 기독교를 수용함으로써 비잔틴과의 유대를 강화하고 페르시아를 견제하는 한편, 원시종교 사제들의 힘을 무너뜨려 왕의 입지를 다지는 것이 그의 목적이었다. 종교가 통치 수단의 일종이었던 셈이다.

기독교 수용 이후에도 기층 민중들은 여전히 토속신앙을 숭배했다. 그래서 토속신앙과 기독교의 갈등도 심했다. 그러나 시간이 흐르면서 기독교는 민중의 신앙으로 자리 잡기 시작했다. 그렇게 조지아에서 정교는 국가와의 상호보완적 관계 속에서 발전했다. 국가는 교회의 지지를 확보하여 통치의 정당성을 확보하였고, 교회는 국가의 비호를 받으며 발전해왔던 것. 특히 국가에 위기가 닥쳤을 때 조지아 정교는 민중들의 정신적 지주 역할을 하며 민중을 통합하고 결속하여 국난을 극복할 수 있는 구심점 역할을 해왔다.

조지아인들에게 조지아 정교는 조지아 민족의 정체성이자 민족독립의 상징이라고 할 수 있다. 조지아인들은 한번도 자신들의 신을, 그리고 정교를 배신하지 않았다. 목에 칼이 들어와도 기독교, 즉 조지아 정교를 선택했다. 자신들의 피로써 지켜온 것이 바로 조지아 정교다.

트빌리시 건설자 바흐탕 고르가살리와 메테히 교회

트빌리시의 여행은 이 도시의 건설자인 바흐탕 고로가살리 기마상에서 시작된다. 말 위에 올라타서 한쪽 팔을 높이 들어올리고 있는 고르가살리는 자신이 세운 도시 트빌리시에 환영인사를

쿠라 강에 세워진 수도 트빌리시의 건립자 바흐탕 고르가살리 기마상

건네고 있는 듯 보인다. 바흐탕 고르가살리(440~502)는 고대 이베리아 왕국의 왕 중에서 가장 잘 알려진 왕으로, 수도 트빌리시를 건설하고 페르시아에 맞서 조지아의 자립과 기독교를 지키기 위해 전 생애를 바쳐 싸운 왕이다.

'고르가살리'는 페르시아어로 '늑대머리'란 뜻이다. 전투에서 늘 늑대머리 투구를 쓴 그를 페르시아 병사들이 '늑대머리'라 불렀는데, 그것이 아예 그의 이름이 된 것이다.

고르가살리는 열여섯이라는 비교적 어린 나이에 아버지의 뒤를 이어 왕위에 올랐다. 그의 목표는 '페르시아에서 벗어난 강력한 정교 국가 조지아'를 건설하는 것이었다. 이를 위해 통치 기간 내내 친(親)비잔틴 정책을 취하며 페르시아에 저항했으나 끝내

나리칼라 성

페르시아의 지배에서 벗어나지 못하고 6세기 초 페르시아군과의 전투에서 입은 부상으로 전사하고 만다.

그는 비잔틴의 황제 제논의 친척인 헬레나와 정략결혼을 감행했고, 북코카서스의 오세티아인들을 정벌하고 북부의 다리알과 우자르마 요새를 강화했다. 이 모든 정책들은 오직 페르시아의 지배에서 벗어나기 위함이었다.

그는 또 조지아 정교의 독자성을 확립하기 위해서도 여러 조치를 취했다. 비잔틴에 베드로 주교와 12사도를 보내달라고 요청하였고, 므츠헤타의 주교직을 대주교로 승격시키고, 므츠헤타의 스베티츠호벨리 대성당을 재건했으며, 메테히 교회를 지었다.

메테히 교회. 정식명칭은 메티히 성모 승천교회다.

생전 그토록 조지아의 독립과 조지아 정교를 위해 죽음도 불사했던 고르가살리는 지금 므츠헤타의 스베티츠호벨리 성당에서 영면을 취하고 있다. 비록 생전에는 조지아의 독립을 보지 못하고 눈을 감았지만, 명부에서나마 지금의 조지아의 모습을 보며 뿌듯해 할지도 모르겠다.

고르가살리의 기마상 뒤편에는 메테히 성모 승천교회가 서 있다. 메테히 궁과 함께 건립된 메테히 교회는 무려 서른일곱 번이나 파괴되고 다시 지어졌다. 현재의 건물은 13세기 드미트리오스 2세가 6년(1278~1284)에 걸쳐 건립한 것이다. 메테히 교회의 수난은 몽고군에 의한 파괴가 가장 심했다. 성당 안에는 몽고군의 침략과 성당 찬탈을 묘사한 성상화가 걸려 있는데, 그림이 세밀

케이블카에서 내려다 본 쿠라 강과 메테히 교회

쿠라 강과 메티히 다리.

하지 않음에도 몽고군의 잔인성과 그 날의 참혹함이 그대로 전해져 온다.

메테히 다리가 보이고 그 아래 쿠라 강에는 몽고군의 칼에 목이 잘려나간 조지아인들의 시체와 잘린 머리통이 둥둥 떠내려가고 있다. 당시 몽고군은 다리 위에서 성상화를 불태우고 시민들에게 개종을 강요하면서 이를 거부하는 자는 가차없이 목을 베어버렸다. 몽고군에게 학살된 사람의 수가 만 명이 넘는다고 한다.

메테히 교회는 20세기 초반까지도 거의 파괴된 채로 방치되어 있다가 1988년 이후에서야 복원이 되고 미사를 행하기 시작했다. 그동안 교회는 처참할 정도의 모욕을 당했다. 침략자들은 자

신들의 목적대로 교회를 유린했다. 17~18세기 이슬람군은 메테히 교회 일대에 3천 명 이상의 병사가 머물 수 있는 거대한 요새를 세웠고, 19세기 러시아군은 군막과 감옥으로 사용했다. 심지어는 죄수들의 처형장으로 사용하기도 했다. 조지아 출신 소련 공산당 서기장인 스탈린도 이 교회 감옥에 투옥된 적이 있다. 종교를 인민의 아편이라 여겼던 소비에트 정권 시절인 1938년, 교회는 완전히 폐쇄되었다. 1940~60년대에는 조지아 국립미술관

의 소장품 보관소로 활용되었다.

트빌리시 전경

주인없는 성, 나리칼라

메테히 교회에서 내려와 다리를 건너 나리칼라로 향했다. 지금의 메테히 다리는 과거의 피비린내 나는 참혹한 살해 현장이라고는 믿어지지 않을 정도로 아름답고 평화로웠다. 다리 위에 잠시 멈춰서서 쿠라 강을 바라보았다. 강은 물살이 느껴지지 않을 정도로 느릿하게 흐르고 있었다. 보트와 유람선이 강물에 몸을 맡긴 채 부드럽게 흘러가고 있었다. 햇살 한 자락이 물살 위에서 빙글빙글 돌며 희희덕거렸다. 눈을 감고 절벽 위에서 불어오는 바람에 몸을 맡긴 채 풍경 속으로 빠져들었다. 얼마나 지났을까. 돌연 달그닥거리는 말굽 소리가 들려왔다. 관광객을 싣고 시티투어를 하는 마차가 지나가는 소리다.

트빌리시 올드타운이 시작되는 메테히 광장은 언제나 단체 관광객들과 관광버스, 투어 마차, 택시 등이 뒤섞여 혼잡스럽다. 트빌리시에서 가장 '관광지'다운 곳이다. 과거 최대 상업지구였던 메이단 지구는 지금도 레스토랑, 카페, 기념품점, 유명 와이너리 숍와 최대 아케이드 상점들이 들어서 있다. 정면에 대형 무흐라

쿠라 강을 오가는 케이블카

메테히 광장 부근은 트빌리시 관광 1번지라 할 정도로 번화하다.

나리칼라에서 관광객들의 캐리커처를 그려주고 있는 화가

나리칼라에서 생과일주스를 파는 할아버지

니 와이너리숍을 비롯해 조지아 전통 식당뿐만 아니라 아르메니아, 아제르바이잔, 스페인 식당들도 뒤섞여 있어 각국의 음식을 맛볼 수 있다. 뒷골목 카페 거리에는 약간 퇴폐적인 분위기의 카페들도 어렵지 않게 볼 수 있고, 물담배가 불법이 아닌 이곳에서는 노천카페에서 물담배를 피우는 사람들도 종종 볼 수 있다.

상점들 뒤편으로 일반 주택들이 서 있는데, 주택가 오르막길을 따라 나리칼라로 올라갈 수 있다. 나리칼라는 4세기 중반 페르시아인들이 므타츠민다 산 중턱에 건립한 요새다. 도시를 누가 점령하는가에 따라 성곽의 주인도 계속 바뀌었다. 5~6세기에는 고대 이베리아 왕국을 방어하는 요새로 사용되었다.

나리칼라를 오르려면 도보나 택시, 케이블카, 푸니쿨라 같은 대중교통을 이용할 수 있다. 나는 택시를 타고 올라가서 케이블카를 타고 내려왔다. 택시는 좁고 가파른 언덕을 거침없이 달렸다. 자동차가 사람들을 피하는 것이 아니라 앞서 걷던 사람들이 놀라서 옆으로 비켜섰다. 트빌리시 택시기사들의 운전솜씨는 타의 추종을 불허했다. 아마 운전 솜씨를 겨루는 대회가 있다면 절대 우승을 놓치지 않을 사람들이다. 그들의 운전 실력은 능숙함을 넘어 현란했다. 질주 본능이 발동된 기사들에게 승객들의 안전은 뒷전으로 보였다. 경주마처럼 최단 시간에 목적지에 도착하는 게 그들의 최대 관심사인 듯했다. 승객인 내가 겁을 먹고 잔뜩 웅크릴수록 기사는 즐거워했다. 표정에는 '뭐 이까짓 거 같고 그래?' 하는 의기양양함이 가득했다. 택시는 롤러코스트를 질주

하는 것 같은 현란한 묘기 끝에 정확히 성문 앞에 정차했다. 기사는 득의만만한 표정을 지어보이더니, 서둘러 다른 관객을 찾아 떠났다.

나리칼라는 유명세에 비해 고즈넉했다. 크베브리와 깨어진 돌 조각들이 오래된 유적지임을 말해주고 있었다. 성당 정원의 한 켠에서는 한 노인이 즉석 생과일주스를 만들어 팔고 있었다. 성 안에서 그 혼자만 쥬스를 팔고 있는 모습이 좀 의아했다.

나리칼라 성은 최근에 복원된 성벽에 빙 둘러싸여 있는데, 성벽에 올라서면 트빌리시 풍경이 한눈에 다 들어온다. 나리칼라 성 안에는 두 개의 성당이 있는데, 그 중 니콜라우스 성당의 문이 열려 있었다. 12세기에 건립된 니콜라우스 성당은 상당 기간 방치되어 있다가 1998년에야 복원되었다. 성당에서는 오랜된 성당에 밴 향내 대신 시큼한 시멘트 냄새가 강하게 풍겼다. 성당 입구에 노파가 앉아 초도 팔고 이런저런 잡다한 일을 하고 있었다. 관광객들은 오래 머물지 않고 한 바퀴 둘러보고는 금방 나갔다.

이름도 모르는 성인의 이콘 앞에 초를 밝히고 성호를 긋고 잠시 묵상을 했다. 나는 정교 신자는 아니었지만 말과 생각을 멈추고 서 있는 그 짧은 순간 느껴지는 평화로움과 무거운 정적감, 그리고 '누군가'와 교감하는 느낌이 좋았다. 그래서 조지아 여행을 하는 동안 늘 초를 피우고 이콘화 앞에 서서 기도를 했다. 그렇게 하고 있노라면 어떤 때는 절대자의 존재가 느껴지기도 했고, 어떤 때는 내 마음이 좀 너그러워지는 듯도 했다.

성당을 나서면서 소개책자를 샀다. 노파는 내가 민망할 정도로 좋아했다. 얄팍한 책자에는 니콜라우스 성당에 대한 간단한 내용이 소개되어 있었는데, 책의 품질도 내용도 수준 미달이었지만, 돈이 없어 복구작업을 엄두도 못 내는 대부분의 조지아 성당을 생각하면 그 정도도 감지덕지로 여겨졌다.

벽화 한 점 없이 텅 비어 있는 조지아 성당들은 무척 검박하다는 느낌을 준다. '진정으로 신을 모시는 곳'이라고 나름의 해석도 달아보았다. 그런데 알고보니 돈이 없어 벽화를 그리지 못하고 있던 것이었다. 외관은 그럭저럭 복원 또는 재건했지만, 벽까지 장식할 여력이 아직 안 되었던 것이다. 그래서 벽화 대신 저렴한 성상화를 군데군데 걸어놓은 곳이 많다. 조지아의 성당이나 수도원들은 그렇게 가난했다. 그 텅 빈 벽들이 언제쯤 아름다운 벽화로 채워질지 아무도 모른다. 과연 그런 날이 올지조차도 불분명하다. 성당 입구에는 성당 재건용 기금함이 있지만, 어느 세월에 모금을 받아 성당 재건을 할 수 있을지.

나리칼라 요새는 4세기 중반 페르시아인들에 의해 세워졌다. 7세기 이슬람의 우마야드 왕조가 증축하였으나 파괴되었고, 다시 아랍인들이 새로 쌓았다. 11세기 건설왕 다비드 4세가 수도 트빌리시를 탈환하고 증축하였으나, 13세기 몽골군에 의해 파괴되었다. 다시 복구된 나리칼라는 1827년 발생한 대규모 지진으로 크게 파괴되었다. 1935년에야 소비에트 정권에 의해 일부가 복구되었다.

이름도 여러 번 바뀌었다. 처음 지어졌을 때에는 '부러할 만한 요새'라는 뜻의 '슈리스치헤'라 불렸다. 몽고 점령기에는 '작은 요새'란 뜻의 '나린칼라'로 불렸다. 지금 불리는 나리칼라는 '튼튼한 요새'라는 뜻이다.

성벽의 많은 구간은 허물어진 채로 복구의 손길을 기다리고 있었다. 발을 살짝만 잘못 디뎌도 흙이 떨어졌지만, 사람들은 아랑곳하지 않고 성벽 위로 올라섰다. 나도 사람들을 따라 성벽에 올라섰다. 트빌리시가 한눈에 들어왔다. '느리게, 천천히'란 이름 그대로 쿠라 강이 유유히 흘러간다. 까칠한 몸통을 다 드러내고 서 있는 강 연안의 절벽들, 그 위에 아슬아슬하게 얹혀 있는 오래된 집들, 고르가살리의 기마상, 메테히 교회, 메테히 다리, 리키 공원, 식물원, 대통령궁, 이바노투바니, 저 멀리 사메바 대성당까지 트빌리시의 모든 것이 한눈에 담겼다. 강물에 몸을 맡긴 유람선이 떠 있고, 그 위로는 케이블카가 쉴새없이 오르내린다. 이토록 아름다운 도시가 그토록 오랜 시간 외세의 침략에 신음해야 했다는 사실에 가슴 한 구석이 아파왔다.

이제는 폐허로 변해버린 옛 성터에서 젊은 여행객들이 둘러앉아 여유롭게 맥주를 마시고 있었다. 그 풍경이 너무 평화로워 이곳이 전쟁터였음을 잊게 된다. 낡은 청바지와 티셔츠를 입고 맥주 한 모금에 행복한 미소를 짓는 젊음이 눈부셨다.

나리칼라 성과 최근에 복원된 니콜라우스 성당

외국인 관광객들이 무너진 나리칼라에서 맥주를 마시고 있다.

한손에 와인, 한손에 칼 — 조지아 어머니상

'조지아 어머니상'으로 이어지는 나리칼라 성벽길에는 기념품들과 음료수 등을 파는 노점상들이 늘어서 있었다. 캐리커처를 그려주는 화가도 있었다. 다른 도시에서는 장사꾼들이 번잡스럽게 느껴진 적이 많았지만, 조지아에서는 오히려 반가웠다. 양동이에 가득 담긴 꽃이 무척이나 탐스러웠다. 꽃을 사면 소박한 포장지에 둘둘 말아주었다. 그 투박한 꽃다발이 그렇게 곱게 보일 수가 없었다. 수백 송이의 장미가 아니어도, 온갖 화려한 포장이 아니어도, 그저 꽃 한 송이로 족하다. 사람의 마음을 표현하는 데는 말이다.

뉴욕에 자유의 여신상이 있는 것처럼, 트빌리시에는 '조지아 어머니상'이 있다. 조지아 전통 의상 차림의 어머니상은 왼손에는 와인잔, 오른손에는 검을 들고 있다. 어머니상의 메시지는 분명하다. '친구에게는 가장 귀한 와인을 대접하지만, 조지아를 넘보는 자들에게는 가차 없이 칼날을 선사하겠다!'

어머니상 손에 들린 와인 잔의 의미는 조지아인들을 만나는 순간 저절로 알게 된다. 조지아인들에게 손님은 '신이 보내신 선물'이다. 조지아인들이 '신이 보낸 선물'을 어떻게 대하는지는 상상에 맡겨두고자 한다. 그럼, 그들에게 적은 누구였을까. 아랍, 그리스, 로마, 페르시아, 러시아…… 수도 없이 많다. 조지아를 둘러싼 모든 나라들, 그리고 기독교 세력이 아닌 모든 이교도들이 조지아의 적이었다. 러시아의 식민지로 전락한 적이 있다고 해서 조지아를 유약한 나라로 오인하면 안 된다. 조지아는 끝없는 이교도들의 침입에도 자신들의 종교인 정교를 지켜낸 나라다. 결국 조지아는 승리한 것이다.

조지아 어머니상은 조지아의 기독교공인 1,500주년을 기념하기 위해 건립되었다. 조지아의 조각가 엘구자 아마슈켈리의 작품이다. 높이가 무려 20미터에 달하는 대작이다. 트빌리시의 어

리키 공원과 조지아 어머니상

디에서든 어머니상은 눈에 띈다. 캄캄한 어둠 속에서도 어머니상만은 은은한 빛을 발한다. 그런데 아이러니컬하게도 정작 가까이 가면 너무 커서 발등과 등밖에 보이지 않는다.

케이블카 탑승장에서 2.5라리를 주고 탑승권을 구입했다. 충전식 탑승카드로 전철카드에 충전하는 것도 가능했다. 우리 돈으로 2천 원도 안 되는 돈이다. 말도 안 되게 저렴해서 미안한 생각마저 들었다. 스르르르 케이블카가 움직이기 시작했다. 맞은편에 젊은 엄마와 아이가 탔다. 현지인으로 보였는데, 그들도 케이블카가 처음인지 연신 감탄사를 내뱉었다. 꼭 처음 남산 구경을 온 시골 사람들처럼 말이다.

케이블카에 앉아서 보는 트빌리시 풍경은 또다른 느낌을 주었다. 꼭 동화 속 도시 같았다. 금방 서 있었던 나리칼라 성이 눈부시게 빛나고, 부드러운 햇살에 감싸인 어머니상은 더없이 자비로워 보인다. 절벽 위에 금방이라도 굴러떨어질 듯 서 있는 옛집들과 오늘날의 조지아의 발전상을 보여주는 현대식 고층빌딩들, 대통령궁과 고르가살리 기마상 모든 것이 조화롭게 어우러져 참으로 아름다웠다.

트빌리시를 감상하는 또 하나의 방법은 쿠라 강을 가르는 요트를 타보는 것이다. 해질녘 미끄러지듯 달리는 요트 위에서 바라보는 쿠라 강은 뭐라 할 수 없는 특별한 감정을 이끌어냈다. 세월호의 악몽이 떠올라 구명조끼를 달라고 부탁했지만, '구명조끼 같은 거 없다'며 나를 약간 이상한 눈으로 쳐다보았다. 내가

노을지는 쿠라 강에서 바라본 도시 풍경

나리칼라 성에서 바라본 트빌리시 야경

구명조끼가 없다면 안 타겠다고 하니 그제서야 어디론가 급히 가더니 구명조끼를 가져왔다. 나중에 사진을 보니 정말로 구명조끼를 입은 사람은 나밖에 없었다. 이번에는 '혹시 맥주를 파느냐'고 물었더니 없다고 하더니만 또 금방 어디론가 가더니 플라스틱 컵에 담긴 맥주를 가져왔다. 그에게 나는 어쩌면 '진상손님'이었을지 모르겠다. 그래도 나에게 그 선원은 정말 친절한 사람으로 기억에 남아 있다. 같은 공간에서 같은 것을 경험했어도 기억은 이렇게 서로 정반대일 수 있다는 게 신기하다.

노을에 쿠라 강이 붉게 물들어가는 모습이 정말 환상적이었다. 강 밖에서 보는 것과 강 안에서 보는 노을이 이렇게 다르다는 것을 처음 알았다. 요트는 물살이 흐르는 방향으로 움직이다가 또 유턴을 해서 강물을 거슬러오르기도 했다. 절벽 틈에도 집과 교회로 보이는 건물들이 촘촘히 박혀 있었다. 전혀 다른 도시가 하나 더 있는 것만 같았다. 눈물이 날 정도로 아름다운 석양 풍경이었다.

성 니노의 십자가가 보관된 시오니 성당

"이게 성 니노의 십자가 맞나요?"

물걸레로 바닥을 문지르던 여자는 말없이 나를 쳐다보았다. 그 눈빛은 이렇게 말하고 있었다.

"어서 비켜요. 청소해야 되니까."

사메바에서 나와 택시를 타고 시오니 성당으로 향했다. 사메바에서 시오니까지는 다리 하나만 건너면 되는 아주 짧은 거리였다. 택시기사가 잠깐 멈칫했던 이유를 알 것 같았다.

시오니 성당에는 '성 니노의 포도나무 십자가'가 보관되어 있다. 사메바 다음으로 시오니 성당을 찾는 것은 당연해 보였다. 시오니 성당은 조금 둔탁하고 음산한 느낌을 풍겼다. 성당 안은 관광객들과 순례객들이 뒤섞여서 혼잡했다. 미사 시간이 아닌데도 지나다가 들어와서 잠시 기도를 하고 가는 사람도 많았다. 그들에게 교회는 정해진 날 찾는 곳이 아니라 지나가다 교회가 보이면 잠깐이라도 들러서 기도하고 가는 곳이다. 마치 이웃집을 찾

시오니 성당의 예수상

시오니 성당. 영아세례식이 거행되고 있다.

는 것처럼 말이다.

시오니 성당은 사메바와 달리 화려함과 화사함 대신 시간이 삭힌 묵직함이 있었다. 엄숙함과 권위감 같은 것이다. 숨소리까지도 검열되는 듯한 압박감이 느껴졌다. 가능한 한 조심조심 움직였다. 조심을 하는데도 나의 움직임이 거슬렸는지 못마땅한 눈초리를 보내는 사람도 있었다.

나는 시오니 성당에 퍽 오래 머물렀다. 사메바와 다른 시오니의 분위기에 빠져들었다. 칙칙하고 어두컴컴한 교회 내부와 붉은 향초와 십자가에 매달린 예수상, 교회 벽면마다 놓여 있는 이

시오니 성당에 보관되어 있는 성 니노의 십자가. 일년에 두 번 대중에게 공개된다.

름 없는 고인들의 석관들까지 모든 것에 마음을 빼앗겼다. 단체 관광객 몇 팀이 들어왔다 나갈 때까지 두 시간을 넘게 머물렀다. 문 닫을 시간이 가까워지자 방문객도 뜸해지고 교회 안에는 적막감이 흘렀다. 나는 이곳에서 기도하는 법을 배우려고 노력했다. 조용히 그리고 가슴으로 하는 기도법을.

니노의 십자가는 제단 오른편의 구리로 만든 격자 보호대 뒤편에 보관되어 있었다. 격자가 어찌나 촘촘한지 십자가는 잘 보이지 않았다. 니노는 포도나무 가지를 자신의 머리카락으로 엮어매서 십자가를 만들었다. 그래서 니노의 십자가 양끝은 아래쪽으로 처져 있는 것이 특징이다. 한쪽으로 기울고 비율도 맞지 않았지만 사람들에게 성 니노의 십자가는 최고의 성스러운 물건이다. 성 니노의 십자가는 그녀가 처음 조지아 땅에 발을 들여놓을 때부터 가지고 왔다고도 하며, 조지아에 와서 만든 것이며 모두 네 개가 있다고도 한다.

시오니 성당에 보관된 니노 십자가는 일년에 두 번 대중에게 공개된다고 한다. 시오니 성당의 엄숙함은 모두 니노의 십자가가 발휘하는 힘일 것이다.

이보다 더 좋을 수는 없다
— 아바노투바니 유황온천

나리칼라 요새에서 멀지 않은 곳, 메이단 거리의 남쪽에 붉은 색 둥근 지붕이 봉긋봉긋 솟아 있는 곳이 있다. 트빌리시의 유황온천 '아바노투바니'이다. 거대한 붉은 수포가 뒤덮고 있는 모습 같기도 하고, 우주선이 착륙해 있는 것 같기도 하다. 어찌 보면 이슬람의 영묘를 닮기도 했다.

아바노투바니는 트빌리시의 건설 신화와도 연관이 있다. 사냥을 나온 바흐탕 고르가살리가 뜨거운 물이 샘솟는 것을 보고 숲을 제거하고 세운 도시가 바로 트빌리시다. 트빌리시라는 이름 자체가 조지아어로 '따뜻하다'라는 의미다. 온천 광장에는 고르가살리의 사냥매가 꿩을 매단 채 뜨거운 물에 빠져 죽었다는 전설을 전하는 동상이 세워져 있다.

러시아의 대문호인 푸쉬킨, 레르몬토프, 톨스토이 등이 모두 트빌리시의 유황온천을 무척이나 사랑했다고 전해진다. 1829년 조지아의 온천장을 다녀간 푸쉬킨은 '여기보다 더 좋은 온천장을 보지 못했다'며 조지아의 유황온천을 극찬했고, 프랑스 작가 알렉상드르 뒤마는 파리에 트빌리시와 같은 온천장이 없는 것을 아쉬워했다고 한다. 이곳에 유황온천장이 한창 번성했을 때에는 60여 개의 온천장이 운영되었다는데, 현재는 열 곳 정도의 온천

장이 영업 중이다. 이슬람 건축양식의 푸른색 파쉬탁이 인상적인 오르벨리아니 온천장이 바로 푸쉬킨이 찾았던 온천장이다.

아바노투바니 유황온천장

2. 트빌리시(2)
루스타벨리 거리

루스타벨리 거리 야경

Tbilisi

시간이 만든 모자이크, 루스타벨리 거리

"이 허름한 건물에 작곡가 ○○○이가 살았어요."

"설마요?"

자유광장을 시작으로 약 1.5킬로미터 이어지는 루스타벨리 거

조지아 문학가 아카키 체르첼리와 일리야 차브차바제 동상

리는 국립조지아 박물관, 내셔널 갤러리, 발레 및 오페라 극장, 체호프 극장 등 조지아 문화의 진수를 만끽할 수 있는 곳이다. 이곳에 있는 박물관이나 미술관을 다 둘러보려면 하루 종일로도 부족하다. 그러나 벤치에 앉아 있거나 거리를 걷는 것만으로도 분위기를 느끼기에는 충분하다.

18~19세기에 지어진 고풍스러운 유럽식 건축물들이 자태를 뽐낸다. 아름다운 조각들로 장식된 발코니며, 거대한 기둥이 받치고 서 있는 회랑과 교회, 고급아파트들이 늘어선 루스타벨리 거리는 흡사 19세기 유럽의 어느 도시에 와 있는 듯한 착각을 불러일으킨다. 루스타벨리가는 조지아와 트빌리시의 역사에 긍지와 사랑을 유산으로 남겨준 인물과 사건들을 오래도록 기억할

그리보예도프 드라마 극장 +G66

시민을 위한 추모 공간이 있는 '4월 9일 공원'

인고리카 거리 8번지. 1918~1920년 조지아 공공교육 및 내무부로 사용되었던 건물이다.

조지아의 유명 작곡가 미하일 타리예르지예프가
1931년부터 1948년까지 이 건물에서 살았다.

수 있는 공간과 장치들이 많이 있다는 점에서 더 각별한 의미가 있는 거리다.

예컨대 이런 식이다. 내셔널 갤러리 옆 '4월 9일 공원'에는 1989년 조지아 민주화 운동에서 희생당한 시민을 위한 추모 공간이 있다. 공원 깊숙이 자리한 이 공간에는 희생자들의 생년월일을 적은 패널들이 걸려 있는 나무들이 자라고 있다.

거리를 걷다 보면 문 앞에 "1873~1905 작곡가 ○○○가 이 집에서 살다"라고 적힌 글귀를 자주 보게 된다. 조지아 사회에 특별한 족적을 남긴 사람들이 거주했던 사실을 기록으로 남겨서 그의 예술적 성취에 감사함을 표현하고 있는 것이다. 거창하게

트빌리시 도심의 한 낡은 건물에 국민예술가이자 지휘자인 '콘스탄틴 알렉산드로비치(1872~1933)가 이곳에 살았다.'라고 적혀 있다.

리모델링을 한다거나 으리으리한 조형물을 갖다놓는 것이 아니다. 그저 현판 하나면 족하다. 길을 걷다 누구라도 현판에 적힌 이름을 한번 부르는 것만으로도 충분히 그를 기억하는 행위가 될 터이니 말이다. 이는 도시의 역사를 기록하는 방식이면서, 그 도시의 저력이자 품격이 아닐까 생각한다. 그런 점에서 트빌리시는 작지만 자신의 가치를 보존하고 드러낼 줄 아는 도시임에 틀림없다.

한국의 내가 사는 시(市)에서는 해마다 가을이면 어느 유명 시인의 이름을 딴 예술제가 열린다. 그의 시를 읽는 시낭송회나 그를 기리는 글짓기 대회 등 각종 행사가 동시에 열리는, 제법 규모가 있는 축제다. 해가 갈수록 예술제의 명성은 높아지고 있으며, 덩달아 지역의 위상도 높아지고 있다. 나는 우리 시에서 앞장서서 연예인도 아닌 시인의 뜻을 기리는 행사를 열고 그를 추모하는 것에 대해 몹시 고무되었었다.

그런데 어느날 뜻밖의 사실을 알게 되었다. 생전에 가난하기로 유명했던 그 시인은 한 푼의 유산도 남기지 못했다고 한다. 홀로 남은 아내는 할수없이 남편과 함께 살던 집을 내놓을 수밖에 없는 형편이 되었는데, 누군가 인수하지 않으면 경매에 넘어가게 생겼다. 아내는 남편의 유품과 함께 집을 지방정부에서 인수하여 시인을 위한 작은 기념관이라도 만들어주기를 바랐던 모양이다. 그러나 아내의 제안은 보기 좋게 거절당했다. 다행히 집은 경매에 넘어가기 직전 시인의 지인이 인수하여 안면도 어딘가로 그대로 옮겨가 보존하고 있다고 한다. 그러나 50박스 분량에 달하는 시인의 유품은 지금도 갈 곳을 찾지 못하고 어느 단체의 창고에 임시로 보관중이라고 한다. 이 이야기를 듣고 나는 지자체의 겉치레 행정에 실망하지 않을 수 없었다. 시인을 기리는 행사를 치르는 그 마음으로 시인이 살던 그 허름한 집 하나 인수하면 오죽 좋았을까. 시인의 유품들을 어느 공원 한켠에라도 보존할 수 없었을까. 시인의 집과 유품을 외면하면서 그의 이름을 딴 예술제를 개최하고 그의 시어를 따서 둘레길 이름을 짓고 하는 모습이 썩 좋아 보이지는 않는다. 내가 사는 시의 공무원들이 트빌리시의 문화 감각을 배우기를 나는 소망한다.

루스타벨리 거리에는 갤러리와 박물관 외에도 아기자기한 낭만적이며 예술적인 공간들이 곳곳에 숨겨져 있다. 그것들을 찾아내는 재미도 쏠쏠하다. 우연히 발견한 '다디아니'라는 카페도 그런 공간 중의 하나인데, '다디아니'라는 이름은 조지아의 유명한 시인이자 작가의 이름에서 따왔다.

다디아니 카페는 4월 9일 공원과 내셔널 갤러리 바로 옆 이면도로에 위치해 있는데, 낮에는 음료와 식사를 제공하고 밤에는 아마 춤도 출 수 있는 곳인 듯했다. 그런데 무엇보다도 나를 사로잡은 것은 내부 인테리어의 색감이었다. 선명한 원색과 색의 대비가 멋진 실내 공간은 산뜻하면서도 강렬한 인상을 주었다. 이 포토제닉한 장소는 들어서자마자 나를 사로잡았는데, 음식을 주문하는 것도 잊고 사진 찍는 것에 몰두해서 눈총 아닌 눈총을 받

트빌리시에는 독특한 분위기의 카페가 많다. 아름다운 색채로 장식된 한 '다디아니' 카페.
카페 분위기가 마음에 들어 종업원에게 포즈를 취해줄 것을 요청하자 기꺼이 포즈를 취해주었다.

았다. 물론 나 혼자의 생각이지만. 조지아에서는 그 어디서도 그 누구도 주문을 늦게 한다거나 커피 한 잔 시켜놓고 오래 머문다고 해서 눈치를 주거나 싫은 내색을 하지 않는다. 오히려 그런 것에 신경을 쓰는 나를 더 이상하게 여겼다. 한번은 긴 생머리를 한 여종업원과 카페 분위기가 너무 잘 어울려 사진을 찍어도 좋으냐고 양해를 구하니 기꺼이 오케이를 해주었다. 오히려 더 적극적으로 이런저런 포즈를 보여주기도 했다. 물론 문화의 차이겠지만 '사진을 왜 찍으려고 하느냐?' '어디에 쓸 거냐?' 이런 피곤한 질문 같은 것은 일절 하지 않았다.

낮 동안 댄스 강습장이던 안쪽의 넓은 홀은 밤이 되면 흥겨운 댄스홀로 변한다. 한번은 낮에 갔더니 댄스 강습이 한창이었다. 여기서도 강습을 하는 모습을 보니 무척이나 신기했다. 외국 사람은 태어날 때부터 춤을 잘 추는 줄 알았는데 말이다. 넋 놓고 구경하는 나를 보더니 함께 하자며 손짓을 하는 게 아닌가. 놀라서 손사레를 치며 내 자리로 돌아왔는데, 조지아인들의 개방적인 태도에 놀란 적이 한두 번이 아니다. 내가 조금만 덜 몸치였어도 그 대열에 끼여서 흥겹게 춤을 배웠을 텐데 하는 아쉬움이 많이 남았다. 밤에는 낮과 달리 손님들이 꽉 들어차고 출입구 앞에는 삼삼오오 모여서 담배를 피우거나 얘기꽃을 피우는 젊은이들로 가득하다. 루스타벨리 중심가이자 갤러리 옆에 있어 접근하

디디아니 카페 댄스강습실

기도 좋고, 낮에는 늘 한적해서 오며가며 들러 맥주나 음료를 마시거나 간단한 식사를 했다. 젊은 종업원들도 늘 친절하고 유쾌하게 응대를 해줘서 언제나 만족스러운 시간을 보냈던 곳이다.

유럽의 고풍스러운 거리를 닮은 루스타벨리가에는 최근에는 고급 아파트를 개조한 에어비엔비 숙소도 적지않게 운영되고 있다. 숙박비는 하루밤에 약 10만 원 정도인데, 트빌리시의 최고 번화가의 고풍스러운 아파트에서 하룻밤 정도 묵는 것도 괜찮았다. 물론 내부는 완전히 새로 개조해서 건물 외관과는 전혀 딴판인 곳이 많다.

내가 묵었던 곳은 침실 2개와 넓은 거실로 구성된 곳이었는데, 인테리어가 호텔 못지않게 세련되고 깔끔했다. 욕조나 부엌 역

디디아니 카페.
낮에는 수수한 카페지만 저녁이 되면 젊은이들이 모여 들어 춤과 음악을 즐기는 흥성스러운 공간으로 변신한다.

조지아 파인아트 박물관

시 최근에 리모델링 한 듯했고, 식기나 가구도 모두 평균 이상이었다. 베란다와 창문을 통해 쿠라 강과 트빌리시 시가지가 훤히 내다보이는 훌륭한 전망을 자랑했다. 한국식으로 말하면 '한강뷰를 갖춘 강남 아파트'라고나 할까. 아파트를 나서면 바로 루스타벨리 거리였다.

도시가 잠에서 서서히 깨어나는 시간에 산책을 나가면 마치 19세기 유럽의 한복판을 걷는 느낌이었다. 아파트 발코니에 서

루스타벨리 거리는 조용하면서도 활기가 넘친다.

서 트빌리시 집들의 지붕 위로 해가 떠오르는 모습을 보는 것도 특별한 감흥을 자아냈다. 은은한 조명이 빛나는 밤거리를 걸을 때에는 도시가 속삭이는 비밀스러운 대화를 듣는 듯한 착각 속에 빠져들기도 했다. 골목골목마다 얼마나 많은 역사와 사람들의 이야기가 숨쉬고 있을까. 우리는 이런 도시와 사람들의 이야기들을 듣기 위해 가방을 싸는 것이리라.

“레닌 자서전 사세요!”
— 루스타벨리 거리의 헌책 판매상

루스타벨리 곳곳에 펼쳐져 있는 헌책 노점상들

아침 일찍 서둘러 루스타벨리 거리로 나섰다. 거리에는 활기가 넘쳤다. 프리덤 광장 전철역에서 쉴새없이 사람들이 쏟아져 나왔다. 길가에는 꽃, 아이스크림, 헌책 등을 파는 노점상들이 북적였다.

나의 눈길을 끈 것은 헌책 노점상이었다. 길거리 가득 헌책들을 펼쳐놓고 있었다. 출판된 지 수십 년도 더 된 낡은 책들도 있었다. 우리가 흔히 '고서'라고 하는 책들과는 거리가 있는 것들로, 주로 소설책, 요리 레시피, 사전, 미술 화보집, 삼류소설집, 잡지 등이 대부분이었다. 학교에서 사용되던 교과서도 눈에 띄었다. 대부분 러시아어로 씌어진 책들이었고, 간혹 조지아어나 영문판 책들도 눈에 띄었다.

낡은 책들 사이에서 레닌과 스탈린에 관한 책들이 눈에 들어왔다. 야릇한 느낌이 들었다. 그들이 이루고자 했던 국가는 과연 어떤 국가였을까. 그들이 목숨 바쳐 세운 국가는 100년도 넘기지 못하고 허물어졌다. 혁명 주역들의 동상은 목에 맨 밧줄에 끌려내려와 광장에 내팽개쳐지는 수모를 당했다. 스탈린 격하 운동이 일어나자 세계 곳곳에서 신속하게 스탈린의 흔적이 지워졌고, 소비에트 붕괴와 함께 레닌의 흔적도 사라졌다. '새로운 역사의 실험'이라고 일컬어졌던 소비에트 체제와 그 체제를 고안하고 역사의 시험대에 올린 이들의 이름까지 말끔하게 지워진 줄 알았다. 그런데 이 조지아 대로변에서 그들의 이름을 만나다니, 기분이 묘했다. 과거의 망령이 되살아난 듯도 하고, 요즘 유행하는 드라마처럼 시간 여행을 하는 듯도 했다.

예전 모스크바에서 공부할 때 기억이 났다. 내가 유학을 하던 1990년대만 해도 책이 무척 귀했다. 책은커녕 식량도 제대로 공급되지 않는 시절이었다. 국립백화점인 '굼'에 물건이 없어 판매대는 늘 휑하게 텅텅 비어 있었고, 어쩌다 상점에 물건이 들어온 날은 수십 명이 넘는 사람들이 가게 앞에 장사진을 치고 기다리곤 했다. 사회주의 체제의 배급제가 자연스럽게 떠오르던 시절이었다. 몇 시간을 기다려서 냄비 하나 사오면 피곤해서 그냥 곯아떨어졌던 기억이 지금도 생생하다. 상황이 그러한데 책방에 책이 있을 턱이 없지 않은가. 그러니 주말이면 배낭을 메고 헌책방 순례하는 것이 일이었다. 간신히 구한 책들은 인쇄상태와 제본 상태도 형편없어, 책장을 넘기는 대로 떨어져나가기가 일쑤였다. '부키니스트'라는 헌책방을 돌면서 당시로서는 어마어마한 돈을 퍼부었는데, 어쩌다 찾던 책을 구한 날은 그렇게 기분이 좋을 수가 없었다. 화보가 곁들여진 톨스토이 평전이나 작품집을 구했을 때라든가, 박물관이나 미술관 화보집, 좋아하는 화가의 화집을 손에 넣었을 때에는 먹지 않아도 배가 불렀다. 그렇게 사들인 책들을 다시 비싼 항공 요금을 물며 고생고생 한국까지 실어날랐다. 서재에 이쁘게 꽂힌 책들을 보면 그렇게 뿌듯할 수가 없었다. 그런데 전공과는 관련 없는 일을 하게 되면서 그 책들은 애물단지가 되어버렸고, 이사를 하면서 대부분 처분했다.

지금 길가에 나와 있는 저 책들도 한때는 누군가 소중하게 사모은 책이었을 텐데. 그런 생각을 하니 책 주인들이 궁금해지고, 심지어 책이 여기까지 흘러오게 된 사연도 궁금했다. 물론 제일 궁금한 건 저런 책을 사가는 사람이 있을까 하는 점이었다. 한참을 서서 보았지만 책을 사가는 사람은커녕 들춰보는 사람조차 없었다. 그런데도 고서 판매상은 아침이면 열심히 책을 펴서 땅바닥에 진열해놓았다가 해가 지면 다시 걷어갔다. 다음날 아침이 되면 또다시 똑같은 자리에 책을 펼쳐놓았다. 문득 '사는 게 다 저렇지' 하는 생각이 들었다. 무언가 특별한 일이 일어나기를 바라지만 언제나 똑같은 일상이 반복된다. 한때는 그 일상이 너무 무료하고 지겨웠지만 지금은 그 일상이 유지된다는 것이 그리 행복할 수가 없다. 어쩌면 저 책 판매상도 그러할 것이다. 아침에 책을 진열하고 다시 거둬들이고, 또 다시 펼쳐놓고 걷어들이는 일상이 그에겐 행복일지도 모른다. 너무도 평온한. 그리고 너무도 감사한.

루스타벨리가는 활기와 분주함 그리고 여유와 인간미, 다양함이 넘치는 거리였다. 넘치게 현대적이지도 않고 너무 촌스럽지도 않은. 제일 마음에 드는 것은 오랜 역사가 숨 쉬고 있고 켜켜이 쌓인 시간이 있다는 것이었다. 그게 제일 부러웠다.

조지아 자유와 민주 수호의 성지, '자유광장'

자유광장 한복판에는 황금빛으로 빛나는 조지아의 수호성인인 '성 조지상'이 우뚝 솟아 있다. 악한 용에 맞서 처절한 싸움을 벌이고 있는 모습인데, 마치 지금도 용과 조지의 싸움이 이어지고 있는 듯한 느낌이다.

로터리 광장은 번잡을 넘어 혼잡했다. 차량이 밀리고 사람들로 넘쳐나고 있었다. 광장 주변에는 조지아 중앙은행, 트빌리시 시 행정기관 및 관공서 건물, 그리고 메리어트 호텔 등 고급호텔 등이 늘어서 있고, 루스타벨리 거리, 푸쉬킨 거리, 레오니제(Giorgi Leonidze) 거리, 코트 아브하지, 샬바 다디아니(Shalva Dadiani) 거리 등이 뻗어나간다.

자유광장은 트빌리시 사람들에게 혁명과 저항, 그리고 자유를 상징하는 장소다. 과거 자유광장의 모습은 지금과는 많이 달랐다. 19세기 조지아가 러시아 제국에 점령당하기 전까지 자유광장은 타플리스(트빌리시의 옛이름)로 들어가는 관문이었으며 '캐라반-사라이'라 불렸다. 캐라반 사라이는 이슬람 국가에서 상인들이 머무는 숙박지를 의미하는데, 페르시아인, 아르메니아인, 조지아인, 러시아인 등 먼 곳에서 긴 여행 끝에 도착한 여행자들이 쉴 수 있는 시설이 많이 있던 곳이 아닌가 생각된다.

혁명 전에는 예레반 파스케비치 장군의 이름을 따서 예레반 백작 광장 혹은 '예레반 광장'으로 불렸다. 19세기 러시아 제국에 의해 본격적으로 개발되기 시작하면서 트램 도로와 대규모 재래시장(바자르) 등이 철거되고 코카서스 부대 총사령부와 경찰 건물, 극장 등이 들어섰다.

소비에트 정권 시절 광장은 조지아 출신 소련 비밀경찰국장 베리야의 이름을 따서 '베리야 광장'으로, 다시 '레닌 광장'으로 개명을 거듭한 끝에 마침내 '자유광장'이라는 멋진 이름을 얻었다. 과거 광장 한복판에는 1956년 설치된 높이 18.5미터의 레닌 동상이 있었지만, 1990년 8월 28일 철거되었다.

자유광장은 스탈린과 카모 등의 은행강도 사건이 벌어졌던 곳으로 유명하다. 조지아 사회주의 혁명운동에 적극적이었던 열혈 혁명가 스탈린과 그의 동지들은 혁명자금을 조달하기 위해 티플리스 러시아 제국은행의 현금수송 차량을 탈취하는 데 성공하는데, 그것이 바로 이 자유광장에서 벌어졌던 일이다.

당시 그들이 훔친 돈은 31만 루블, 지금 돈으로 약 350만 달러(한화 약 40억 원)에 달하는 거금이었다. 이 사건 직후 스탈린은 아제르바이잔 바쿠로 피신해 체포를 면했다. 반면 공범자 카모는 또 다른 은행강도를 계획하다 체포되어 1911년 사형선고를 받았다.

자유광장

후에 무기징역으로 감형되어 1917년 풀려났지만 1922년 교통사고로 사망했다. 그의 시신은 자유광장 근처의 푸쉬킨 공원에 묻혔지만 스탈린 시대에 어디론가 옮겨진 이후 행적이 묘연하다. 사람들은 자신의 과거 도둑 행적을 지우기 위해 스탈린이 카모의 묘를 다른 곳으로 이장한 것으로 의심하고 있다.

1989년 4월 9일 자유광장에서는 비극적인 사건이 발생했다. 소비에트 정권에 대항하는 조지아 민족주의자들의 평화시위대를 소비에트 군대가 무력으로 해산하는 과정에서 20여 명이 사망하고 수백 명이 부상당하는 사건이 발생한 것이다.

2003년 11월, 시민들은 손에 장미를 들고 대규모 반정부 평화시위를 벌였다. 부패했을 뿐더러 부정선거로 장기집권까지 획책하는 세바르드나제 정권의 퇴진을 요구하는 시위였다. 시위는 성공적이었다. 대통령이 물러나고 새로운 정권이 탄생했다. 이른바 장미혁명이다. 조지아의 장미혁명은 일종의 도화선이었다. 2004년 우크라이나의 오렌지혁명, 2005년 키르기즈스탄의 튤립혁명으로 이어졌다.

트빌리시 자유광장은 말 그대로 자유와 민주주의를 향한 조지아 민족의 열정과 투쟁의 역사가 고스란히 담긴 숭고한 장소다.

러시아에 푸쉬킨, 조지아에는 루스타벨리

러시아에 국민작가이자 대문호로 푸쉬킨이 있다면 조지아에는 루스타벨리가 있다. 조지아 여행을 하려면 최소한 쇼타 루스타벨리 정도는 알고 있어야 한다. 도처에서 그를 만나게 될 것이기 때문이다. 수도나 지방의 거리, 극장, 화폐 등 생각지도 못했던 곳들에서 말이다.

쇼타 루스타벨리는 12세기 타마라 여왕 시대의 시인이자 철학

조지아 100라리 지폐의 모델 루스타벨리

자였으며, 재정을 담당하는 고위직 관료였다. 그동안 시인으로만 알려졌던 루스타벨리가 재정담당 관료였다는 사실은 예루살렘의 십자가 수도원에서 발견된 한 문서를 통해서다. 13세기에 작성된 것으로 보이는 이 문서에 루스타벨리가 수도원의 후원자이며 고위 재무담당자라는 내용과 함께 그의 서명까지 들어가 있었던 것. 게다가 그의 서명이 들어간, 1190년도에 작성된 재정 관련 칙령 역시 그가 재정 관료였음을 보여준다.

그러나 루스타벨리는 역시 위대한 시인으로 우선 기억된다. 그가 쓴 서사시 〈호피 두른 용사〉는 조지아 문학사상 조지아어로 쓰인 최고의 시로 꼽힌다. 푸쉬킨이 러시아어의 아름다움을 시와 문학으로 널리 알렸다면, 루스타벨리는 이 서사시를 통해 조지아어의 아름다움을 널리 알린 시인이다. 교육받지 않은 사람들까지도 그의 긴 시 구절을 암송했고, 결혼을 앞둔 신부가 남편을 위해 이 시를 낭송하는 것이 당시의 유행이었다고 한다.

우리나라에도 번역되어 있는 〈호피 두른 용사〉는 타리엘과 압탄딜이라는 두 명의 용사가 악의 상징인 카제티 성에 갇힌 네스탄을 구하러 가는 여정을 그린 작품으로, 두 용사가 악에 맞서고 장애물을 극복하며 마침내 네스탄을 구해낼 때까지의 사랑과 우정, 모험을 그린 서사시다. 조지아 문학의 모태가 되는 이 작품은 조지아 중세문학의 최고 걸작으로 뽑힐 뿐만 아니라 세계 문학사에서도 위대한 서사시로 평가받는다. 이 작품이 더 위대한 것은 아랍인과 인도인을 주인공으로 하여 민족을 초월한 휴머니즘과 사랑과 우정을 다루고 있기 때문이며, 이러한 특성이 바로 조지아인들의 민족성을 나타내기 때문이다.

〈호피 두른 용사〉는 1721년 트빌리시에서 초판이 출간된 이래 셀 수 없을 정도로 출판되고 필사되어 읽혔다. 16세기와 17세기에 제작된 필사본들은 조지아 국가기록물 보관센터에 보관되어 있다. 러시아어, 영어 등 세계 각국의 언어로 번역되어 전 세계 독자들에게 읽히고 있다. 우리나라에서도 국문 번역본이 출간되었다.

루스타벨리의 생애에 대해서는 알려진 바가 많지 않다. 조지아 므츠헤타 주의 루스타비에서 태어났고, 그리스로 건너가 철학과 시 등을 수학했으며, 호메로스의 시와 플라톤의 철학, 신학 및 수사학의 원리나 페르시아어 및 아랍 문학에 정통했던 것 정도가 알려져 있을 뿐이다.

당시 유럽의 궁정에서는 시를 써서 왕에게 바치는 것이 유행이었다. 조지아에서 루스타벨리 역시 관례대로 타마라 여왕에게 시를 지어 바쳤을 것이다. 학자들은 〈호피 두른 용사〉도 그런 작품의 하나였을 것으로 추측하기도 한다.

그는 사후에 예루살렘에 안장되었으며, 예루살렘 '십자가 수도원'에 그의 초상화가 남아 있다. 그런데 2004년 프레스코화 속의 루스타벨리의 모습이 완전히 다른 모습으로 바뀌었고 얼굴 부분도 심각하게 훼손되는 일이 발생했다. 조지아 정부가 강하게 항의했다고 하는데, 그후 어떤 조치가 취해졌는지는 모르겠다.

루스타벨리의 이름과 초상은 조지아 우표와 화폐의 도안으로 사용될 뿐만 아니라 그의 이름을 딴 극장, 아카데미 및 기타 기관명, 도로명을 어렵지 않게 발견할 수 있다. 조지아 국가에서 수여하는 예술문화 분야 최고의 상의 이름도 '루스타벨리 상'이다. 그의 위상이 얼마나 대단한지 알 수 있다.

우리나라에서 '위대한' 시인이나 작가를 들라면 누굴 들 수 있을까. 몇몇 이름 높은 작가들이 없는 것은 아니나, 온국민의 사랑과 추앙을 받는 '위대한' 작가라고 하기에는 부족한 면이 없지 않다. 우리 국민처럼 뛰어난 민족에, 명실상부한 정신적 지주가 되어줄 작가 한 명 없다는 현실은 슬프다. 유력한 노벨문학상 후보로 거론되던 어느 노작가는 얼마 전 성추문에 휩쓸려 사라졌다. 애석한 일이다. 올바른 시민의 자질에 대한 교육을 받지 못한 까닭이다. 지키고 지향해야 할 가치가 부재한 사회 분위기도 무시할 수 없다. 거주지의 평수가 그 사람의 가치로 치환되곤 하는 사회의 천박함 때문이다. 지금 이대로라면 앞으로 그런 작가가 한국에서 나올 확률은 제로에 가깝다는 우울한 생각이 떠나질 않는다.

불운했던 천재 화가 니코 피로스마니
─ 조지아 내셔널 갤러리

내셔널 갤러리 2층에는 원초주의 화풍의 창시자로 알려진 조지아 천재 화가 니코 피로스마니의 상설 전시관이 있다.

표를 사고 가방과 겉옷을 맡기고 엘리베이터를 타고 전시관으

내셔널 갤러리의 니코 피로스마니 상설전시관

로 올라갔다. 거리에서 만나는 사람들과 달리 관공서나 갤러리, 박물관 등에서 만나는 조지아인들은 사뭇 고압적이고 권위적이다. 굳은 인상과 무뚝뚝한 대답은 기관에 근무하는 사람들의 특징인지, 혹은 사회주의 관료주의의 잔재인지 아리송하다. 내셔널 갤러리 근무자들도 예외는 아니었다.

루스타벨리가 국민시인이라면, 니코 피로스마니는 국민화가라고 할 수 있다. 19세기 초반 활동했던 피로스마니는 원시주의 화풍의 창시자로 평가받고 있지만 그의 생애는 매우 비극적이었다. 국내에는 심수봉이 번안해 부른 〈백만송이 장미〉의 실제 주인공으로 알려져 있다.

니코 피로스마니가 짝사랑했던 여배우 마가리타의 초상화

생전에 상점의 광고용 그림을 많이 그렸던 피로스마니는 다작을 한 작가로 알려져 있다. 전문가들은 그의 작품이 최소 2천여 점에 이를 것이라고 하는데, 현재 남아 있는 작품 수는 2, 3백여 점에 불과해 안타깝다. 남아 있는 작품들마저 조지아의 여러 박물관과 갤러리에 분산 소장되어 있다.

전시실에는 '지주르나야'가 지키고 있고 몇 명의 관람객이

조지아의 대표 조각가 라코프 니콜라제의 대표작 〈살로메〉

20세기 조지아 현대 화가 라도 구디아쉬빌리 작품 〈이메레티〉

있을 뿐 매우 한산했다. 이곳의 지주르나야는 큐레이터라기보다는 경비원 정도로 생각하면 된다. 전시실은 자연광이 환하게 들어와서 그림을 관람하는 관객들과 어울려 마치 영화나 광고 속의 한 장면을 연상시켰다.

전시 작품은 그리 많지 않았지만, 작품들 하나하나가 강렬한 색감과 단순한 선으로 시선을 사로잡았다. 당시 아카데미 회화가 유행하던 시절 이런 작품들은 정말로 파격적이었을 것이다. 인체의 비율도 맞지 않고, 얼굴의 이목구비는 뭉개지거나 괴이했다. 피로스마니에 대해서는 나중에 다시 한번 언급하기로 한다.

맞은편 전시관에는 20세기 조지아 화가들의 작품들이 전시되어 있다. 통로이자 중앙홀에는 조지아 조각계의 대부인 라코프 니콜라제(1876~1951)의 작품들이 전시되어 있다. 1876년 쿠타이시에서 태어난 라코프 니콜라제는 20세기 조지아 조각의 창시자로 알려져 있다. 이탈리아, 프랑스 등에서 조각을 배운 후 1908년 조지아로 돌아와 활동했다. 유럽 수학 시절에는 오귀스트 로댕의 조수로도 활동했다. 쇼타 루스타벨리, 일리야 차프차바제, 아카키 체라첼리, 이그나트 니노쉬빌리 등 조지아의 사상가, 시인 등의 흉상을 남겼다. 모델의 섬세한 내면까지도 놓치지 않고 표현해낸 작가로, 1909년 완성한 〈삼손 토푸리아〉는 그의 최고작으로 꼽힌다. 트빌리시 국립 예술아카데미 조각학부 교수로 재직하면서 많은 후학들과 조각가들을 양성하고 1951년 세상을 떠났다.

그 외에도 라도 구디아쉬빌리와 다비드 카카바제 등 20세기 조지아 현대 화가들의 작품이 전시되어 있다. 다비드 카카바제의 〈이메레티〉라는 작품은 코쉬키와 어우러진 이메레티의 풍경이 아주 간단하면서도 싱그럽게 표현되어 있는 것이 마음에 들었다. 현대 화가들을 만날 수 있는 기회가 좀처럼 없는데, 내셔널 갤러리에서 조지아 대표적인 화가와 조각작품을 만날 수 있었던 좋은 시간이었다.

조지아 내셔널 갤러리는 러시아 제국 시대에 처음 문을 열었다. 러시아 황제 알렉산드르 3세의 명으로 당시 군역사 박물관에서 처음 문을 연 것이 갤러리의 시작이었다. 1907년 2월 혁명 기념전을 개최하기도 했으나 1914년 1차 세계 대전이 발발하자 전시품들을 모두 스타브로폴로 옮기고 폐쇄되었다.

1920년 화가이자 컬렉터였던 드미트리 쉐바르드나제(1885~

1937)가 과거 군역사 박물관 건물에 내셔널 파인아트 갤러리(National Gallary of Fine Arts)를 열었다. 그때 처음으로 18 ~19세기 조지아 왕조의 초상화(소위 〈조지아 학교〉)를 비롯해 러시아, 서유럽, 이란 화가들의 작품이 선을 보였다. 후에 이 컬렉션은 1932년 설립된 아트뮤지엄의 토대가 되었다.

1933년 내셔널 갤러리는 늘어나는 소장품을 모두 수용할 수 없게 되자 당시 감옥으로 사용되던 메테히 교회 건물을 임시로 사용하기도 했다. 1988년에는 현대미술관이 문을 열었으나 1990년대 정치적 사회적 불안정으로 인해 잠시 문을 닫기도 하였다.

2007~2011년 대대적인 리노베이션을 거쳐 오늘날 내셔널 갤러리가 탄생하였고, 2012년 세바르드나제 미술관에서 '내셔널 갤러리'로 명칭을 변경하였다.

내셔널 갤러리는 8개의 전시 공간과 저장고, 연구실, 교육 공간, 샵, 카페 공간 등을 갖추고 있다. 1933년 이전까지의 약 6천여 점의 조지아, 러시아, 서유럽, 동유럽 작가들의 작품들과 이후 소비에트 시대 및 현대와 동시대 화가들의 작품들의 보유를 늘려 오늘날 약 3만여 점의 작품을 소장하고 있다.

쿠타텔라드헤(G. Kutateladxe), 니하라제(Z. Nixharadze), 미르자쉬빌리(T. Mirzashvili), 부그하제(G. Bughadze), 마고메도바(M. Magomedova) 등의 작품도 소장하고 있다.

초기 인류인 호모 게오르기투스의 화석
— 조지아 국립박물관

내셔널 갤러리와 나란히 붙어 있는 조지아 국립 박물관. 나는 박물관에 발을 들여놓기 전에 들어가야 하나 말아야 하나를 놓고 한동안 고심했다. 분명 그 안에는 내가 별로 흥미를 느끼지 못하는 토기 조각들과 뼛조각들이 잔뜩 전시되어 있을 것임이 분명했기 때문이다. 나를 박물관으로 이끈 것은 일종의 '문화적 허영심'일 것이다. 그래도 여기까지 왔는데 박물관 정도는 들어가야지 하는. 그러나 결론적으로 박물관 관람을 한 건 아주 잘한 선택이었다. 만일 박물관을 그냥 지나쳤다면 분명 후회를 했을 것이다.

1층 전시관에 들어서는 순간 나는 '이건 뭐지?' 하는 약간 '띵'한 느낌을 받았다. 조지아 박물관에 대한 설명이나 후기는 인터넷이나 여행서 어디서도 본 적이 없어서 사람의 해골이 주욱 늘어서 있는 입구는 가히 충격적이었다. '아니, 저게 정말 사람의 뼈란 말이야? 다 진짜가? 모형이겠지……' 여러 가지 의문들과 지레짐작들이 바쁘게 교차했다.

박물관에 들어서는 입장객들을 단박에 놀래키는 이 화석 유적들은 조지아의 중부 크베모 카르틀리주 드마니시 고대 유적지에서 발견된 초기 인류인 호모 게오르기투스의 화석 유적들이다. 화석 유적들과 더불어 인류의 진화 상태를 설명한 자료들이 전시되어 있다.

원숭이를 닮은 인류의 조상은 긴 팔과 털로 뒤엉킨 얼굴과 몸을 하고 기어다니다가 점차 직립보행을 하면서 결국에는 지금의 내가 그러듯이 두 발로 서 있다. 교과서나 역사서를 통해 수없이 접했던, 이제는 '고리타분한 전설' 같은 이야기 속에 등장하는 주

조지아 국립박물관의 호모게로르기튜스의 화석 유적들

인공들의 유골을 직접 내 눈으로 보는 느낌은 활자로 보는 것과 확연히 달랐다. '반갑군요, 인류의 조상이시여' 하고 인사라도 건넸어야 했다.

박물관에는 고대 조지아 왕조에서 사용되었던 8만여 개에 달하는 동전들과, 고대 및 중세시대의 금속 성상화와 장신구, 세계에서 제일 큰 우라르트 비문 컬렉션 등 흥미로운 전시품들이 전시되어 있다.

고대인들이 남긴 귀금속과 장신구 등을 보면서 느끼게 되는 경이로움은 무엇보다 그 '섬세함'에 있는 것 같다. 우리가 오늘날 감탄해 마지않는 수많은 디자인과 예술작품들은 결국은 모두 고대와 중세의 작품들에서 모티브를 얻어 약간의 변형을 거친 것이라는 생각이 더 굳어졌다. 인간의 창의력이라는 것이 과연 무엇인지 의구심이 드는 순간이다. 더불어 현대가 과거를 넘어서지 못한다는 것, 가벼운 화려함은 결코 묵직한 투박함을 이기지

조지아 국립박물관. 바니시 유적지에서 발견된 장신구와 왕관

조지아 국립박물관

못한다는 것도 새삼 깨닫는다. 천년도 훨씬 전에 만들어져 흙 속에 묻혀 있던 투박한 목걸이들이 품어내는 광채에 넋이 나가 발걸음을 옮기지 못하는 것은 어떤 이유인지. 그 비밀은 분명 '시간' 아니었을까.

조지아 국립박물관에는 기원전 3천 년에서 서기 4세기까지의 대규모 금은 세공품들이 소장되어 있다. 특히 2011년부터는 600여 점의 금은 세공품과 장신구들이 연대별, 지역별로 상시 전시되고 있어 조지아의 금은 세공 기술을 일목요연하게 관람할 수 있다.

박물관 4층에는 '소비에트 점령 박물관(Soviet Occupation Museum)'이라는 독특한 공간이 있다. 이곳은 조지아가 소비에트 군에 점령당했을 당시를 보여주는 전시물들로 채워져 있다. 당시의 엄혹했던 상황을 떠올리게 하려는 듯, 전시실은 어둡고 컴컴하다. 떠올리고 싶지 않은 과거이지만 묻어둘 수만은 없는 것이 역사다. 그런 점에서 '소비에트 점령 박물관'은 우리나라의 광주 나눔의 집이나 일본군 성노예 박물관을 떠올리게 한다.

조지아 국립박물관은 19세기 후반인 1867년 러시아제국 지리학회 코카서스 지부를 전신으로 세워졌다. 1919년에 조지아 박물관으로 이름으로 바꾸었고, 1929년 중세 조지아 양식의 새로운 박물관 건물이 완공되었다. 1947년 '시몬 자나시 조지아 박물관'으로 새롭게 명칭을 변경하였다.

조지아 국립박물관은 여러 차례 고비를 넘겨 오늘에 이르렀다. 1921년 볼셰비키 침공시에는 주요 소장품들을 유럽으로 '피신'시켜야 했으며, 1990년 초반 군사 쿠테타와 화재로 전시품 일부가 피해를 입기도 하였다.

현재 조지아 박물관은 2004년 말, 트빌리시 루스타벨리 거리, 푸르쯔라제 거리, 바취나제 거리, 구디아쉬빌리 거리 등에 흩어져 있던 박물관, 연구소, 창고, 사무실, 교육기관 등과 함께 단일

조지아 국립박물관 4층 소비에트 점령 박물관

한 시스템으로 운영되고 있다.

조지아는 초기 인류의 집단 거주지가 발견되는 등 조지아 지역이 초기 인류 문화와 관련이 많은 지역인 만큼, 박물관 관람은 놓쳐서는 안 된다. 그럼에도 외국인 여행객이 박물관에 오래 머물기에는 조금 버겁다. 게다가 조지아 박물관에는 영문 설명이 없는 곳이 태반이라 더 애로사항이 많다.

나는 므츠헤타의 '아르마지치헤'라는 고대 이베리아 왕조의 최초의 수도와 고대 왕궁터를 관람한 후 박물관을 방문한 덕에 가끔씩 익숙한 지명이 튀어나와 흥미롭게 관람할 수 있었지만, 그렇지 않은 경우 박물관 관람은 정말 고역이다. 그러나 박물관만큼 그 지역의 역사와 문화를 단시간에 집약적으로 볼 수 있는 곳도 없다. 박물관에 들어갔다 나왔다는 사실만으로도 보는 것이 달라질 것이다.

작은 인형들이 펼치는 인생 갈라쇼
— 마리오네트 인형극장과 시계 타워

택시 기사가 '마리오네트 인형극장'을 알아듣지 못했다. 아무리 설명을 해도 모르고 또박또박 다시 발음을 해도 못알아 듣기는 마찬가지였다. 서너 대의 택시를 보내고 나서야 겨우 택시에 올라탔다. 이 기사도 인형극장을 모르기는 마찬가지였다. 대충 근처까지 가면 찾을 수 있을 거라 여기고 승객을 태운 것이다. 겨우 목적지에 도착해서는 '트빌리시에 이런 곳이 있는 줄 몰랐다'며 너스레를 떨었다. 내가 혜화동의 드라마극장이나 오페라극장들을 잘 모르는 것을 생각하면 이상한 일도 아니었다.

'마리오네트 인형극장' 맞은편에서는 벼룩시장이 열리고 있고, 극장이 있는 골목길에는 카페와 레스토랑 등이 빽빽하게 들어서 있었다. 내가 이곳을 찾은 이유는 이 극장에서 매 정시마다 열리는 '시계탑 인형쇼'를 보기 위해서였다.

현재 수리중인 극장 주변에 벌써부터 많은 사람들이 몰려와서 쇼가 시작되기를 기다리고 있었다. 극장 주변은 그런대로 아기

Знаешь, мама,
где Я был?
РАССКАЗАНО и НАРИСОВАНО
Резо Габриадзе
Directed by
Leo Gabriadze
Produced by
Timur Bekmambetov

마리오네트 인형극장

자기하게 꾸며져 있었다. 가로등에 그림을 그리고 있는 피로스마니의 동상, 벤치에 앉아 있는 이름 모를 작가의 동상 등 조지아를 대표하는 작가들의 동상이 여럿 보였다. 내가 아는 작가는 거의 없었다.

시계탑은 골목 안쪽으로 쑥 들어간 곳에 세워져 있었는데, 2010년도에 조지아의 인형극 연출가이며 제작자인 가브리아제가 세운 것이다. 매 정시마다 시계탑의 문이 열리고 인형들이 나와 공연하는 것으로 유명하다.

정시에 가까워지자 어디에 숨어 있었는지 보이지도 않던 사람들이 새까맣게 시계탑으로 몰려나왔다. 드디어 정시를 알리고 시계 문이 열리자 사람들은 일제히 핸드폰을 켜 들고 사진을 찍어댔다. 그 모습이 너무도 기괴해 보였다. 주변의 모든 사람들의 눈이 한 방향으로 쏠리고 똑같은 동작을 취하고 있는 사람들이 중세 광장의 광기를 연출했던 무리들과 무엇이 다를까.

천사가 나와 정시를 알리는 종을 울리고 사라지자 아래쪽 문이 열리고 다른 모습을 한 인형들이 차례로 등장했다. 재밌게도 이 인형극은 사람의 일생을 보여주고 있었다. 사람이 태어나고, 결혼을 하고, 숨을 거두는 순간을 짧은 시간에 아주 압축적으로 보여주는 것이 무척 흥미로웠다. 성장을 한 신랑과 신부가 작별 인사를 하고 서서히 사라지자 문도 닫혔다.

사람의 인생은 몇 개의 큰 막과 자잘한 장으로 이루어진 연극과도 같다. 태어나서 성장하고, 인생의 동반자를 만나고, 새로운

마리오네트 인형극장의 시계탑 쇼

쇼를 기다리는 관광객들

생명을 잉태하고 늙고 병들어 죽어간다. 사람은 죽어서 명예를 남겨야 한다고 하지만, 새 생명을 낳고 키우는 것이야말로 개인이 인류를 위해 할 수 있는 가장 명예롭고 성스러운 일인지도 모른다. 아니 유일하게 의미있는 일이면서 인류의 구성원으서의 의무를 완수하는 일일지도 모른다.

마치 작은 공연을 보는 듯했다. 커튼이 올라가고 배우가 등장하듯 문이 열리고 인형들이 나와서 인사를 한다. 보통은 관객들이 박수를 치지만 여기서는 핸드폰이나 카메라의 셔터를 누르는 것이 다를 뿐이다. 시계 문이 닫힘과 동시에 순식간에 사람들이 빠져나가고 광장은 텅 비었다. 연극이 끝나고 난 후의 무대처럼 쓸쓸하고 허망하다는 생각이 들었다. 이 짧은 순간을 위해 애써 택시를 잡아타고 와서 좋은 자리를 차지하겠다고 보이지 않는 신경전을 벌였나 싶었고……. 살아가는 일이 참 별거 없게 느껴졌다.

수리중인 극장은 가림막에 가려져 있었는데, 마침 극장 옆에 제법 큰 규모의 성당이 있어 아쉬움을 달랠 수 있었다. 시계탑에서 흩어진 사람들이 대거 성당 안으로 몰려들어 매우 시끌벅적했다. 그런데 여기서 매우 흥미로운 광경을 목격했다. 성금함에 돈을 넣은 사람들에게 신부가 축성을 해주는 것이 아닌가. 축성을 받으려는 사람들은 성금함에 돈을 넣고 길게 늘어서서 자신의 차례를 기다리며 서 있었다. 중세시대의 면죄부가 떠올라서 씁쓸했다. 씁쓸한 마음을 안고 밖으로 나와 골목길을 따라 걸었

다. 골목 안에는 작고 레스토랑들과 카페, 선물용품점 등이 가득했다. 은은한 가로수 등 아래 야외 테이블을 벽에 바싹 붙여 놓고 앉아 대화를 나누는 골목길 풍경은 고흐가 그린 〈밤의 카페테라스〉를 그대로 옮겨놓은 듯했다.

시계탑 바로 옆 레스토랑 '가브리제'에서 트빌리시에서의 마

마리오네트 극장 근처 가브리제 식당과 골목 풍경

지막 식사를 했다. 은은한 불빛 속에서 달작지근한 무흐라니 흐반츠카라를 홀짝거리며 조지아의 밤 공기를 음미하는 것이 괜찮았다. 골목에서 들려오는 피아노 소리와 두런두런 말소리가 점점 아득해졌다.

저녁식사를 마치고 쿠라 강가를 걸었다. 강 건너편 대통령궁의 불빛이 아름답게 빛났다. 엘리야 언덕 위에서는 사메바 성당도 따스한 빛을 발하고 서 있었다. 나리칼라에서는 조지아 어머니상이 빛나고, 맞은편 메테히 언덕에서는 고르가살리 왕이 모습을 드러내고 있다. 마치 검은 밤 무슨 회합이라도 있는 듯 모두가 총출동했다. 걷다보니 어느새 평화의 다리까지 왔다. 10만 개

트빌리시 쿠라 강변 야경

의 LED 등이 켜진 평화의 다리도 은백색으로 빛났다.

2010년 이탈리아 건축가 미하일 디 루치와 프랑스의 조명 디자이너들의 합작품인 다리가 개통되었을 때에는, 트빌리시의 정체성을 표현하지도 못하고 주변 건물들과도 어우러지지 않는다는 혹평을 받았다. 내 눈에도 전혀 틀린 말은 아닌 듯했다. 고풍스러운 트빌리시에 비해 너무도 현대적이고 차가운 느낌이다.

그러나 이제 평화의 다리는 트빌리시의 랜드마크로 자리잡았다. 다리 위에서는 늦은 시간에도 사람들이 밤 산책을 즐기고 있었다. 다리 위에 서서 어둠에 잠겨 있는 트빌리시를 가만히 지켜봤다. 어딘가에서 소곤소곤 속삭이는 소리가 들려오는 듯했다.

10만 개의 LED 등이 빛을 발하는 '평화의 다리'

혹시 과거의 누군가가 나에게 말을 걸어오고 있는 것은 아닌지. 짓밟혔지만 그래도 살아 있는 이 도시가, 그래서 나같은 이방인들까지도 포근하게 안아주는 이 도시가 참으로 좋다.

3. 므츠헤타

Mtskheta

쿠라 강과 아라그비 강이 만든 십자가
— 즈바리 수도원

므츠헤타는 조지아 고대 왕국인 이베리아의 수도였다. 조지아가 처음 태동한 곳이며, 조지아 초기 기독교 문화의 흔적들이 고스란히 남아 있는 조지아 정교의 성지이기도 하다.

메테히 광장의 스페인을 뜻하는 '에스파냐'라는 이름의 식당에서 점심을 먹었다. 창밖으로 쿠라 강과 강 건너 언덕 위 집들이 한눈에 들어오는 식당이었다. 와인까지 시켜 느긋하게 식사를 했다. 추천을 받아 닭요리를 주문했는데, 눈이 튀어나올 정도로 맛이 좋았다. 구운 닭에 버터와 마늘 등 향신료를 넣은 소스를 곁들인 요리인데, 고소한 소스맛이 일품이었다. 덕분에 와인을 세 잔이나 마셨다. 혼자 흥에 겨워 있는 기분 없는 기분 다 내면서 말이다. 나중에 계산하는데 종업원이 '나중에는 친구와 같이 오라'고 한다. 혼자 밥 먹는 것이 안 돼 보였나. 나는 정말 즐거웠는데 말이다.

광장에는 늘 '뻗치기' 택시 기사들이 있기 마련인데, 그 중 가장 착해 보이는 기사가 모는 택시를 타고 므츠헤타로 향했다. 20여 분 달렸을까. 어느새 도심을 벗어난 택시는 한적한 교외를 달렸다. 와인에 취해 요금도 부르는 대로 다 주었는데, 나중에 보니 조금 바가지를 쓴 듯했다.

전설에 따르면 '카르틀로스'라는 사람이 쿠라 강과 아라그비 강이 만나 합류하는 지점에 둥지를 틀었으며, 세 아들 중 가장 용감한 므츠헤토스가 마을을 건설하고 자신의 이름을 따서 므츠헤타라고 불렀다고 한다. 므츠헤타 일대는 기온이 온화하고 땅이 비옥해서 이베리아 왕국의 수도가 되기 전인 기원전 4세기경부터 이미 사람들이 거주하고 있었다.

기원전 3세기경 파르나바즈 왕 시대 때 므츠헤타는 지금보다도 6배 가량 넓었다고 한다. 유럽과 아시아를 잇는 요충지에 위치한 므츠헤타는 쿠라 강과 아라그비 강을 통해 지중해 지역과 중앙아시아까지 뻗어나갈 수 있어 결과적으로 그리스, 로마, 페르시아, 몽고, 오스만 제국 등의 외부침략 세력에 끊임없이 시달려야만 했다. 결국 6세기에 이르러 바흐탕 고르가살리 왕은 므츠헤타에서 트빌리시로 수도를 옮길 수밖에 없었다. 수도 이전 후 서서히 쇠락하기 시작한 므츠헤타는 6세기 말 이후 비잔틴과 아랍의 침입을 받으면서 급격하게 몰락하고 만다.

므츠헤타에는 아르마즈치헤 등 고대 조지아 왕국의 유적지를 비롯해 즈바리 수도원, 스티베츠호벨리 성당, 삼타브로 수도원 등 조지아의 초기 기독교 유적지가 그대로 남아 있다.

즈바리 수도원은 조지아에 기독교를 전한 성 니노의 흔적이 가장 뚜렷하게 남아 있는 곳이다. 므츠헤타 자체가 그녀를 빼놓고는 설명할 수 없는 곳이지만 말이다. 바그네티 산 꼭대기에 위치한 즈바리 수도원은 트빌리시에서 므츠헤타를 지나는 조지아 밀리터리 도로 위에서도 보이는데, 마치 작은 성냥갑이 절벽 위에 대롱대롱 걸려 있는 듯했다.

즈바리 수도원은 깎아지른 절벽 위에 위치해 있는데, 앞쪽으로는 넓고 야트막한 구릉지가 펼쳐져 있었다. 절벽 아래로 조지안 군사도로도 보이고, 쿠라 강과 아라그비 강이 합쳐져 하나의 큰 물줄기를 이루며 흘러가는 것이 한눈에 내려다보였다. 강줄기를 따라 성냥갑만 한 작은 집들이 촘촘하게 붙어 마을을 이루

즈바리 수도원

고 있고, 중심에는 단단한 성벽에 둘러싸인 스베티츠호벨리 성당이 서 있다. 참으로 그림처럼 평화로운 풍경이다. 두 물줄기는 친한 친구가 어깨동무를 하고 걷듯, 다정스럽게 함께 어우러져 흐른다. 새삼 자연과 인간의 경이로움이 느껴졌다. 그리고 자연의 무한함과 인간의 왜소함이 동시에 느껴졌다.

절벽 아래서부터 불어오는 바람은 점점 더 거세게 몰아쳤다. 강바람과 들판에서 불어오는 바람이 누가 더 센가 내기라도 하는 것 같았다. 제대로 서 있는 것조차 힘들었다. 바람을 피해 성당 안으로 들어섰다. 벽돌로 지어진 성당 건물은 투박하지만 단단했다. 들어가는 문 위쪽 외벽에 예수가 승천하는 모습이 새겨져 있었다. 투박한 그 조각에서 애잔함이 묻어 나왔다. 변변한 도

즈바리 수도원. 관광객들이 아라그비 강과 쿠라 강이 만나 흘러가는 모습을 바라보고 있다.

구도 없이 부조를 새겨넣고 있는 조각가의 모습이 떠올랐기 때문이다.

예배당은 커다란 동굴처럼 어둡고 습했다. 손바닥보다 작은 창으로 빛이 흘러들고 있었다. 희미한 빛 속에서 예배당의 윤곽이 드러났다. 제단 앞에 밝혀진 촛불이 바람에 흔들리고 있었다.

사람들이 성화에 입을 맞추고 기도문을 암송하며 기도를 했다. 그들의 얼굴에는 겸손함과 경외심이 가득했다. 어떤 이들은 아예 성화를 끌어안듯 액자 속에 얼굴을 파묻고 한참을 서 있었다. 무엇이 저들을 저렇게 만드는 것일까. 기도하는 사람들을 멀뚱히 쳐다보고 있는 내가 무척이나 불순하고 타락한 존재로 느껴졌다. 정교 신도들은 사제가 아니라 이콘 앞에 서서 고해성사를 하고 죄사함을 받는다고 믿는다. 그래서인지 기도를 마친 사람들의 표정이 한없이 해맑아 보였다. 정말로 죄사함을 받은 사람들처럼.

한 무리의 신랑신부 일행이 성당으로 올라오고 있었다. 조지아에서 교회나 오래된 성에서 결혼식을 올리는 신랑신부와 하객 무리를 만나는 일은 드문 일이 아니다. 주말이나 주일에는 한 장소에서 두세 팀을 만나기도 하고, 심할 때는 가는 곳마다 만나기도 한다. 과거와 비교하면 이곳의 결혼식 풍습도 많이 바뀌고 있는 것 같다. 전에는 낡은 카메라로 친구들과 단체 사진 몇 장 찍고 마는 것이 보통이었는데, 지금은 전문 촬영기사와 보조 스태

즈바리 수도원 방문객들

프까지 대동해서 웨딩 촬영을 하는 광경이 종종 눈에 띄었다. 여기서도 우리들처럼 웨딩 촬영과 앨범 제작에 수백만 원씩 써대는지 궁금했다. 그러다보니 간혹 눈치 없는 신랑신부들이 아예 전세를 낸 것처럼 좋은 자리를 차지하고 비키지를 않아 다른 사람들을 짜증나게 할 때도 있다. 그런 경우가 아니라면 예비 신랑신부를 만나면 덩달아 기분이 좋고 설레고 행복한 기분이 된다.

수도원 안에서 한 커플이 웨딩 촬영을 하고 있었다. 촬영기사가 포즈도 잡아주고 이런저런 주문도 한다. 순백의 웨딩드레스를 입고 십자가 앞에서 촛불을 밝히고 성호를 긋는 신부가 참으로 순결해 보였다. 신 앞에서 행복한 가정을 꾸리겠노라고 서약

즈바리 수도원에서 웨딩 촬영을 하는 예비 신부의 모습

이라도 하는 것일까.

조지아에서 예나 지금이나 국가와 개인의 중대사는 모두 교회에서 이루어진다. 왕의 대관식, 결혼식, 세례식, 장례식이 모두 교회에서 이루어졌고 지금도 그렇다. 그러니 여행 중에 교회에서 웨딩 촬영, 결혼식, 세례식, 장례식과 마주쳐도 당황하지 마시라.

즈바리 수도원은 4세기에 세워졌다. 당시 이베리아 왕 미리안 3세가 기독교로 개종한 후 이를 세상에 널리 알리기 위해 즈바리 언덕에 십자가를 세웠다. 후에 십자가가 있던 자리에 세운 성당이 바로 즈바리 성당이다. '즈바리'는 조지아어로 '십자가'란 뜻이다.

물론 미리안 3세가 세운 십자가도 그후에 나무로 지은 최초의 예배당 건물은 모두 파괴되었다. 6세기 초 카르틀리 공작인 스테파노즈 1세가 니노의 십자가가 있던 자리에 가로 8.3미터, 세로 5.5미터 크기의 십자가 모양의 작은 성당을 세운 것이 즈바리 수도원의 시초다.

즈바리 수도원 한가운데에는 천장까지 닿는 거대한 십자가가 세워져 있다. 제단 옆 촛대에는 니노의 포도나무 십자가 모양을 한 작은 나무십자가가 꽂혀 있다. 성당 내부는 더할 수 없이 소박했다. 벽에는 작은 성화 액자가 몇 개 걸려 있을 뿐 다른 장식은 없었다. 스베티츠호벨리 성당의 기적을 묘사한 성화가 눈에 들어왔다. 18세기 사바틴이라는 러시아 화가가 그린 성화 속에는 기독교로 개종한 미리안 3세와 왕비 니나, 기둥을 들어올리는 천사와 시도니야, 하늘나라로 승천한 성녀 니노와 성당 기둥 아래 묻혀 있는 예수의 성의 등, 조지아의 기독교 역사에서 가장 중요한 사건이 세세하게 묘사되어 있다. 글을 모르는 이들에게 기독교를 전파하기 위해 성화를 제작하기 시작했다는 말을 실감한

즈바리 수도원 내부에 세워져 있는 커다란 십자가

다. 그림 하나로 모든 기적을 설명할 수 있으니 얼마나 편리한가.

즈바리 수도원은 6세기 말에 가로 20.2미터, 세로 16.25미터 규모로 다시 지어졌다. 사방에 반원형의 돌출부와 공간이 배치되었고, 돌출부 사이에는 본당과 부속 예배당을 연결해주는 원형의 통로가 만들었다. '테트라 콘' 양식이라 불리는 이러한 건축 양식은 이후 남코카서스 교회 건축의 모델이 되었다. 즈바리 수도원은 설립 당시의 모습이 그대로 보존된 유일한 성당으로 알려져 있다. 예배당을 제외한 다른 부속건물들은 전혀 복구되지 못하고 허물어진 채 그대로 방치되어 있다. 예배당에서 나와 건물 뒤편으로 돌아가보니 즈바리 수도원이 얼마나 아슬아슬하게 절벽에 매달려 있는지 재차 실감하게 된다.

다시 한번 즈바리 언덕에 서서 두 물줄기가 만나는 장엄한 광경을 바라보았다. 러시아 시인 레르몬토프는 "쿠라 강과 아라그비 강이 마치 두 자매가 포옹하듯 하나가 되어 속삭이네"라고 묘사했다. 두 개의 물줄기가 서로 부둥켜안듯 하나로 합쳐져 스베티츠호벨리 성당 앞으로 흐르고, 하나가 된 물줄기를 축복하듯 석양이 강물을 붉게 물들였다. 왕조는 망하고 사람들은 사라졌지만 강물은 한 번도 흐름을 멈춘 적이 없었다. 수천 년 전, 아니 그보다 훨씬 전 누군가도 이 언덕에 서서 저 강물을 내려다보았을 것이다. 강물이 끊임없이 흐르듯 인류의 역사도 중단없이 흐르고 있다.

아라그비 강과 쿠라 강이 만나 하나로 흘러가는 모습

조지아의 고대 이베리아 왕국은 4세기 초 기독교를 국교로 받아들였다. 이베리아 왕국이 이처럼 기독교를 일찍 받아들일 수 있었던 것은 성녀 니노의 공이 컸다. 카파도키아의 난민 출신 니노는 하나님의 계시를 받고 상인들 틈에 끼어 조지아 남부 아할치헤주의 자바헤티와 어버니시를 거쳐 므츠헤타에 도착했다. 니노는 강가의 저지대 습지와 수풀더미가 우거진 유대인 지구에서 살면서 가난한 자를 돌보고 병든 자들을 치료하는 한편 기독교 전파에 힘썼다.

조지아에 최초로 기독교를 국교로 받아들인 이베리아 왕 미리안 3세 역시 니노의 전도로 개종하게 되는데, 미리안 3세의 기독교 개종과 관련해서는 여러 가지 설이 있다. 먼저 병을 치유하는 능력이 있었던 니노가 불치병을 앓고 있던 아내 나나 왕비의 병을 낫게 하자 심경의 변화를 일으켜 마침내 기독교를 받아들였다는 설이 있다.

사냥을 나간 미리안 3세는 짙은 안개 때문에 숲에서 길을 잃었다. 미리안 3세는 처음에는 자신이 믿는 신에게 기도를 드렸으나 아무런 소용이 없었다. 절망에 빠진 미리안 3세는 이번에는 니노가 믿는 신에게 기도를 올렸다. 그러자 순식간에 안개가 걷혔고, 미리안 3세는 숲에서 빠져나올 수 있었다. 미리안 3세는 이를 신의 계시로 받아들여 즉시 기독교로 개종하고, 로마의 콘스탄티누스 대제에게 세례를 해줄 수 있는 사제를 보내달라고 요청했다. 기독교로 개종한 미리안 3세는 즈바리 언덕에 커다란 십자가를 세우고 조지아 최초의 성당인 스베티츠호벨리 성당을 건설했다.

말년에 니노는 므츠헤타에서 조지아 동부의 산악지대인 시그나기 인근 보드베로 옮겨가 은둔생활을 하다 병이 들어 사망하였다. 미리안 3세는 그녀의 유해를 므츠헤타로 옮겨오려고 하였으나 그녀의 유해를 실은 수레가 꼼짝도 하지 않았다고 한다. 장정 200명이 끌어도 헛일이었다. 어쩔 수 없이 생전에 니노가 기거하던 곳에 묻고 그 옆에 작은 예배당을 세웠다. 이 예배당은 오늘날 보드베 수도원의 전신이 되었다. 현재 성녀 니노의 유해는 보드베 수도원 게오르기 예배당에 안치되어 있다.

"난 이 신성한 성당에 묻힐 자격이 없소"
— 스베티츠호벨리 성당

조지아에서 길가 나뭇가지에 형형색색의 천 조각이 매달려 있다면 그 나무는 십중팔구 성황나무다. 국민 80퍼센트 이상이 기독교인인 나라에서 성황나무라니 믿어지지 않겠지만, 사실이다. 조지아에서도 기독교가 들어오기 전까지 기층 민중 사이에서는 샤머니즘이나 조로아스터교 등 오늘날 이교도라고 불리는 종교가 광범위하게 퍼져 있었다. 성황나무는 지금도 조지아인들 중에 샤머니즘과 기복신앙을 믿는 사람들이 있다는 것을 보여준다. 종교는 그것이 기독교, 이슬람교, 불교 등 어떤 종교가 되었든 상관없이 끈질긴 생명력을 지닌 것이 특징이다. 그리고 대부분 맹목적이다. 종교 자체가 종교의 목적이 되어버린 지 오래다. 우리 시대에는 왜 종교가 필요한지, 종교의 역할이 무엇인지, 종교인의 자세가 어떠해야 하는지, 어떻게 신앙생활을 해야 하는지에 대해 질문을 던지는 사람은 거의 없다. 오늘날 종교는 다른 사람의 평화와 생명과 안전을 빼앗는 데 필요한 합법적인 명분을 제공하는 것으로 전락한 지 오래다. 일부 종교의 특정 정파와 교단 및 종교인들의 부정부패와 타락은 그 정도가 너무 심해 악취가 진동하는 것이 현실이다. 특히 코로나 19시대에 새롭게 드러나는, 종교를 사칭한 일부 교단과 사람들의 민낯은 차마 입으로 말하기도 부끄러울 정도다.

과거 조지아인들은 성황나무에 형형색색의 천조각을 걸고 소원을 빌면 이루어진다고 믿었다. 특히 아이가 없는 사람들이 천 조각을 걸고 기도를 하면 아이를 낳을 수 있다고 믿었다. 비단 아이만을 바라지는 않았을 것이다. 집안과 가족들의 온갖 소원을 자신들이 믿는 또다른 신에게 빌었을 것이다. 특이한 점은 성황나무가 즈바리 수도원처럼 유서 깊은 기독교 수도원 근처에서 자주 목격된다는 점이다.

4세기에 건립된 이베리아 왕국의 최초의 성당 스베티츠호벨리 대성당은 오늘날에도 조지아인들의 신앙의 중심지이자 가장 신성한 장소이다. 스베티츠호밸리 대성당은 차량 진입이 금지되어 있어 마을 입구에 차를 세우고 천천히 마을길을 따라 성당으로 향했다. 광장이 보이고 인포메이션 센터와 식당, 카페, 기념품 가게들이 즐비했다. 가방과 스카프, 컵 등 아기자기한 기념품들이 발걸음을 붙잡는다. 멀리 바그네티 산이 보이고 그 꼭대기에 방금 다녀온 즈바리 성당도 보였다. 성당은 강 연안에 아주 가까이 위치해 있어 100미터 정도만 걸으면 바로 강가에 이른다.

므츠헤타에서 만난 조지아 성황나무. 조지아인들은 나무에 천을 매달고 소원을 빌면 이루어진다고 믿었다.

높다란 성벽이 성당을 전체적으로 둘러싸고 있어 정문까지 걸어가는 길이 마치 성벽을 돌아 성을 한 바퀴 도는 기분이 들었다. 마침내 도착한 성당은 높고 육중한 철문이 가로막고 있었다. 물론 문은 열려 있었지만, 마치 요새 안으로 들어가는 기분이 들었다. 망루 꼭대기에서 조지아의 국기가 휘날리고 있어 여타 성당과 다른 위엄과 권위가 느껴졌다. 적의 침입에 대비한 튼튼한 석벽과 육중한 성문과 성벽에 포좌가 설치된 스베티츠호벨리의 첫인상은 성당이라기보다는 난공불락의 요새로 보였다.

왕의 대관식을 비롯해 결혼식, 장례식 등 크고 작은 모든 국가

행사는 모두 이곳에서 거행되었다. 왕이나 주교가 죽으면 성당에 안장했다. 왕들의 무덤들이 모자이크처럼 성당 바닥을 장식하고 있었다. 석관의 상판에는 이름과 생애가 적혀 있어 무덤의 주인을 알 수 있다. 아무리 위대한 왕도 여기서는 모두 평등했다. 모두가 자기 몸집만 한 크기의 석관 아래 누워 있다. 더 놀라운 건 바닥에 놓인 왕의 석판 위를 사람들이 거리낌없이 걸어다닌다는 것이다.

세계문화유산으로 지정된 '조선왕릉'은 어떤가. 물론 우리의 자랑스런 문화유산이기는 하나 왕릉을 볼 때마다 불편한 마음이 드는 것도 사실이다. 하나의 능을 완성하기 위해 보통 5개월 정도가 걸리고 능역에 동원되는 인력이 6천 명에서 1만5천 명에 달했다. 풍수지리에 입각해 능지가 선정되면 그 주변에서 살던 사람들은 모두 쫓겨나야만 했고, 심지어 명당이라면 이미 있는 무덤까지도 다른 곳으로 이장하고 권력자가 그 자리를 차지했다. 왕의 무덤을 조성하기 위해 농민들은 몇 달씩 차출되었다. 죽어서까지도 백성들의 등골을 빼먹은 왕들이다. 그런 '왕릉'이 자그마치 41기나 있다. 왕이 거느렸던 식솔과 후궁들의 무덤까지 헤아리면 그 수는 훨씬 더 많아진다. 이런 터무니 없는 장례문화가 5백 년 이상을 내려왔다는 것이 믿어지지가 않는데, 그 점이 높이 평가되어 세계문화유산에까지 등재되었으니 놀랍기는 놀랍다. 석판 하나가 전부인 이곳 왕들의 무덤을 보니 '조선왕릉'은 괜시리 더 불편해진다.

스베티츠호벨리 대성당은 성녀 니노가 기독교로 개종한 미리안 3세의 명을 받아 건립했다. 미리안 3세의 명은 다른 군주들과 마찬가지로 '세상에서 가장 거대하고 위대한 성당'을 지으라는 것이었다. 건물의 크기가 신앙의 크기와 비례한다는 생각은 예나 지금이나 변함이 없다. 사실은 자신의 권위를 세우고 힘을 과시하기 위한 목적이 더 크다는 것이 더 진실에 가깝겠지만 말이

스베티츠호벨리 대성당

다. 과거 왕이나 군주는 건축업계에서 '가장 큰 손'이었다는 말이 괜히 나온 것이 아니다.

니노는 성당이 지어질 터를 고르는 일부터 성당이 지어지는 전 과정을 직접 지켜보았다. 스베티츠호벨리 성당 건립과 관련해 여러 가지 흥미로운 이야기들이 전한다.

니노는 시도니아라는 여인의 무덤 위에 성당을 짓기로 한다. 이유는 시도니아의 무덤 속에 예수의 성의가 묻혀 있었기 때문이다. 예수가 십자가에 매달려 처형당할 때, 우연히 조지아 출신 유대인인 엘리야가 그 자리에 있었다. 그는 예수가 처형될 때 입고 있던 옷을 가지고 고향 므츠헤타로 돌아왔다. 그는 이 옷을 여동생 시도니아에게 건넸고, 시도니아가 예수의 옷을 가슴에 품는 순간 급작스럽게 죽어버렸다. 너무 감격한 나머지 심장발작을 일으켰던 것이다. 죽은 시도니아의 손에는 예수의 옷이 꼭 쥐어져 있었다. 사람들은 옷을 빼내고 시신을 묻으려고 했지만 아무리 애를 써도 옷이 빠지지 않자 옷과 함께 매장했다. 얼마 후 시도니아의 무덤에서는 삼나무가 자라났다.

니노는 시도니아의 무덤가에서 자라는 삼나무들을 베어서 기둥을 만들었다. 성당에는 모두 일곱 개의 기둥을 세워야 했는데, 마지막 기둥이 아무리 해도 세워지지 않았다. 니노는 밤새 간청의 기도를 드렸다. 날이 밝자 기적이 일어났다. 기둥이 번쩍 들려지더니 제자리에 가서 우뚝 서는 게 아닌가. 신기한 건, 기둥이 세워진 지점과 예수의 성의가 묻혀 있는 지점이 정확하게 일치

한다는 사실이다. 성당이 완공된 후 그 기둥에서는 모든 질병을 낫게 하는 신비의 액체가 흘러나왔다고 한다. 그후로 사람들은 이 성당을 스베티츠호벨리라고 부르기 시작했다. '스베티츠호벨리'는 조지아어로 '살아 있는 기둥' 혹은 '생명을 주는 기둥'이란 뜻이다.

스베티츠호벨리 대성당은 다른 성당들처럼 여러 차례 파괴되고 복구되었는데, 1010~1029년 게오르기 1세 때 멜키세데스 총주교에 의해 돔 양식으로 건립된 것이 오늘날까지 이어지고 있다. 아르수키제라는 건축가가 지은 성당 안에는 구석구석 볼거리가 많은데, 이 건축가와 관련된 사실이 많은 것도 흥미롭다.

성당 중앙에 4세기 목조건물의 일부와 예루살렘 십자가 교회를 상징하는 작은 성당이 있다. 성당 속의 성당인 셈이다. 또 전설 속 '생명을 주는 기둥' 자리에 17세기에 세워진 기둥의 일부가 남아 있는데, 기둥 아래는 시도니아의 무덤과 예수의 성의가 묻혀 있는 자리다.

여섯 명의 조지아 왕들의 무덤도 이 성당 안에 있다. 트빌리시의 건설자 바흐탕 고르가살리는 죽어서도 자신의 왕국을 지키려는 듯 검을 든 자세로 누워 있다. '1720~1798'이라는 연도와 함께 방패와 검이 새겨진 석관에는 18세기 카헤티-카르틀리 왕국의 에라클리 2세가 영면하고 있으며, 그 옆에는 그의 아들이자 조지아 마지막 왕인 게르오기 12세의 무덤이 있다. 아이러니컬하게도 처음 스베티츠호벨리 성당을 건립한 미리안 3세와 왕비

스베티츠호벨리 성당의 기둥.
이 기둥 아래 시도니아의 무덤이 있으며 그 안에 예수의 성의가 묻혀 있다.

니나는 이곳이 아닌 삼타브로 수도원에 묻혀 있다. 자기 같은 죄인은 이곳에 묻힐 자격이 없다는 것이 이유였다. 그에게 스베티츠호벨리는 너무나도 신성한 장소였던 것이다.

성당 입구에는 4세기에 만들어진 성수반이 있는데, 미리안 3세와 니나 왕비의 세례 때도 이곳의 물을 사용했다고 전한다. 벽화 속에는 미리안 부부와 로마의 황제 콘스탄틴과 그의 어머니

스베티츠호벨리 대성당의 작은 성소

헬레나의 모습도 보인다.

외벽에는 손에 끌을 쥐고 있는 건축가 아르수키제의 팔 모양이 조각되어 있다. 그는 왜 자신의 팔을 벽에 남겨두었을까. 역사에 두고두고 기억되고 싶었던 예술가의 치기일까. 그런데 이름도 아닌 왜 또 팔이었을까. 동문에 걸려 있는, 이교도를 상징한다는 황소머리 조각상과 더불어 가장 흥미로운 대목이다.

성당을 다시 찾았을 때에는 공교롭게도 한창 일요일 미사가 진행중이었다. 들어가려 하니 수도사가 미사 중에는 들어갈 수 없다며 들여보내주지 않았다. '멀리 한국에서 왔는데 미사 장면을 꼭 보고 싶다'고 통사정을 해보았지만 소용이 없었다. 수도사는 미사가 다 끝나고 나서야 들여보내주었다. 당시에는 그 수사가 야속했지만 천년이 넘게 지켜져오는 엄격한 규율과 전통을 나의 사소한 이익을 위해 깨려고 했던 자신이 부끄러웠다. 엄격한 규율과 단단한 전통 위에서 비로소 권위라는 힘이 생긴다는 것을 깨닫게 된다. 게다가 스베티츠호벨리는 조지아 정교의 본산이 아니던가. 성당 안에는 방금 끝난 미사의 여운이 남아 있었다. 사제들과 성가대원들이 남아 뒷정리를 하고 있었다. 성당 안에서 전에는 느껴지지 않던 훈훈한 온기가 느껴졌다. 신을 모시는 집이지만 결국은 인간의 공간이었던 것인가.

처음 스베티츠호벨리 문을 열고 들어섰을 때의 감동을 잊지 못한다. 문을 열자 사방에서 쏟아지는 빛 때문에 정신이 아득했었다. 그 빛 한가운데서 사람들은 신과 대화를 하고 있었다. 읍소

스베티츠호벨리 대성당에서 기도하는 참배객

하지 않고 신을 마주하고 대화하는 것도 또다른 기도의 모습이 될 수 있다는 것을 그때 알게 되었다. 신이 빛으로 강림하는 듯한 신비한 느낌…….

성당 안에는 하얀 옷차림의 여인이 있었는데 자신이 '시도니아'라고 했다. 하얀 옷차림도 이상했는데 자신이 시도니아라고 하니 얼마나 놀랐는지.

"시도니아라고요?"

스베티츠호벨리 대성당, 시도니아의 복장을 한 안내원의 모습

"네. 사실 나는 성당 도우미예요. 성당 방문객 분들이 불편하지 않도록 이런저런 도움을 드리고 있어요."

"늘 그 옷차림으로 있으세요?"

"네……."

그때 좀 전에 성당 안에 못 들어가게 했던 수도사가 나타나 말했다.

"여기 계셨군요. 아까는 미안했습니다. 규칙이라 저도 어쩔 수가 없었어요."

수도사는 규율대로 있을 뿐인데도 성당 안에 못 들어가게 한 것이 미안해서 일부로 나를 찾아와 사과를 하고 있었다. 이럴 때 나는 어떻게 해야 하는지 모른다. 그저 같이 미안해하고 감사해할 뿐이다. 그가 성당에 대해 흥미로운 이야기들을 들려주었다.

"이 성당 안에 예수님의 성의가 묻혀 있는 건 아시죠?"

"아니요. 몰랐어요. 전 그저 전설일 뿐이라고만 생각했어요."

"아닙니다. 전설이 아니라 사실이에요. 예수님 성의는 처음 묻혔던 그 자리에 그대로 있습니다. 바로 성당 가운데 기둥 아래에 말이죠. 사실 성의를 도굴당할 뻔한 적이 있어요. 1920년대쯤 소비에트 군이 예수님의 성의를 도굴하려고 기둥 아래를 파기 시작했어요. 그런데 땅을 파내려가자 인부들이 부상을 당하고 이유없이 사고가 잇달아 발생했다고 해요. 결국 그 사람들은 두려워서 다시 땅을 덮어버렸답니다. 그래서 성의는 그대로 여기 있어요."

스베티츠호벨리의 기적은 지금도 계속되고 있는 듯했다. 미리안 3세가 이곳에 묻히려고 하지 않은 이유를 알 것 같았다. 너무도 성스럽다고 했던 말도.

스베티츠호벨리 대성당 광장

묵주 팔찌 만드는 수녀들
— 삼타브로 수도원

삼타브로 수도원은 키 높은 삼나무들이 인상적인, 수녀들의 수도원이다. 입구부터 아기자기하면서도 단정한 느낌이 풍긴다. 수녀 수도원에 들어서면 걸레를 손에서 놓지 않았던 나의 할머니 생각이 난다. 먼지 한 톨 없었던 할머니 댁의 마루만큼이나 수녀 수도원은 정갈하다. 스베티츠호벨리에서 700미터 가량 떨어진 삼타브로 수도원 역시 미리안 3세의 명으로 지어진 수도원이다. 역시 성녀 니노에 의해 11세기 경 재건되었다.

삼타브로 성당을 찾은 이유는 미리안 3세 부부가 이곳에 묻혀 있기 때문이다. 전하는 바에 따르면 스베티츠호벨리 성벽 끝 해자와 맞닿아 있는 이 지역은 원래 왕실 정원사 같은 이들이 거주하는 지역이었다고 한다. 므츠헤타에 온 니노가 처음 둥지를 튼 곳도 이 지역이었다고 한다. 수풀 속에 움막 비슷한 것을 짓고 살면서 가난한 이들과 병자들을 돌보며 기독교 전파에 힘썼다고 한다.

삼타브로 수도원

미리안 3세는 니노에게 조용히 신앙생활을 할 수 있는 성당을 지어달라고 부탁을 했고, 그 부탁으로 니노는 이곳에 삼타브로 성당을 지었다. 미리안 3세는 자신을 묻기 위해 신성한 스베티츠호벨리가 파헤쳐지는 것을 원치 않았다. 대신 부활의 날 신의 은총을 입을 수 있도록 스베티츠호벨리에서 멀지 않은 '윗 성당', 즉 삼타브로에 묻어달라는 유언을 남기고 눈을 감았다.

미리안 3세 부부는 예배당에 들어서자마자 왼편에 사이좋게 나란히 누워 있었다. 미리안 3세의 손에는 십자가가 들려 있고 니나 왕비의 옷에 십자가 문양이 선명하다. 많지 않은 그에 관한 기록에 따르면 미리안 3세 내외의 신앙심은 매우 독실했다. 화려한 대성당이 아닌 삼타브로처럼 소박한 성당에 묻히고자 한 사실만 보더라도 여타 군주들과 다르다.

수녀 수도원의 수녀들은 항상 분주하게 움직였다. 종종걸음으로 바쁘게 집안을 오가며 살림을 도맡아 하는 주부 같다. 예배당 관리는 물론이고, 정원의 풀을 뽑고 꽃을 심고 나무를 가꾸고 흙을 나르고 성물을 닦고 성수를 갈아주는 등, 한시도 가만히 있질 않는다. 수도원은 매우 폐쇄적이다. 외부인에게 그들의 생활하는 모습을 드러내지 않으며, 사진을 함께 찍거나 찍혀서도 안 된다. 몰래 수녀의 모습을 찍어도 안 된다.

노동과 자급자족이 기본 생활원칙인 수도원에서는 작은 일을 해서라도 수익을 창출해야 한다. 이곳 수녀님들은 직접 만든 묵주와 자그마한 성물 판매대금으로 얼마 안 되는 수익을 만드는 듯했다. 수녀들이 손수 만든 팔찌 묵주를 사왔다. 돌이 은근하게 빛을 내는 돌을 골라 만든 고운 묵주 팔찌였다. 수녀들에게 자그마한 도움이라도 주고 싶어 산 팔찌묵주인데, 지금은 챙기지 않으면 허전할 정도로 애장품이 되었다.

삼타브로 성당에는 자그마한 박물관도 있다. 성당 안내책자와 성당의 역사를 알수 있는 각종 행사 사진, 역대 원장수녀들의 사

미리안 3세 부부의 무덤

진과 서신들이 정성스럽게 정리되어 전시되어 있다. 성당 뒤편에 역대 수녀님들의 무덤이 있고, 입구 오른편에는 딱 한 사람만 들어갈 수 있을 만큼 작은 템플이 인상적이다.

고대 조지아왕국 유적지 아르마지치헤 —바그네티 유적지

길이라고도 할 수 없는 산길을 30분이 넘게 올랐다. 왕궁터가 시작되는 국도변에 '왕궁터'라는 안내판 하나가 있을 뿐, 이정표 하나 리본 하나 없다. 혹시 길을 잃는 것이 아닐까 겁이 더럭 났지만, 다행히 왕궁터까지 풀 사이로 사람들이 지나간 흔적으로 보이는 발자국이 나 있었다.

주변에는 풀벌레 한 마리 없었다. 풀잎 사이를 지나는 바람소리만 요란했다. 아무도 찾지 않은 이곳을 굳이 오르고 있는 내가 이상했다. 〈론리 플래닛〉에서조차 아주 짧은 언급이 있을 뿐인 이곳을 말이다. 고고학자도, 역사학자도 아닌 내가 왜 굳이 이곳을 오르고 있을까. 고대 유적지라야 뻔할 텐데 말이다. 유물은 다 박물관으로 옮겨갔을 것이고 기껏해야 기단석 정도 남아 있으면 다행인데……. 아무리 생각해도 무모하다. 그럼에도 무언가가 자꾸 나를 끌어당겼다. 다른 사람이 가보지 않은 곳을 가보았다는 허영심일 수도 있지만, 조지아인들의 역사가 시작된 현장을 보고 싶었다. 아무렴 어떤가. 고대 왕궁터가 가까워질수록 조금씩 흥분이 되고 살짝 조바심도 났다. 그리고 마침내 목적지에 도착했을 때 나는 속으로 외쳤다.

'조지아라는 나라가 여기서부터 시작된 거야. 내가 바로 그 현장에 와 있다고.' 그것은 지금까지 내가 알지 못했던 지구상의 한 국가의 시작을 만난다는 가슴 벅참이었고, 아득한 시간과 조우한다는 기쁨이었다. 아득한 과거로부터 불어온 바람이 풀섶을 떠돌고, 긴 시간을 구비구비 돌아온 쿠라와 아라그비가 만나는 곳…….

강 건너편에 스베티츠호벨리가 당당하게 서 있었다. 우측으로 바그라티 산과 즈바리 수도원이 보였다. 내가 서 있는 곳과 두 개

바그네티 유적지에서 바라본 므츠헤타 시가지

의 건축물은 완벽한 삼각형 구조를 이루고 있었다. 마치 한 사람의 건축가가 치밀하게 계산해서 위치를 정한 것처럼 말이다. 선으로 연결한다면 정삼각형이 그려질 터였다. 성당 앞으로 쿠라 강과 아그라비 강이 합류하여 하나의 커다란 물줄기로 흐르고, 성냥갑만 한 집들이 빼곡하게 성당을 에워싸고 있다. 마치 성당을 수호하는 호위무사들처럼. 한동안 멍하니 눈앞에 펼쳐지는 풍광 속에 빠져들었다. 너무도 고요했다. 깊은 산속 고대 유적지에 덩그마니 놓여 있는 벤치만이 고대와 현재를 이어주는 끈이었다.

연대기에 따르면 아르마즈치헤는 기원전 3세기 고대 조지아 왕국의 전설적인 왕 파르나바즈 1세가 세웠다. 아르마지는 이베

바그네티 왕궁터 우측 강가 벼랑에 서 있는 즈바리 수도원

리아의 전통적인 신들 가운데 최고의 신이다. 사람들은 도시를 세우고 신전을 지어 그를 찬양하며 복종을 맹세했다. 영원할 것 같았던 신의 도시는 '므츠헤타'라는 새롭고 거대한 도시가 건설되자 그를 방어하는 요새로 전락했다. 그러나 사람들은 여전히 자신들의 최고의 신 '아르마즈'를 경배하고 신성시했다고 전한다.

아르마즈치헤는 기원전 65년 로마의 장군 폼페이에 의해 점령당했다. 이베리아의 왕 아르톡이 이끄는 군사들이 대항했지만 폼페이가 이끄는 로마군에게는 역부족이었다. 이 전투에서 사망한 이베리아인 수가 9천 명이 넘고, 만 명 이상이 로마군의 포로가 되었다고 한다.

1867년 발굴된 석비에는 "75년 로마의 제9대 황제 베스파시아누스는 이베리아의 왕 미트라다테스 1세를 위해 아르마지를 요새로 만들어주었다"는 기록이 있다. 조지아의 수도가 트빌리시로 옮겨간 후 아르마지치헤는 736년 아랍의 침략으로 완전히 파괴되었다.

바그네티 유적지에서는 기원전 4세기에서부터 6세기까지의 여러 문화 지층들이 발견되고 있다. 사람들은 자신들보다 먼저 산 사람들의 머리 위에 새로운 건물을 짓는다는 생각은 하지 못했을 것이다. 쓰나미처럼 하나의 문명이 사라지고 오랜 시간이 흐른 후 다시 그 위에 또다른 문명이 세워졌을 것이다. 아주 오래전 산꼭대기 좁은 땅 위에서 사람들이 살았고, 이 땅을 뺏기 위해

고대 조지아 왕국의 바그네티 왕궁에서는 궁전과 대규모 와인 저장고, 목욕탕 등의 흔적이 발견되었다.

군대가 쳐들어오곤 했다는 사실들이 믿기지 않으면서도, 그 현장에 내가 서 있다는 사실이 큰 흥분을 불러일으킨다.

가장 오래된 지층은 기원전 4세기~3세기의 지층으로, 6개의 기둥들과 지붕이 있는 커다란 방의 흔적이 남아 있다. 기원전 3세기~1세기에 해당하는 중간지층에서는 신전이 발견되었다. 마지막으로 1세기~6세기에 해당하는 지층에서는 궁전과 대규모 와인 저장고, 목욕탕 및 석묘 등의 기단들과 파괴된 벽들의 흔적이 남아 있다.

복구된 건물의 뼈대와 기단석을 보면서 당시의 왕궁의 규모 등을 짐작해보았다. 고대에 이 정도 규모라면 상당히 큰 왕국이었을 것이다. 왕과 왕비의 목욕탕과 와인 저장고가 거의 완벽한 형태로 복원되어 있었다. 목욕탕의 구조가 그려진 안내문도 있었다. 오늘날의 목욕탕처럼 남탕과 여탕으로 구분되어 있고 온탕시설까지 갖추었다. 궁금하지 않을 수 없다. 여기까지 어떻게 물을 끌어왔으며, 어떤 방법으로 물을 데웠고, 배수는 또 어떻게 했을까. 와인 저장고에는 아직도 크베브리가 땅속에 묻혀 있다. 발견 당시부터 있었던 것일까. 그렇다고 하기에는 외관이 너무 깨끗하고 완벽하게 보존되어 있었다. 나중에 시각적 효과를 위하여 복원한 것일까.

기단부만 복원한 신전터도 흥미로웠다. 바람이 들려줄까. 아

고대 조지아 왕국의 바그네티 왕궁터에 남아 있는 성벽 흔적

주 오래 전 이곳에 살았던 사람들이 이야기를. 얼마나 많은 이야기가 땅 속에 묻혀 있는 것일까.

쿠라 강 위에 눈부신 아침 햇살이 하얗게 부서지고 있었다. 카약 한 척이 익숙하게 강물을 가르며 나아가고 있었다. 아름답고 평화롭다는 말 이외에는 다른 말이 떠오르지 않는다. 집들이 강물 속으로 빠질 것처럼 강가와 가깝게 면해 있었다. 강물에 강변이 침식되는 것인지도 모르겠다. 어젯밤 머물렀던 호텔도 저기 어디쯤일 것이다. 근방 유적 발굴은 계속 진행중이라고 한다. 산을 내려오면서도 이곳에서 받은 인상이 너무 강렬해 쉽게 발걸음이 떨어지지 않았다. 이곳에서 출토된 유물들은 현재 조지아 국립박물관에 전시되어 있다.

고대 조지아 왕국의 바그네티 왕궁터의 와인저장고

칠십 넘어 호텔 사장이 된 전직 화가 게오르기 할아버지

일흔이 훨씬 넘은 게오르기 할아버지는 큰 소리로 말을 해야 겨우 들을 수 있을 정도로 청력이 좋지 않았다. 걷는 것조차 힘들어 보였다. 그런데도 열 개 정도의 객실을 갖춘 호텔을 혼자서 꾸려가고 있었다. 청소와 빨래를 담당하는 아줌마가 있긴 했지만, 예약부터 손님맞이, 아침식사 준비 등 대부분의 일을 혼자서 했다. 행동이 느릿한 그를 보고 있으면 꼭 슬로비디오를 보고 있는 느낌이 들었다. 솔직히 답답했지만 어쩌랴.

아침 일곱시만 되면 게오르기 할아버지는 어김없이 아침상을 차려놓았다. 신선한 빵과 버터는 미리 식탁에 차려져 있고, 손님이 내려오는 시간에 맞춰 계란을 부치고 삶은 소시지를 따뜻한 물에서 건져 내놓았다. 먹을 때마다 좀 미안한 마음이 들었다. 직접 하겠다고 해도 극구 본인이 직접 해서 가져다주었다. 설겆이를 도와주려 해도 한사코 사양했다.

하루는 옆 테이블에서 러시아 손님들이 식사를 하고 있었다.

게오르기 할아버지가 차려준 아침상.
일흔이 넘은 게오르기는 항상 계란 부침과 빵, 신선한 야채를 곁들인 아침상을 직접 차렸다.

보아하니 모스크바는 아니고 러시아 어느 지방에서 온 것 같았다. 그런데 일행 중의 한 여자가 게오르기에게 이것저것 까탈스럽게 굴었다. 자기들이 집에서 먹던 것을 찾는 듯했는데, 외국인인 내가 보기에도 태도가 거만하고 고압적이었다. 변덕스러운 주인여자가 하인을 대하듯 했다. 문득 '혹시 저 여자는 아직도 조지아를 러시아의 식민지로 착각하고 있는 건 아닐까' 하는 생각이 스쳤다. 설마…… 나의 과대망상일 것이다.

게오르기는 자신을 화가라고 소개했다. 물론 지금은 그림을 그리지 않지만 말이다. 그가 호텔업을 시작한 것도 얼마 되지 않았다. 사회주의가 무너지기 전까지 게오르기는 그림이나 작품 활동을 하면서 풍족하지는 않았지만 연금으로 생활하는 데 전혀 문제가 없었다고 한다. 사회주의 체제의 붕괴와 자본주의의 도

입은 게오르기 같은 연금생활자들에게는 또다른 시련이었다. 사회주의에서 자본주의로 회귀한 나라의 국민들이 처한 현실을 신윤복 교수는 "사회주의 이념이라는 최고 강령을 위하여 자신을 희생해온 85%의 인민이 시장 메커니즘이라는 낯선 장치 속에 던져지고 또다시 고통을 감내해야 하는 것"이라고 설명한 바 있다. 그의 말처럼 갑작스레 각자도생이라는 잔인한 먹이사슬에 던져진 사람들은 각자 스스로 수단과 방법을 가리지 않고 살아남아야 하는 상황이 되었다. 사회주의 체제가 유지되었다면 연금이 적더라도 그럭저럭 생활은 되었을 것이다. 그러나 지금은 쥐꼬리만 한 연금 말고는 어떠한 사회보장제도가 없다. 먹고 살려면 무슨 일이든 하지 않을 수 없는 상황이 되어버린 것이다. 집이 있는 사람들은 집을 개조해 숙박업이나 식당, 카페 등을 차린다. 집이라도 있는 사람들은 그나마 형편이 좋은 편이다.

므츠헤타를 떠나는 날 게오르기 할아버지는 다음에 또 오라며 대문가에 서서 오랫동안 손을 흔들어주었다. 택시 룸미러에 느릿느릿한 발걸음으로 집안으로 들어가는 그의 뒷모습이 보였다. 겨우 이틀 동안 묵었을 뿐이지만, 아무리 짧은 만남이었어도 이별은 어떤 아픔 같은 것을 남긴다. 여행은 어쩌면 반복되는 이별과 그 고통을 견디는 과정일지도 모르겠다. 한국에 돌아가서도 그의 안부가 궁금하고 그가 만들어준 계란부침과 빵, 소시지가 오래도록 그리울 것만 같았다.

게오르기 할아버지의 호텔은 강가에서 50미터도 떨어져 있지 않았다. 한 발만 내딛으면 곧장 강물로 뛰어들 수 있을 정도다. 강가에는 작은 선착장과 우거진 강가에 누군가 매달아놓은 낡은 나룻배 한 척이 이따금씩 끼릭거리는 소리를 내며 물살에 흔들리고 있었다. 그 풍경이 너무 아름다워 잊히질 않는다.

쿠라 강은 '쿠라'라는 이름처럼 한없이 느리게 흘렀다. 흐르기를 멈춘 듯한 강물 위로 붉은 노을이 내려앉았다. 어딘가에서 물새 소리가 들려왔다. 새들이 잠자리를 찾아 날아드는 것이리라. 물소리, 바람소리, 새소리, 풀잎소리…… 들리는 소리라곤 이것이 전부다. 강물을 붉게 물들였던 노을은 어느새 오렌지 빛으로, 그리고 다시 보랏빛으로 바뀌었다. 푸드득거리는 새들의 날갯짓

쿠라 강의 노을

소리가 점점 더 요란스러워졌다. 밤이 깊어지는 까닭일까. 아직 잠자리를 찾지 못한 새들이 조바심을 내는 걸까. 고대 므츠헤타 사람들도 이렇게 숨죽이며 해가 넘어가는 광경을 지켜보았으리라. 같은 장면을 보고 있는 나와 그들 사이의 간극은 얼마나 될까. 이 강이 흘렀던 시간만큼일까. 강가는 이제 숨이 막힐 정도로 고요하다. 산과 강, 하늘, 바람, 태양 그리고 나…… 이렇게 그들과 나를 이어볼 수 있는 순간이 너무 행복했다.

므츠헤타의 외곽에는 관광안내 책자에는 나와 있지 않은 고대 성곽터나 수도원들이 많았다. 어떤 날은 무너져내린 성벽의 돌무더기에 한참동안 앉아 있다가만 내려오기도 했다. 폐허가 된 성터에서 내가 한 일이라곤 바람에 흔들리는 잡초를 바라본 것이 전부였다. 과거도 현재도 없는 진공상태…… 딱 그 느낌이었다.

저녁이 되면 스베티츠호벨리 성당 광장은 순식간에 어둠 속으로 잠겨들었다. 스베티츠호벨리의 종탑이 희끄무레해질 즈음, 가로등이 켜지고 식당의 불빛이 광장을 밝힌다. 관광객들이 썰물처럼 빠져나간 광장은 갑자기 조용해졌다. 얼마 후 아이들이 하나 둘 광장으로 모여들었다. 그러다 어느 순간 아이들의 재잘거림과 웃음소리가 광장에 가득 울려퍼졌다. 광장은 이제야 비로소 므츠헤타 사람들 차지가 되었다. 문득 떠나온 곳이 생각났다. 가족, 지인들, 그들과 함께 했던 시간들, 웃음들…… 그것은

'그리움'이라고 불러도 좋을 것이다. 광장의 아이들이 두고온 사람들과 추억을 소환했다. 떠나온 것이 힘들게 느껴진다면 아마 그것은 그곳에 남은 사람들과 함께 했던 시간들 때문일 것이다. 적막했던 유적지가 사람들이 채워지자 순식간에 살아 숨쉬는 공간이 되듯, 새로 만나게 될 시간과 사람들로 설레이는 것이 또 여행이다. 인간이 이룩한 위대한 문화란 무엇일까. 그저 지금 이 순간 저들의 모습과 나의 모습이 있을 뿐이다.

삼타브로 수도원 앞 분수대 광장 주변은 관공서 건물들과 고급 레스토랑들이 모여 있는 므츠헤타의 번화가이다. 와인챔버(The Chamber of Wine)는 텔리아니 와이너리에서 운영하는 레스토랑과 와인숍, 와인 시음장을 갖춘 고급 레스토랑이다. 다른 사람들도 꼭 한번쯤 둘러보면 좋겠다는 생각이다.

삼타브로 수도원을 관람하고 나올 때부터 이곳을 콕 찍어 두었다. '므츠헤타에서의 마지막 밤의 만찬장'으로 말이다. 이 지역에서는 보기 드물게 현대적이고 고급스러운 건물이다. 레스토랑은 넓고 고급스러웠다. 꼬질꼬질한 배낭과 트레킹화 차림으로 갈 만한 곳은 아니다. 아무리 내 차림새에 대한 '양해'를 구했다 해도 말이다. 2층으로 안내되었다. 인테리어도 깔끔하고 모던했다. 공연을 할 수 있는 무대도 있었다. 옆 테이블에서 잘 차려입은 남녀가 식사를 하고 있었다. 와인 한 병을 놓고 머리를 맞대고 조곤조곤 얘기하는 모습이 퍽이나 인상적이었다. 이곳 사람들은 식당에서 축하연 같은 것이 아니면 무척 조용하고 조심스럽다.

두 사람만 모여도 왁자지껄한 우리와는 다르다. 한국 사람들의 시끌벅적함은 과시욕인지 무식함인지 늘 이해불가다. 산티아고 순례길에서 삼겹살 구우며 떠들어댄다는 한국인 얘기는 부끄럽다는 말로는 용서가 안 된다. 스페인 세비아 성당에서 아들 이름을 소리쳐 불러대는 한국 아줌마도 부끄럽기는 마찬가지였고.

와인챔버는 종업원의 태도가 공손하고 음식이 별미였다. 특히 버섯과 가지 요리는 수준급이었고, 곁들인 므흐라니 와인도 최고였다. 지하 1층의 와인 시음장에는 벽마다 와인들이 빼곡하게 정렬되어 있고, 테이블마다 와인 잔과 식기들이 세팅되어 있다. 커다란 크베브리와 오크 통에서는 와인들이 숙성되고 있다. 크

와인챔버. 텔리아니 와이너리에서 운영하는 와인시음장 겸 레스토랑

베브리를 개봉해 처음 따라마시는 와인의 맛은 어떨까. 다음 번 조지아 여행은 와인 여행이 되기를.

이제 막 친해지기 시작한 도시와의 작별은 많이 아쉽다. '작별'이 아닌 '이별'이 될 확률이 높지만, 그럼에도 늘 마음 한 조각은 남겨두게 된다. 두고온 마음이 언젠가 다시 나를 불러주기를 바라면서, 칠흙같은 어둠 속에 잠긴 도시의 모습까지도 꾹꾹 눌러 담는다.

므츠헤타의 마지막날 밤 산책. 어둠속에서 사랑을 속삭이는 젊은 연인들

신앙의 힘으로 세운 다비드 가레자 수도원
— 동굴 수도원 단지

다비드 가렛자 수도원은 시리아에서 온 사도 다비드 가렛자가 사막에 세운 동굴 수도원이다. 다비드 가렛자로 가는 길은 그림처럼 아름답다. 눈을 어디에 둬야 할지 모를 만큼 아름답다. 오로지 하늘과 땅만 있는 것 같다.

이 길에서 양떼를 몰고가는 양치기를 여러 번 만났다. 하얀색 말 위에 올라 양떼를 모는 어린 목동의 모습에 가슴이 쿵하고 내려앉았다. 신화 속 주인공처럼 잘 생긴 모습에 한동안 넋을 잃었다. 사진기를 들이대니 수줍은 듯 포즈를 취해주는 모습이 너무 순박해서 또 한번 가슴이 철렁했다. 그런데 내 가슴이 더 쿵하고 내려앉은 것은 어린 양치기의 미소가 너무 싱그러웠기 때문이다. 비가 내린 뒤의 초원의 싱그러움같은 아름다운 미소였다. 저런 미소를 짓는다면 분명 영혼도 새벽이슬처럼 맑고 투명하겠지. 어깨에 걸망을 메고 막대기로 양떼를 몰고 가는 늙은 양치기의 모습은 의도적으로 문명을 거스르는 것으로 보였다. 광활한

다비드 가렛자 가는 길에 만난 어린 목동과 양떼들

다비드 가렛자 가는 길에서는 초원과 사막, 소금 호수 등을 만나게 된다. 너무도 아름다운 길이다.

초원에서 만난 아버지와 아들이 이방인의 가슴에 참으로 긴 여운을 남기며 사라져갔다.

초원의 길은 어디까지 이어지려는 걸까. 참으로 광막한 광야다. 사막 사이로 난 길…… 어디까지 뻗어 있을까. 너무 아득해서 그냥 주저앉고 싶었다. 너무도 광활했다. 태양은 뜨겁고, 바람도 거셌다. 광막한 사막 한가운데 그 옛날 사막을 건너온 카라반에게 물과 음식을 제공해주었던 카라반 사라이를 연상시키는 작은 식당 겸 게스트하우스가 보였다. 광막하고 황량한 사막과 초원의 풍경은 그 옛날과 지금이 달라진 것이 하나도 없다. 말이 아닌 자동차를 탄 나그네들이 이 땅을 오간다는 것을 빼고는 말이다.

작고 메마른 덤불숲 너머로 하얀 바람이 불더니 푸른 물결이 일렁이는 것이 보였다. 신기루를 본 것일 게다. 이런 곳에 호수가 있을 턱이 없지 않은가. 그러나 그것은 정말로 호수였다. 물이 가득 고인 호수, 이른바 가끔 사막에서 만날 수 있는 '소금 호수'다. 이 메마른 땅에서 어떻게 호수가 생겨날 수 있는 것인지. 얼마나 많은 빗물이 모여야 호수가 될 수 있을까. 신의 존재와 시간의 개념을 빌리지 않으면 도저히 이해가 안 되는 수많은 현상들 앞에서 인간이 신의 존재를 떠올리는 것은 너무도 자연스럽다.

대자연의 모든 신비를 품고 있는 사막의 땅을 하염없이 달렸다. 생전 처음 보는 전혀 낯선 땅의 모습에 몇 번이나 정신이 아득해졌다. 초원이 끝나는 자리에 붉은색 사암 계곡이 또한번 나를 아득한 미지의 세계로 밀어넣었다. 중동의 어느 사막에서나

다비드 가렛자 가는 길. 붉은 사암 협곡

볼 수 있을 법한 풍경들이 펼쳐진다. 깊은 협곡에 붉은색 커튼을 쳐놓은 듯한 아찔한 사암 협곡들이 한동안 이어졌다. 어떤 생명체도 허용할 것 같지 않은 척박한 땅 위로 푸르른 생명이 자라나고 있는 모습에서 절대자의 존재를 떠올리지 않을 수 없었다. 참으로 역설적이다. 반은 정신이 나간 상태로 다비드 가렛자 수도원에 도착했다.

처음 '동굴 수도원'이라는 말을 들었을 때는 동굴 안에 작은 예배당 하나쯤 있겠지, 하는 정도로 생각했다. 그러나 내 눈 앞에 펼쳐진 모습은 인간의 능력을 뛰어넘는다는 것이 무엇인지, 인류의 위대함이 무엇인지를 보여주고 있었다.

6세기 무렵 요한의 12사도 가운데 한 명인 다비드 가렛자는 사막의 동굴에서 수도 생활을 하며 하나님의 말씀을 전파했다. 생전에 그는 많은 기적을 행한 것으로 전해진다. 마실 물과 먹을 것이 없다고 걱정하는 제자에게 "걱정하지 말라, 하느님께서 이스라엘 백성에게 만나를 내리신 것처럼 우리에게 양식을 주실 것이다"라고 안심시키고 얼마 지나지 않아 사막에 우물이 생기

사막 한가운데 세워진 동굴 수도원. 요한의 12사도 중 한 명인 다비드 수도사가 처음 동굴에서 수도 생활을 하기 시작한 것이 수도원의 시초가 되었다.

한때 다비드 가렛자의 무덤이 있었던 자리

13세기 번영을 누리던 수도원 단지는 몽고의 침입과 소비에트 정권하에서 무참히 파괴되었다.
가장 온전한 모습으로 남아 있는 리브로 수도원과 우다브노 수도원

고, 굶주리고 있는 사람들 앞에 홀연히 산양이 나타나 우유를 마실 수 있었으며, 태어날 때부터 맹인이었던 수도사 한 명이 다비드 가렛자의 시신에 손을 대자 갑자기 눈을 떴다는 얘기도 전한다. 조지아 성상화에서 다비드는 돌을 들고 있는 모습으로 표현되며, 6월 12일이 축일이다.

동굴 수도원 규모는 9세기 무렵에는 무려 25킬로미터에 달하는 암벽에 백여 개에 달하는 크고 작은 예배당이 건립되었다. 예배당을 지키기 위해 성벽과 망루를 세웠다. 13세기 최절정의 번영을 누리던 수도원 단지는 몽고의 침략과 소비에트 정권의 지배 하에서 무참히 파괴되었다. 골격만 남아 있는 수도원은 모래바람이 날리는 사막의 풍경에 황량함만을 더해주고 있을 뿐이다.

수도원 단지에서 그나마 형태가 온존하게 남아 있는 곳은 리브로 수도원과 우다브노 수도원이다. 비스듬히 절단된 암벽에 과거 수도사들의 거처가 시커멓게 입을 벌리고 있는 것처럼 보인다. 하얀 십자가가 놓여 있는 동굴에는 한때 다비드 가렛자 수도사의 무덤이 있었다고 전한다. 이런 곳에서 어떻게 생활이 가능했을지 짐작도 되지 않는다.

수도원을 나와 거친 황야를 둘러보았다. 아무리 둘러봐도 바람뿐이지만 이곳은 언제 싸움이 터질지 알 수 없는 혼돈의 땅이다. 조지아와 아제르바이잔의 국경지대에 위치한 다비드 가렛자 수도원의 일부가 아제르바이잔 영토인 아흐스바타주에 걸쳐 있어 끊임없이 양국간 분쟁의 도화선이 되고 있는 것이다. 조지아는 아제르바이잔에 수도원 구역을 자국의 다른 영토와 교환하자고 제안하는 반면, 아제르바이잔은 자기들이 먼저 살기 시작한 땅이라며 조지아의 제안을 받아들이지 않고 있다. 하루 빨리 모든 분쟁이 사라지고 수도원에 평화가 깃들기를…….

4. 시그나기

SIGHNAGHI

아블라바리 거리, 트빌리시 아르메니아 타운 — 시그나기 가는 길(1)

4월 하순인데도 트빌리시에는 벌써 붉은장미가 활짝 피었다. 조지안 하우스의 하얀색 담장에도 붉은 장미들이 넝쿨을 타고 활짝 피어나 있었다. 모텔급 수준의 조지안 하우스의 건물구조는 조금 특이했다. 70~80년대 우리나라 가옥구조와도 비슷했다. 대문을 열고 들어서면 마당 양옆으로 별채가 있고, 마당을 가로질러 본건물이 자리한다. 마당 한쪽에 영락없이 우리나라 장독대처럼 생긴 곳에는 티테이블이 놓여 있고 포도덩굴이 늘어져 있다. 조지아에서는 아무리 작고 허름한 집이라도 꼭 발코니가 있는 것이 내게는 무척이나 특이하게 여겨졌다. 또 지하에도 식당과 와이너리가 있었는데, 지하라는 생각이 들지 않을 정도로 공기가 쾌적했다.

나는 조지아 하우스에서 닷새 정도를 묵었는데, 다른 지방으로 여행을 다녀올 때에는 이곳에 캐리어를 맡겨두고 간단한 짐만 챙겨 떠났다가 빈방이 있으면 다시 이곳에 묵곤 했다. 조지아 여행의 거점이었던 셈이다. 낯선 여행지에서 기꺼이 짐을 맡아 주고 다시 돌아올 수 있는 곳이 있다는 사실은 어설픈 여행자에게는 커다란 위안이 되었다.

어느날은 커피를 들고 장독대 발코니로 나와 봄바람 속에서 느긋하게 커피를 즐겼다. 푸른 하늘 아래 새하얀 담벼락을 가득 채운 붉은 장미와 눈앞에 포도송이를 보며 마시는 커피 맛을 뭐라고 표현해야 할지 모르겠다. 조지아에 오기 직전까지도 미세먼지로 가득했던 한국의 하늘이 떠올랐다. 만일 조지아에서 무엇이든 하나를 선택해 가질 수 있다면 주저없이 푸르디 푸른 조지아의 하늘을 택할 것 같다.

시그나기로 떠나기 전 조지아 하우스에서

조지안 하우스가 있는 아블라바리 거리는 '아르메니아 타운'이다. 조지아 역사에서 아르메니아인들은 상당히 일찍부터 등장하기 시작했는데, 다비드 4세는 정복한 땅에 아르메니아인들을 정착시키기도 했다. 아르메니아 역사가 중에는 다비드 4세(건설왕)가 이끄는 군사들 가운데 상당수가 아르메니아인이었으며, 그에게 아르메니아 여인이 낳은 아들이 있다는 주장을 하기도 한다.

조지아 인구의 6퍼센트 정도를 차지하는 아르메니아인들은 손재주와 상술이 뛰어나 주로 공예 장인이나 상업에 종사했다. 메테히 궁전 장식에 아르메니아인들이 동원되었다는 기록도 있다. 아르메니아인들은 주로 트빌리시의 외곽에 집단 거주촌을 형성했는데, 아블라바리가에는 아르메니아 교회, 식당, 공동묘지 등이 남아 있다. 엘리아 언덕에 있던 아르메니아인들의 공동묘지는 츠민다 사메바 성당 건립을 위해 매립되었다.

아블라바리 전철역에서 엘리아 언덕으로 이어지는 아블라바리 거리에는 한 평 남짓의 작은 가게들과 행상들이 빼곡하게 들어서 있다. 야채, 빵, 디저트, 신발, 옷, 식당, 카페, 환전소, 여행자숙소 등 없는 것이 없다. 전철역에 내려 작은 가게를 기웃거리고, 상인들과 히히덕거리며 흥정을 하는 재미가 무척 쏠쏠했다.

아르메니아인 상인들은 늘 웃는 얼굴로 농담도 잘했다. 수북하게 쌓아놓은 야채더미에서 고추 한 개, 오이 한 개도 불평 한마

아블라바리 거리의 아르메니아 상인

디 없이 웃으면서 건네준다. 하루종일 여기저기 다니느라 지쳐 있다가도 가게에 들러 농담을 주고받으며 고추 3개, 오이 1개, 오렌지 1개를 사다보면 어느새 다시 생기가 돈다. 그러면 골고다 언덕처럼 힘겹게 느껴졌던 엘리아 언덕길도 가뿐히 오를 수 있었다. 사람들의 말소리와 웃음소리가 있던 사메바 성당의 뒷골목 엘리야 언덕길의 그 상인들이 잊히지 않는다.

가난한 시골길 풍경
— 시그나기 가는 길(2)

아블라바리 전철역 광장에는 늘 빈 택시와 미니밴들이 즐비하다. 그 중에는 아르메니아 행 마르슈루트카(미니밴)도 있다. 이곳이 아르메니아 타운인 것이 그 이유가 아닌가 싶다. 고속버스나 철도망이 열악한 조지아에서는 도시 간 이동수단으로 마르슈루

아블라바리 전철역. 이 일대는 일명 아르메니아 타운으로 불리며, 아르메니아 행 버스도 이곳에서 출발한다.

시그나기 행 미니밴은 삼고리역과 이사니역에서 출발한다.

트카가 많이 사용된다.

9인승 승합차가 대부분인 마르슈루트카에는 앞 유리에 행선지와 출발 시간이 적혀 있다. 그러나 실제로는 좌석이 차는 대로 출발하는 게 보통이다. 빨리 차면 시간보다 빨리 떠나고, 승객이 없으면 마냥 기다리기도 한다. 행선지마다 터미널이 달라서 출발 전에 잘 체크해야 한다.

시그나기 행 마르슈루트카는 전철역 삼고리역이나 시오니역에서 출발한다. 시간을 놓친 나는 어쩔 수 없이 40라리를 주고 택시를 탔다. 한화로 약 18,000원이니까 거리를 생각하면 결코 비싼 건 아니었지만, 원래 타려고 했던 마르슈루트카 운임 10라리에 비교하면 거금이다. 비싸긴 했지만 그대신 좁은 차 안에서 시달리지 않아도 된다는 장점이 있었다. 만사가 이렇게 양면을 갖고 있다.

시그나기는 조지아의 중세시대 때부터 이어져온 작은 마을이다. 트빌리시에서 약 110킬로미터 떨어져 있다. '조지아의 보석', '사랑의 도시', '조지아의 진주' 등으로 불린다. 트빌리시 도심을 벗어나 20여 분을 달리니 드문드문 집들이 나타나기 시작했다. 가옥 수가 적어 마을이라고 하기도 민망하고, 그마저도 어쩌다 나타났다. 조지아의 시골은 가난했다. 도로는 대부분 비포장도로였고, 나무집들은 낡아서 금방이라도 무너져내릴 것만 같았다. 인가인지 빈집인지조차 알기 어려웠다. 철거하지 않아 간판만 걸려 있는 곳들도 많았다. 간간이 마주치는 사람들의 표정은 무표정하거나 고달파 보였다. 우울한 풍경이다. 활기가 넘쳤던 트빌리시와는 너무 달랐다.

우즈베키스탄에 갔을 때였다. 밤에도 골목길에 자리를 깔고 앉아 있는 사람들이 너무 많았다. 이 나라에는 노숙자와 부랑자가 왜 이렇게 많은 것인지 궁금했다. 결국 현지인에게 물어보지 않을 수 없었다.

"너희 나라에는 왜 이렇게 집 없는 사람들이 많아?"

의외의 대답이 돌아왔다.

"집이 없는 게 아니야. 날이 더워서 집 밖으로 나와 있는 거야."

이 말을 듣고 얼마나 낯이 뜨거웠던지. 잘 알지도 못하면서 섣부르게 거지라고 단정지은 데에는 어설픈 경제적 우월성이 깔려 있었음을 고백한다. 그때처럼 이번에도 나의 착각일지도 모른다. 단지 비거주지역이 아닐 수도 있는데 말이다. 그럼에도 곳곳에 빈곤이 만연해 있다는 느낌을 지울 수가 없었다.

'사가레조'라는 도시 이정표가 나타났다. 사가레조는 해발 700미터에 세워진 도시로, 과거에는 다수의 요새와 성 니노 수도원이 있던 제법 큰 도시였다. 사가레조 기차역도 보였는데, 더이상 열차는 운행되지 않는다고 한다.

출발 이후 내내 말이 없던 택시기사가 사가레조를 지날 때쯤 말했다.

"나는 와인을 안 마셔요. 와인 별로 안 좋아해요."

"그래요? 조지아 남자가 와인을 안 좋아한다고요?"

"조지아 남자들이라고 다 와인을 좋아하는 건 아니에요. 난 와인은 거의 안 마시고, 이따금 맥주 한 잔 정도 마시는 게 다예요."

"그렇군요."

그가 담장 아래 벤치에 앉아 있는 노인들을 가리키며 말했다.

"저 사람들은 아마 젊어서부터 와인이나 술을 퍼마셨을 걸요. 그러니 저렇게 되죠. 젊어서 일도 안 하고 술만 마셔대면 늙어서 저렇게 된다고요. 걷지도 못하고 종일 벤치에 앉아 있아 그저 죽기만을 기다리는 인생이지요. 나도 저 사람들처럼 될까봐 무서워요. 절대 저렇게 되지 않을 거예요. 그래서 술도 안 마셔요."

누구 앞에서 맹세를 하는 것처럼 목소리가 결의에 차 있었다. '가족 중에 술 때문에 신세 망친 사람이라도 있나' 싶을 정도로 술에 대해 반감을 가지고 있었다. '이런 사람도 있구나' 싶었다.

신선한 충격이었다. 러시아 남자나 코카서스인이 술을 마다하다니. 지금껏 한번도 그런 사람을 본 적이 없어서 놀랍기까지 했다.

금주법이 실시될 때에는 몰래 밀주를 만들어 마시다가 목숨을 잃은 사람도 많았다고 들었다. 지금도 가끔 어떤 애주가가 휘발유 등으로 보드카를 만들어 마시다가 사망했다는 보도가 나오곤 한다. 러시아 남자들의 평균 수명은 여자들보다 10년 정도나 짧다. 가장 큰 원인은 보드카다. 조지아라고 다를까.

길에서 만난 조지아 농부들
— "조지아는 신의 선물"

사가레조를 지나서부터는 포도밭과 구릉들이 펼쳐졌다. 낮게 깔린 회색빛 하늘 아래로 초록색 들판과 구릉이 펼쳐졌다. 아름다웠다. 사방에서 봄기운이 진동을 했고 풍요로움이 넘쳤다. 시그나기, 크바렐리, 라꼬데히, 텔라비로 이어지는 조지아의 동부를 '와인로드'라 부르는 이유를 알 것 같았다. 달리는 차 안에서 미친듯이 셔터를 눌러대고 있는데 갑자기 기사가 도로변에 차를 세웠다. 뭐가 잘못됐나, 걱정을 하는데 그게 아니었다.

"편하게 사진 찍으세요."

기사는 이렇게 말하며 미소를 짓는다. 순간 가슴이 철렁 내려앉았다. 잔잔한 감동이 밀려왔다.

처음 보는 조지아인들은 대체로 표정도 없고 무뚝뚝하다. 그러다 갑자기 뜻밖의 '선심'이나 '친절'을 베풀어서 놀랄 때가 많다. 물론 처음부터 웃는 얼굴에 친절한 사람들도 많지만. 내가 겪은 조지아인들은 결코 서두르는 법이 없었다. 내가 아무리 화를 내고 조바심을 쳐도 별 반응이 없는 경우가 많았다. 마치 '너 그래라, 나하고는 상관없다'라는 듯이. 만일 조지아인들이 화를 냈다면 그를 탓하기보다는 '내가 지나쳤구나' 하고 자신을 돌아보는 편이 나을 것이다. 또 내가 겪은 조지아인들은 말하는 것보다는 듣기를 잘하는 사람들이다. 택시기사들 중에도 먼저 나에게 말을 걸거나 질문을 하는 사람을 만나지 못했다. 말을 걸어도 짧게 대답만 하는 경우가 대부분이었다(그런데 지금 글을 쓰면서 생각해보니, 어쩌면 내가 '외국인'이어서 과묵했던 것일 수도 있겠다 싶다. 우리가 외국인 앞에서 과묵한 것처럼 말이다. 아닌게 아니라, 승합차 안에서 나를 실신에 이르게 할 정도로 끊임없이 수다를 떠는 사람도 보았다. 여러 가지 지옥이 있다지만, 만약 '수다 지옥'이 있다면 그런 곳이리라).

낯선 여행지에서 누군가에게 받은 친절은, 아무리 작을지라도 오래도록 가슴 속에 머물기 마련이다. 편하게 사진 찍으라고 차를 세워준 그 택시기사처럼 말이다. 결국은 모든 것이 사람으로 귀결된다. 기억에 남는 여행에는 늘 사람이 있었다.

멀리서 밭을 가는 농부에게 손을 흔들었다. 그 농부도 환한 웃음으로 응대해주었다. 그리고는 자기를 찍어달라는 몸짓을 했다. 말소리는 안 들렸지만 농부의 뜻을 금방 알 수 있었다. 그를 향해 셔터를 눌렀다. 농부는 사진은 보지도 않고 엄지척을 해주었다. 그리고 서로 손을 흔들며 헤어졌다. 농부와 나는 말은 한마

시그나기 가는 길에 만난 조지아 농부

디도 나누지 않았지만 짧은 포즈와 손짓으로 따스히 교감했다. 이 장면 역시 오래도록 기억에 남아 있다. 어릴 때부터 낯선 사람은 경계하라고 배워온 나로서는, 낯선 사람에게도 거리낌없이 친근감을 보여주는 조지아 사람들에게 놀란 적이 한두 번이 아니었다.

다음 밭에서도 농부 혼자 들판에 차를 세워놓고 밭을 갈고 있었다. 초록의 들판을 배경으로 농부의 빨간색 셔츠가 유난히 선명하게 눈에 들어왔다. 그가 세워둔 차는 화이트였다. 그린, 레드, 화이트가 그렇게 멋지게 조화를 이룬다는 사실을 조지아 들녘에서 새삼 깨달았다. 살아 있는 모든 것들이 제 빛을 발하며 아름답게 빛나고 있는 것만 같았다. 광활한 들판에 홀로 서 있는 농부의 모습은 한 잔의 포도주에 담겨지는 모든 조지아 농부들의 땀과 노고를 대변해주는 듯했다.

알라자니 계곡을 넘어 불어오는 따가운 봄바람은 일찌감치 가을 조지아 들녘의 풍요로움을 예고하고 있었다. 짙은 보랏빛의 포도알들이 내뿜는 달착지근한 포도향이 들녘에 가득 퍼지고, 포도송이를 따 담는 농부들의 부지런한 손놀림과 분주한 발걸음, 잘 열린 포도를 보면서 환한 미소를 짓는 농부들의 모습이 어렵지 않게 그려졌다.

조지아를 여행하다 보면 문득 '이 땅은 인간이 아닌 포도를 위한 땅이 아닐까' 하는 생각이 들 때가 있다. 4월 조지아 들녘에 높이 떠 있는 태양은 인두처럼 뜨겁고, 쉼없이 불어오는 바람은 채찍처럼 거칠었다. 한여름을 지나며 태양과 바람에 속절없이 노출된 농부의 얼굴은 뻣뻣하고 시커먼 동물의 거죽처럼 변해간다. 반면 포도나무들은 대지의 양분을 빨아들이고 바람과 햇살을 맘껏 머금으며 자신의 향을 만들어간다. '와인의 아이러니'일지도 모른다.

조지아인들은 포도주 담그는 일을 신이 자신들에게 부여한 신

카헤티 지역의 포도밭

성한 의무로 여긴다고 한다. 신화의 땅 조지아답게 이와 관련된 재미난 이야기가 있다.

신은 모든 민족들을 한 자리에 모아놓고 골고루 땅을 나누어 주었다. 그런데 조지아인들은 수프라(Supra, 조지아식 향연)를 즐기느라 그만 그 자리에 참석하지 못했다. 인간들에게 땅을 모두 배분해주고 집으로 돌아가던 신은 마침 신나게 수프라를 즐기고 있는 조지아인들과 맞닥뜨렸다. 조지아인들은 기꺼이 신을 자신들의 수프라에 초대했다. 수프라에서 한껏 기분이 좋아진 신은 자신을 위해 남겨두었던 마지막 땅을 조지아인들에게 주었다. 그 땅이 바로 조지아다.

신이 자신을 위해 남겨둔 땅이었으니 그 땅은 신의 땅일 것이고, 그러니 그 땅이 얼마나 비옥하겠는가. 조지아인들은 햇살과 바람이 넉넉한 신의 땅에서 재배한 최고의 포도로 담근 최상의 와인을 신에게 바친다. 신은 자신에게 바칠 포도주를 만들 민족으로 '조지아인'을 선택했고, 조지아인들은 신을 향한 감사의 인사로 포도주를 만든다. 이렇게 신과 인간이 주거니 받거니 함께 어울려 사는 땅이 바로 조지아인 것이다.

도착, 드디어 코카서스

포도밭을 지나 꼬불꼬불 산길을 한참 오르락내리락 하는가 싶더니 택시기사가 언덕배기에 차를 세운다. 포토존이라며 사진을 찍으란다. 시그나기라는 안내판이 보였다.

"우와!"

시그나기 성벽에서 바라본 코카서스 대산맥

나도 모르게 탄성이 터져나왔다. 내 눈앞에는 드넓은 알라자니 평원이 펼쳐졌고, 그 뒤로 순백의 코카서스 산맥이 감히 근접할 수 없는 위엄을 풍기며 버티고 서 있었다. 얼마나 오랫동안 이 풍경을 갈망해왔던가. 조지아 여행을 계획하면서 가장 보고 싶었던 풍경이 눈앞에 펼쳐지고 있었다. 대학에 들어간 이후 문학작품을 통해 코카서스를 접하고 난 이후 코카서스는 늘 알 수 없는 동경으로 가슴속에 응어리처럼 굳어진 그리움 같은 것이었다. 그 코카서스를 이렇게 보게 되다니, 가슴이 터져버릴 것 같았다. 한참이 지나서야 산등성이에 알록달록한 지붕들도 눈에 들어왔다. 저 마을이 필시 시그나기일 터였다. 그리고 삼나무에 둘러싸인 저 건물이 분명 보드베 성당일 것이었다. 다행이었다. 내

카헤티 주의 산악 마을 시그나기 전경

가 생각했던 풍경과 똑같아서.

어둠이 깔린 시그나기는 생각보다 훨씬 어둡고 추웠다. 빗방울도 오락가락했고, 바람도 무척 거셌다. 날씨가 트빌리시와는 확연히 달랐다. 시그나기가 코카서스 산맥 해발 800미터에 위치한 산악 도시라는 것을 그제서야 실감을 했다.

산뜻한 붉은색 지붕들, 지붕에 내려앉은 비둘기들, 아기자기한 공예품을 파는 상인들 같은 기대했던 시그나기의 풍경은 어디에도 없고, 거리는 한없이 을씨년스러웠다. 마을 입구에 대여섯 명의 남자들이 무리 지어 서 있었는데, 손님을 기다리는 택시 기사들이었다. 더 나쁜 소식은 인터넷으로 예약한 호텔이 시그나기가 아니라 10킬로미터 더 떨어진 마을에 있다는 사실이었다. 기사들 말로는 거리는 얼마 안 되지만 길이 안 좋아 한 시간 이상 걸릴 거란다.

날이 더 어두워지기 전에 빨리 새 숙소를 찾아야 했다. 그런데 마땅한 방이 없었다. 한 시간 가까이 이리저리 뛰어다닌 후에야 겨우 호텔 방 하나를 구할 수 있었다.

더 이상 장엄할 수 없다
— 코카서스의 일몰

숙소에서 나와 골목길을 지나 시그나기 성벽에 도착했다. 다행히 숙소에서 성벽까지는 그리 멀지 않았다. 망루로 나 있는 성벽길은 한 사람이 겨우 지날 수 있을 정도로 좁았다. 조심조심 성벽 위로 올라섰다. 바람이 냅다 후려갈기듯이 몰아쳤다. 목에 건 스카프가 얼굴을 휘감았다. 목에 맨 카메라를 손으로 잡고, 나머지 한 손으로만 난간을 잡고 간신히 망루 끝에 섰다. 더이상 앞으로 나아갈 수 없었다. 드디어 하얀 카프카스 산맥과 마주섰다.

어둠 속에 카프카스 산맥이 턱 버티고 서 있었다. 시커먼 성벽 같았다. 아무리 강한 군대라도 절대 뚫을 수 없을 것만 같았다. 하얀 산줄기가 강물처럼 도도하게 들판을 흐르는 듯했다. 산 아래쪽은 이미 완전히 어둠에 잠겨 시커먼 덩어리처럼 보였다. 다행히 어둠이 산 위쪽까지 뒤덮지는 않았다. 절반 정도 모습이 드러난 하얀 설봉들은 석양빛에 붉게 물들어가고 있었다. 손을 뻗으면 만져질 것처럼 가깝게 느껴졌다. 그러나 산과 나 사이에는 드넓은 알라자니 평원이 펼쳐져 있었다. 실제로는 얼마나 떨어져 있는 것인지 짐작도 되지 않았다. 아름다웠다. 장엄했다. 깊은 어둠속으로 잠겨드는 코카서스는, 닿을 수 없기에 더욱 신비스럽게 다가왔다.

뒤쪽에서 웅성대는 소리가 들렸다. 아랍인 광관객들이 요란을 떨며 금방 사라져갔다. 다시 정적이 흘렀다. 저쪽에도 나처럼 말없이 코카서스 산맥과 알라자니의 광활한 평원을 바라보는 사람이 있었다. 문득 외롭지 않다고 느껴졌다. 새까만 평원에 하나둘 불빛이 켜지기 시작했다. 밤하늘의 별들이 알라자니 평원으로 쏟아져내리는 것 같았다. 하늘과 땅이 뒤집힌 것만 같았다. 이제 주변에 아무도 남지 않았다. 알라자니 평원과 코카서스 산맥이

어둠이 깔리는 알라자니 평원

오로지 내 차지였다.

저 산맥이 소(小)코카서스 산맥이다. 카스피 해에서 불어오는 뜨거운 바람을 막아준다는 그 산맥. 그러나 산맥이 전쟁을 막아주지는 못했다.

산맥 너머에는 러시아라는 덩치 큰 곰이 버티고 있고, 다케스탄 자치공화국, 체첸공화국 등 러시아 자치공화국들이 웅크리고 있다. 이 지역은 일찍부터 비옥한 땅을 찾아 넘어오는 다케스탄이나 체첸인들과의 마찰이 잦았던 곳이다. 18세기 후반 이민족들의 출몰이 빈번해지고 약탈로 인한 피해가 커지자, 1762년 에라클리 2세는 4.5킬로미터에 달하는 시그나기 성을 쌓았다. 시그나기 사람들은 이 성이 중국의 만리장성에 이어 세계에서 두 번째로 길다고 믿고 있다.

그러나 자국민을 보호하기 위한 에라클리 2세의 노력에도 조지아는 결국 1801년 러시아에 합병되었다. 다게스탄과 체첸 역시 19세기 말 러시아에 합병되었다. 에라클리 2세는 자신의 왕권을 보장해준다는 조건으로 러시아 군대가 조지아에 주둔하는 것을 허용했다. 그러나 조지아는 러시아의 도움을 받지도 못했고, 결국은 러시아의 지배를 받게 되었다.

코카서스 일대는 체첸 공화국, 다게스탄 공화국 등 완전한 분리독립을 요구하는 자치공화국들과 이를 용납하지 않는 러시아 간의 분쟁, 아르메니아와 아제르바이잔의 분쟁, 터키와 조지아 간의 분쟁, 조지아의 자치공화국인 압하지아와 남오세티아 간의 분쟁 등이 상존하는 곳이다. 언제 어디서 터질지 모른다. 마치 일촉즉발의 화약고 같다.

강은 산을 넘지 못한다. 그러나 사람은 산을 넘는다. 산을 사이에 두고 서로 다른 언어로 말하고 다른 신을 믿으며 다른 방식으로 살던 사람들은 산을 넘어와 평화롭게 살아가는 사람들을 죽이고 땅을 빼앗는다. 오래 전부터 지금까지 이어져오는 인간의 역사다. 높고 험준하기로 유명한 코카서스 산맥조차도 그 광기의 역사를 막지 못하고 있다.

어린왕자는 "쓸쓸해지면 해 지는 모습을 보는 것이 좋다"고 했지만, 해 지는 모습을 보고 있자니 문득 쓸쓸해졌다. 평원에서 불어오는 바람은 병사의 칼끝처럼 날카롭게 할퀴어댔고, 죽어가는 병사들의 아우성처럼 거칠게 윙윙댔다. 코카서스 산들은 얼마나 당당한가. 반대로, 속절없이 피 흘리며 스러져가는 인간은 얼마나 쓸쓸하고 허망한가.

골든라이언 식당에서의 즐거운 한때 — 시그나기 사랑방

느릿느릿 마을길을 산책하고 성벽을 오르내리면서 시그나기에서 이틀이나 머물렀다. 시장 주변을 어슬렁거리며 시간을 보내기도 했다. 후미진 곳에 위치한 식당을 찾아 주인들과 수다 떨며 밥을 먹었다. 처음 온 도시였지만 전혀 낯설지 않았다. 시그나기에는 '이미 지나간 시간'이 있었다. 시그나기에 있는 동안은 시간이 멈춰 서 있는 듯했다. 많은 이들이 자신의 거처로 돌아가서 이곳을 그리게 되는 이유는 아마도 '멈춰진 시간'을 경험했기 때문 아닐까. 그리고 그 시간을 잊지 못해 다시 이 도시를 찾는 것 아닐까.

일흔이 넘은 집주인은 "이 집은 지은 지 300년 정도 됐어요. 손을 좀 봤지만 천장과 벽, 기둥 등 기본 골격은 다 옛날 그대로예요" 하며 집 구경을 시켜주었고, "이 주전자는 시어머니가 시집올 때 가져온 주전자예요"라며 뱀 문양 손잡이가 달린 양철 주전자를 보여주었다.

재래시장에서 정육점도 운영하는 식당주인은 조상 대대로 푸줏간을 했단다. “천장에 달린 저 쇠사슬은 증조할아버지 때 도축한 고기를 걸어놓기 위해 매달아놓은 거예요”라며 식당 천장을 가리켰다. 대대로 살아온 집을 다시 고쳐 아들이 살고, 또 그 아들이 살아가는 곳이 시그나기였다.

“아까 봤잖아요. 기억 안 나요? 아까 시장에서 장기 두던 사람이 바로 나예요.”

이런 대화가 가능한 곳이 시그나기이다. 골목길에서 봤던 사람을 재래시장에서 또 마주치게 되는 것이다.

저녁 식사를 할 만한 곳을 찾아 거리로 나왔지만 일곱시가 넘

시그나기에서 만난 식당 주인

은 거리는 벌써 인적이 끊겨 있었다. 가끔 어딘가에서 개 짖는 소리만 요란하게 들려왔다. 어둑해진 거리에서 희미한 빛이 흘러나오는 곳이 있었다. 다행히 식당이었다. 민트색 출입문이 화사했다. 안에는 벽난로와 피아노가 놓여 있고, 시그나기의 옛 모습이 담긴 사진들과 그림들, 러시아식 사모바르, 빈 술병 등으로 소박하게 꾸며진 식당이었다. 자리에 앉아 바비큐 치킨과 그리스식 샐러드 그리고 와인 한 잔을 주문했다. 주인이 테이블에 놓인 초에 불을 붙이며 물었다.

"사페라비?"

"네? 아, 네."

사페라비는 카헤티 지방에서 재배되는 포도 품종의 하나인데, 카헤티 지역의 레드와인은 거의 모두 사페라비로 만들기 때문에 '사페라비'는 곧 레드와인을 뜻한다.

식당에 다른 손님은 없었다. 실내는 어두웠다. 전기조명이 없기도 하고, 있어도 너무 약해서 촛불로 보완을 하지만 크게 의미는 없었다. 그러다보니 밖에서 볼 때 영업을 하는 건지 안하는 건지 구분이 가지 않을 듯했다.

"어디서 오셨어요?"

주인이 물었다.

"한국에서요. 3일 전에 조지아에 왔어요. 트빌리시에서 막 도착하는 길이에요."

우리는 러시아어로 대화를 나누기 시작했다.

“식당을 하신 지는 얼마나 되셨나요?”

“얼마 안 되었어요. 남편과 나는 원래 대학에서 고고학을 공부했어요. 얼마 전까지지도 남편은 대학에서 강의하고 책도 쓰고 했어요. 어쩌다 식당을 하게 됐죠. 지금은 은퇴하고 나랑 같이 식당일을 하고 있어요. 이 집은 증조부 때부터 살던 집인데, 식당과 게스트하우스로 개조했어요.”

“게스트하우스도 있어요?”

“네. 2층이 게스트하우스예요. 궁금하면 보여줄게요.”

식당 주인은 자기들 이야기를 술술 풀어놓았다. 덕분에 좁은 식당 안의 어색함도 어느 정도 사라졌다.

“카헤티에서 기원전 4세기 때 만들어진 황금사자상이 발견되었어요. 우리 식당 이름도 거기서 따온 거예요.”

그녀는 늘 지니고 다닌다며 ‘골든라이언’ 열쇠고리를 보여주었다. 세공 솜씨가 무척이나 섬세했다. 지금으로부터 2천 년 전의 물건이라고 믿기 힘들 정도로 정교해 보였다. 자기네 동네에서 이런 유물이 발견되었으니 고고학 전공자로서 자부심을 느낄만도 했다. 싸구려 모조 열쇠고리가 이 정도니, 실물은 어느 정도일까. 문득 고대인이 만들었다는 골든라이언의 실물이 보고 싶어졌다. 조지아 5라리짜리 화폐에 새겨져 있는 황금사자상은 시그나기 역사민속 박물관 1층에 전시되어 있다고 했다.

“내 이름은 니노예요. 성녀 니노의 따서 지은 이름이죠. 니노의 십자가는 포도나무를 머리카락으로 묶어 만들었지요. 혹시

'니노의 십자가'라고 들어본 적 있어요? 이게 바로 그 포도나무 십자가예요."

그녀는 옷 속에서 목걸이를 꺼내 보여주었다. 그녀가 하는 말들은 사실 다 아는 내용이었지만, 현지인이 들려주어서인지 마치 처음 듣는 얘기처럼 흥미로웠다.

음식들과 와인이 나오자 식탁 위에 초 하나를 더 밝히면서 '맛있게 먹으라'며 자리를 비켜주었다. 초 하나를 더 켜니 훨씬 밝아졌다. 초와 와인…… 근사했다. 벽에 촛불의 그림자가 어른거렸다. 불빛을 받은 사페라비가 짙은 루비색으로 도발적으로 빛났다. 한 모금 마셨다. 바로 삼키지 않고 입 안에서 맛을 음미해보았다. 달콤한 향과 액체의 부드러움이 순식간에 온몸으로 퍼져나갔다. 따스한 온천물에 몸을 담글 때와 같은 나른함이 밀려왔다. 순식간에 온몸이 노골노골해졌다. 지금껏 마셔본 조지아 와인 중 최고였다.

순식간에 첫 잔을 비우고 두 번째 잔을 주문했다. 이번에도 사페라비였다. 첫 잔의 느낌을 다시 확인하고 싶었다. 하루 동안의 긴장이 스르르 풀려나갔다. 택시기사와의 실랑이, 호텔을 예약하느라 뛰어다녔던 일, 알라자니 평원과 코카서스 산맥에서 받은 감동, 성벽 위의 거센 바람도 모두 와인과 함께 사라졌다. 긴장이 풀리면서 기분도 좋아졌다. 얼굴도 살짝 상기되고 있는 것이 느껴졌다.

주방 쪽에서 노랫소리가 들려왔다. 조지아 전통가요였다. 남성의 묵직한 저음이 어두운 레스토랑에 울려퍼졌다. 처음 듣는 노래였는데, 무척 슬픈 곡조였다. 눈앞에 광활한 들판이 펼쳐지고 말발굽소리가 들려왔다. 휘몰아치는 바람에 흙먼지가 일었다. 펄럭이는 깃발들 사이로 맨 앞줄에 선 장수의 모습이 보였다. 그가 병사들에게 외치고 있다. 창끝은 햇빛에 받아 날카롭게 빛나고 있다. 지친 병사의 얼굴에 다시금 떠오르는 비장한 표정들. 이 싸움에서 이겨야 집에 돌아갈 수 있다. 그리운 집으로. 늙은 어머니가 기다리고 있는 집으로. 다시 바람이 불어온다— 노래를 듣는 동안 내 머리 속에 떠다녔던 이미지들이다.

우리는 아주 용감한 사람들이라오.
누구도 우리를 이길 수는 없소.

인생은 매우 짧고 덧없는 것
그러니 우리는 용감하게 살아야 하오.

니노가 노랫말을 설명해주었다. 자신들을 둘러싼 주변 강대국들의 침략과 약탈을 숙명처럼 받아들여야만 했던 조지아인들의 고단함과, 그럼에도 굳건히 자신들의 정체성을 지켜온 강인함이 느껴지는 노래였다. 노랫가락의 비장함 때문인지 와인 색이 더 붉어진 듯했다.

와인 한 잔을 더 주문했다. 이번엔 화이트 와인이었다. 와인 빛

시그나기의 '골든 라이언'식당에서의 즐거운 한때

조지아 화이트 와인. 조지아 화이트 와인은 호박색을 띤다.

깔이 크림색이 아니고 진한 황갈색이다. 조지아의 화이트와인 빛깔은 '호박색'이라고 표현한다. 땅속에서 5천만 년의 시간 동안 굳어야 생긴다는 호박석의 투명한 황갈색이 바로 조지아의 화이트와인 빛깔이다. 중국인들은 황갈색 호박석을 호랑이의 혼이 굳어진 보석이라고 믿는다고 한다. 그래서일까, 아니면 와인 기운이 퍼진 탓일까. 와인에서 조지아인들의 혼이 느껴졌다.

한 모금 마셔보았다. 가볍게 톡 쏘면서 쌉쌀하면서도 달콤했다. 가볍게 목을 타고 넘어갔다. 그러면서도 목을 건드리는 묵직함이 있었다. 한 마디로 오묘한 맛이었다. 인간사 모든 희노애락이 와인 한 잔에 다 녹아들어 있는 듯했다. 향을 맡고 목구멍으로 삼킬 때까지의 짧은 순간에 느껴지는 맛들이었다. 조지아 와인의 묵직함이 맘에 들었다. 한 잔의 와인에 마치 와인을 통달한 것 같은 착각 속에 빠져들었던 밤이었다.

남자 둘이 식당 문을 밀고 들어섰다. 그들도 금방 우리들의 대화에 끼어들었다. 금방 주인, 손님 할 것 없이 한 일행처럼 얘기를 주고받는 모습이 신기했다. 두 남자는 트빌리시에 살면서 주말마다 농사일 때문에 시그나기에 온다고 자신들을 소개했다. 아직은 와이너리는 없고 포도 재배만 한단다.

"조지아 와인이 맛이 좋은 이유는 포도가 스스로 향을 만들어내기 때문이에요."

"조지아 와인은 와인 그 이상입니다. 그냥 술이 아니예요."

두 사람이 번갈아가며 말했다.

그들에게 와인은 단순히 술이 아니라 자신들의 삶의 철학과 가치가 담긴 '고귀한 무엇', '절대로 함부로 다뤄서는 안 되는 무엇'이라고 했다. 사내들의 말투가 무척이나 진지했다. 그들의 말을 찬찬히 곱씹어 보았다. '스스로 향을 만들어낸다', '그냥 술이 아니다'. 아까 시그나기에 오면서 봤던 농부들의 모습이 떠올랐다. 혼자서 그 넓은 들판을 일구고 있던 모습. 포도가 열매를 맺고 와인이 될 때까지의 노고와 기다림을 우리는 알지 못하리라.

"우리 한국에서도 조지아 와인을 수입하는데, 혹시 아세요?"

"아뇨, 처음 듣는 얘긴데요."

"아직 많지는 않지만, 한국에서도 조지아 와인을 찾는 사람들이 꽤 있어요. 점점 더 조지아 와인에 대한 관심이 높아지고 있죠. 나중에 두 분이 만든 와인도 한국에 소개되면 좋겠네요."

'따릉' 하면서 식당 문에 달아놓은 종이 울리더니 새로운 손님이 들어왔다. 시간은 이미 9시 반이 넘어 있었다.

"몇 시까지 영업하세요?"

손님의 질문에 주인은 이렇게 대답한다.

"마지막 손님이 나가는 시간이 문 닫는 시간이에요."

한국에서는 밥을 먹다가도 영업시간 끝났다고 하면 쫓기듯 나가야 했다. 그러니, 단 한 명이라도 마지막 손님이 나가는 시간이 문 닫는 시간이라는 대답은 나를 울컥 하게 만들었다. 새로운 손님이 방금 들어왔으니 문을 닫으려면 한참 멀었겠다는 생각을 하며 식당을 나왔다. 골든라이언에서는 점점 더 대화가 무르익어가고 있었다.

골든라이언 식당에서의 한 시간 남짓한 시간은 참으로 특별한 기억으로 남아 있다. 코카서스의 작은 중세 도시 시그나기, 조지아 전통음악이 흐르던 작은 레스토랑, 2백 년도 더 된 오래된 집, 레스토랑의 희미한 불빛, 포도나무 십자가, 황금사자상, 포도업자들, 깜깜한 골목길, 짙은 자줏빛 사페라비 와인, 호박색 와인 …… 모든 것들이 꿈속의 일들처럼 아득하기만 하다.

시그나기는 사랑의 도시

조지아 관광청은 물론이고 조지아 현지 여행사, 국내 여행사, 전 세계의 여행 블로거들이 모두 시그나기를 '사랑의 도시'로 부른다. 물론 상업적 홍보문구의 성격도 있긴 하지만 나름대로 이유가 있었다.

현지인 운전기사가 나에게 물었다.

"왜 시그나기를 '사랑의 도시'라고 부르는 줄 아세요?"

"글쎄요."

"시그나기가 하트 모양으로 생겨서 그래요. 좀 전에 본 호수처럼.",

"에이, 설마요?"

"진짜라니까요."

시그나기가 하트 모양으로 생겼다는 말은 금시초문이었다. 시그나기에서는 24시간 혼인신고가 가능하다. 출생, 혼인, 이혼, 입양, 사망 신고 등을 하는 관청(러시아어로 '작스')은 24시간 열려 있다. 아무 때나 1시간 전에만 예약을 하고, 여권(외국인일 경우 공증받은 조지아어 번역본)을 지참하고 두 명의 증인을 대동하고 '작스'를 찾으면 된다. 수수료는 평일 90라리, 휴일 150라리. 너무 간단하지 않은가.

시그나기에서 결혼식을 올리는 커플들이 늘고 있다고 한다. 특히 국적이 다른 신랑신부들이 절차가 까다롭지 않은 시그나기에서 혼인신고를 많이 한다고 하며, 시그나기에서의 신혼식과 신혼여행을 패키지 상품으로 묶은 여행상품도 인기를 끌고 있다. 고풍스러운 중세 교회와 고성에서의 결혼식, 호화스러운 결혼축하연과 신혼여행은 물론이고, 혼인신고와 증명서 발급까지 여행사가 척척 알아서 해주니 마다 할 이유가 없다.

시그나기는 〈백만송이 장미〉 노래의 주인공 니코 피로스마니의 고향이다. 좀더 정확하게는 시그나기에서 20킬로미터 떨어져 있는 '미르자니'라는 곳이지만, 어쨌거나 시그나기는 피로스마니의 고향으로 통한다.

모든 것을 바쳐 사랑하다

한 화가가 있었네.
그에게는 집과 캔버스도 있었지.
그런데 그는 꽃을 사랑하는
여배우를 사랑했네.
그래서 그는 자신의 집을 팔았네.

카즈베기의 하트 모양의 호수. 마을 모양이 하트처럼 생겨서 시그나기를 사랑의 도시라고 부른다고 한다.

그림과 피도 팔았네.
그리고 모든 돈으로
바다도 덮을 만큼 꽃을 사들였지.

가난한 화가는 전 재산을 털어 사랑하는 여인에게 백만 송이의 장미를 선물하며 구애를 했지만 여인은 화가의 사랑을 받아들이지 않고 멀리 떠나버렸다는 슬픈 이야기다. 이 노래는 라트비아 곡에 러시아의 음유시인 안드레이 보즈네센스키가 가사를 만들고 러시아의 국민가수 알라 푸가초바가 불러 세계적으로 유명해졌다. 우리나라에서는 심수봉이 불러 히트를 쳤다. 이 노래에 나오는 화가가 조지아의 화가 니코 피로스마니라고 알려지면서 그가 태어난 도시 시그나기는 '지고지순하고 순수한 사랑'의 성지가 되었다.

마을 초입에는 피로스마니의 작품 〈당나귀를 탄 남자〉를 모티브로 한 동상이 서 있다. 그 외에도 호텔, 와인, 박물관, 거리 등이 피로스마니의 이름으로 불리고 있다. 사회의 냉대와 무관심 속에서 비극적인 죽음을 맞이한 화가. 그러나 그의 이름은 이렇게 그의 사후에 여기저기에서 호명되고 있다. 저승의 피로스마니는 씁쓸해할까, 고마워할까.

피로스마니의 연구가들은 피로스마니가 〈백만송이 장미〉 식의 사랑을 한 적이 없다고 말한다. 왜 이런 허구적인 이야기가 만들어졌는지 모르겠다며 의아해한다. 실제로 없었던 '피로스마니의 비극적인 사랑' 이야기가 '지순한 사랑에 대한 갈망'과 버무려져 다양한 버전으로 업데이트되고 그럴 듯한 디테일이 보태져 완전한 구조를 갖춘 스토리로 진화하고 있는 것으로 보인다. 자신들이 믿고 싶은 것만을 믿는 대중 앞에서 진실은 얼마나 무력한 것인지.

시그나기가 '사랑의 도시'로 불리는 데에는 전설도 한몫 거든다. 전설에 따르면, 아주 먼 옛날 시그나기 사람들은 심성이 악하고 잔인해서 악행을 일삼았다. 신은 천사를 보내 그들을 응징하기로 했다. 마을에 내려온 천사는 마을 사람들을 벌하는 대신 자신의 심장을 조각조각 떼내어 집집마다 놓아두었다. 천사의 심장 덕분에 사람들의 가슴은 사랑이 넘쳐나기 시작했고 더이상 악행도 저지르지 않게 되었다. 그런데 정작 자신의 심장을 나눠준 천사는 생명을 다해가고 있었다. 이 모든 것을 지켜본 신은 시그나기 사람들을 용서하고 천사에게도 새 생명을 불어넣어주었다. 그리고 천사에게 시그나기가 영원히 사랑과 선이 넘치는 마을이 되도록 잘 지켜보라고 당부하였다는 내용이다.

시그나기 사람들이 웃음과 친절이 넘쳐났던 이유가 바로 이것이었을까. 그들은 정말로 몇 명을 빼고는 모두 천사의 심장을 나눠 가진 사람들 같았다.

천재는 비극적이어야 하나
— 조지아 국민화가 니코 피로스마니

1959년 개관한 시그나기 박물관은 비록 지방의 소도시 박물관이었지만 건물과 전시물은 수준급이다. 조지아의 5대 국립박물관 중 하나로 꼽힌다. 2007년 리노베이션을 거쳐 새롭게 문을 열었고, 2009년에는 조지아에서 처음으로 '피카소 전'을 개최했다.

시그나기 박물관의 전시물들은 대부분 조지아 동부 카헤티 지역에서 발굴된 유적들이다. 1층에는 석기시대부터 기원전 1세기까지의 고고학 유물들과 전통의상, 악기, 무기류 등이 전시되어 있다.

'황금사자상'은 1층 전시실 입구를 들어서자마자 특별 부스에 전시되어 있다. 골든라이언의 여주인이 보여준 열쇠고리와 똑같은 모양의 사자상을 박물관에서 보니 감회가 새로웠다. 황금사자상의 고고학적 가치보다는 그녀가 말한 사자상이 박물관에 있다는 사실이 더 흥미로웠고 나를 흥분시켰다. 사자상은 생각보

카헤티 지방에서 발견된 황금사자상(위). 니코 피로스나미의 〈맥주잔을 든 여인〉(아래)

다 작아서 겨우 성인의 엄지손가락만 했다. 그러나 그 작은 유물이 내뿜고 있는 무게감과 아우라는 사뭇 격이 달랐다. 사자상을 한참 바라보고 있으니 문득 유리 부스 안의 사자가 나에게 말을 걸어오는 듯했다. 아직까지 코카서스 문명은 세계 문명사에서 그리 크게 주목받지 못하고 있다. 그에 대한 항변이라도 하듯 황금사자는 당당하게 서 있었다.

2층 피로스마니의 상설 전시관에는 관광객들이 그림 주위에서 가이드의 설명을 듣고 있었다. 한쪽 벽면을 가득 채운 초상화가 가장 먼저 눈에 들어왔다. 12세기 조지아의 전성기를 이끈 타마라 여왕의 초상화였다. 초상화임에도 보통의 초상화와 달리 세부적인 묘사는 모두 생략되었고 인체의 비율도 어색했다. 그 외에도 세 점의 초상화와 〈당나귀를 탄 의사〉, 〈잔치〉, 〈수확〉, 〈탬버린을 든 조지아 여인〉, 〈맥주잔을 든 여인〉 등이 걸려 있었는데, 모두 동일한 화풍을 보여주고 있었다. 검정과 빨강, 노랑 등 강렬한 원색들이 사용되었고, 인물들은 극도로 단순하면서도 간결하게 표현되어 있었다. 뒷배경은 빨강이나 검정 같은 어두운 단색을 칠해서 사진관에서 찍은 증명사진 같은 느낌을 주었다. 매우 독특하면서도 기이한 느낌이었다.

그가 기성 화단에서 조롱과 멸시를 당한 이유를 알 것 같았다. 게다가 〈맥주잔을 든 여인〉과 〈탬버린을 든 조지아 여인〉은 빨간색 드레스 차림의 창녀나 술집 작부로 보이는 여자들이 잔을 들고 무언가를 응시하는 모습이 인상적으로 표현되어 있다. 사회에서 가장 천대받는 술집 작부나 창녀를 그렸다는 사실 자체가 점잔 떠는 미술계에 적잖은 충격을 안겼을 것이다. 기존의 문법을 파괴하는 피로스마니가 곱게 보였을 리 만무다.

당시 러시아 미술에서는 기존의 고전주의나 낭만주의 같은 아카데미즘을 멀리하고 현실에 바탕을 두려는 사실주의가 대두되기 시작했다. 농민이나 노동자들이 화폭의 전면에 등장하고, 역사의 갈등과 민중 투쟁, 농민들의 삶을 형상화한 현실비판적인 작품들이 대거 등장했다. 피로스마니가 주로 조지아 자연이나 민중들의 삶을 주로 다룬 데에는 당시 이러한 러시아 화단과 맥을 같이하는 측면도 있다. 그러나 제한된 색채와 색감의 다양성, 단순하고 기하학적인 표현, 과감한 배경의 생략과 같은 수법은 분명 피로스마니만의 독특한 화풍이 아닐 수 없다. 오늘날 그는 원초주의(원시주의)의 창시자라고 일컬어지며, 파블로 피카소도 그에게서 영향을 받았다고 한다.

피로스마니는 1862년 시그나기에서 약 20킬로미터 떨어진 미르자니라는 작은 촌에서 태어났다. 여덟살 때 부모를 여의고 열살 무렵 트빌리시의 부유한 상인집에 입양되었다. 이십대 후반 양부모의 집에서 나와 철도노동자, 사설 미술학원, 유제품 가게 점원 등을 전전하며 그림을 그렸다. 화가로 전업한 후에는 상점 간판과 초상화를 그려 생계를 유지했다. 물감 살 돈이 없어 간판을 그리고 남은 물감으로 그림을 그렸고, 최대한 물감을 아끼려 했다고 한다.

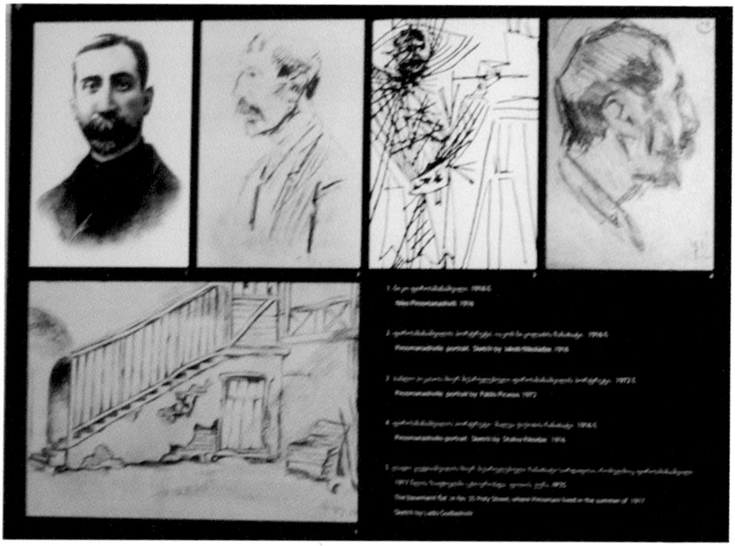

피카소가 그린 니코 피로스나미

그는 당시 조지아 미술계에선 거의 이단에 가까운 존재였다. 가난한 농민 출신에다 정규 교육을 받지 못한 그에게 학연과 지연과 같은 기득권으로 똘똘 뭉친 미술계와 평단의 벽은 너무 높았다. "무학자의 그림", "어린아이가 그린 그림", "수준 낮은 간판장이의 그림"과 같은, 조롱과 멸시에 가득한 악평이 내내 그를 따라다니며 괴롭혔다.

1910년대 무렵 러시아인 후원자의 도움으로 모스크바에서 개인전을 열었다. 전시회는 평론가들과 언론의 호평 속에 성공리에 마쳤고 작품도 팔려나갔다. 그러나 그의 성공은 오래 가지 못했다. 결국은 기성 화단에서 완전히 밀려났다.

말년의 피로스마니의 삶은 거의 부랑에 가까웠다. 그의 관심은 부나 명예가 아닌 오직 그림뿐이었다. 한 곳에 머무는 것보다는 여러 곳을 여행하기를 더 좋아했던 화가는 트빌리시에 집 한 칸도 없이 작품 의뢰인이나 선술집 등을 옮겨다니며 생활하곤 했다. 그림을 팔아 돈이 생기면 또다시 짐을 꾸려 길을 나섰다. 그는 북쪽에서 남쪽으로, 서쪽에서 동쪽으로, 먼 산악지대부터 흑해 연안까지 몇 번이고 조지아 전역을 여행하면서 아름다운 조지아와 코카서스의 자연을 관찰했다. 19세기 후반 격동의 시기, 전국을 여행하면서 직접 눈으로 본 조지아의 자연과 민중들의 열악한 삶은 고스란히 그의 그림 속에 표현되어 있다.

방값, 빵값, 술값으로 그림을 그려주었고, 호의를 베푼 이들에게도 그림으로 답례했다. 그의 그림 속에 술집작부, 철도노동자, 농부, 부랑자, 병사들 같은 최하층 사람들이 많이 등장하는 것도 이런 이유 때문이다.

그러나 20세기 초 유럽은 혁명과 전쟁의 어두운 그림자에 뒤덮였다. 실업자와 부상자들이 넘쳐났고, 공장과 상점은 문을 닫았다. 일거리를 구하지 못한 피로스마니는 기아와 병마에 시달리다 비참하게 생을 마감했다.

그의 마지막은 비극적이었다. 집도 없이 어느 아파트 층계참에서 술에 의지해 살던 그는 어느 추운 겨울날 술에 취해 잠이 들어 다시는 깨어나지 못했다. 의식을 잃고 쓰러져 있는 그를 사람들이 병원으로 옮겼지만, 그는 끝내 의식을 회복하지 못하고 숨을 거두었다. 사인은 영양실조와 간기능 부전이었다. 연고자가 나서지 않아 장례식도 없이 트빌리시 인근 성 니노 공동묘지의 신원불명자 구역에 묻혔다. 그후 피로스마니는 오랫동안 사람들의 뇌리에서 잊혔다.

러시아 미술상이 우연히 식당에서 그의 그림을 본 후 그의 그림을 찾아나서면서부터 '화가' 피로스마니와 그의 작품들이 세상에 드러나기 시작했다. 미술 관계자들과 평론가들이 그의 고향 사람들, 그를 아는 사람들을 찾아 탐문했지만 그에 대한 기록은 거의 남아 있지 않았다. 그가 사망한 병원에조차 진료기록과 매장기록이 남아 있지 않았다. 겨우 남아 있는 기록에서조차 생년월일이 다르게 기록되어 있어 그의 나이도 정확하게 알려져 있지 않다. 현재까지도 그가 어디에 묻혔는지 아무도 모른다.

기득권에 영합하지 못한 천재들의 최후는 몇몇 경우를 제외하곤 비극적인데, 그것은 그들이 너무 세상을 앞서가거나 기존 세상의 문법을 무시했기 때문이다. 물론 그러니까 천재일 테지만.

상점 간판이나 초상화를 주로 그렸던 피로스마니는 최소 1천 점, 혹은 2천 점 이상의 그림을 그렸을 것이라고 한다. 그러나 현재까지 발견된 작품은 200~300점에 불과하다. 조지아 국립 박물관에 가장 많은 160여 점과 시그나기 박물관에 16점이 소장되어 있고, 나머지는 조지아 내셔널 갤러리, 바투미 피로스마니 박물관, 미르자니 소재 니코 피로스마니 개인박물관 등에 소장되어 있다. 러시아 모스크바 트레치야코프 미술관에도 몇 작품이 소장되어 있다.

그의 그림은 조지아 민중의 삶과 영혼을 가장 잘 표현했다고 평가받는다. 그가 그린 초상화에는 가게 점원, 관리인, 행상인들, 철도노동자, 농부, 술집여자, 짐꾼들, 창녀, 사채업자, 실업자, 부상당한 병사, 밀수업자 등 수많은 인물들이 등장하는데, 주로 조지아의 최하층민들이다. 이들의 모습을 통해 우리는 19세기 말 20세기 초의 변혁과 전환의 시대에 직면해 있던 조지아 사회와 민중들의 삶을 엿볼 수 있다.

그의 화폭 속에서 조지아의 민중들은 당당하게 숨을 쉬고 있고, 그들의 노동은 숭고하게 빛나고 있다. 자신이 태어난 동부 카헤티부터 서부 쿠타이시를 거쳐 항구도시 포트와 바투미를 수차례 여행하면서 목도한 조국 조지아의 모습이 고스란히 그림에 담겼다.

동부의 산과 들, 서부 저지대의 습지와 바람과 풀냄새 가득한 드넓은 초원 속에서 자유와 영혼의 해방감을 느꼈던 피로스마니에게 정형화되고 규격화된 아카데미 미술은 답답하고 고루한 쇠창살로 느껴졌을 것이다. 조지아의 광대한 자연에서 만난 조지아의 소박하고 진솔한 민중들이야말로 그에게는 이상적인 표현의 대상이 아니었을까.

시그나기에서 차를 타고 그의 생가와 기념관이 있는 미르자니로 향했다. 길은 움푹 패이고 끊어지기를 반복했고 소똥 냄새와 거름 냄새가 차 안으로 날아들었다. 농가 몇 채가 드문드문 보일 뿐, 나머지는 온통 목초지와 숲뿐이었다.

거대한 회색빛 석조건물은 멀리서도 금방 알아볼 수 있었다. 전형적인 소비에트식 건물이었다. 한적한 농촌 마을과는 전혀 어울리지 않는 건물이었다. 공장에서 찍어낸 것처럼 비슷비슷하게 생긴 거대한 건물들은 우리나라의 현충탑을 보는 듯했다. 시대를 앞서간 조지아의 위대한 화가를 위한 기념관으로서는 결코 어울리지 않았다. 가이드 역시 상당히 권위적이었다. 사진을 찍느라 살짝 늦은 방문객들에게 훈계부터 늘어놓는 가이드라니. 그녀는 관람객들을 전시홀 중앙에 마련된 응접실 세트 주변으로 모이게 했다.

"이 응접실은 니코 피로스마니의 생전의 꿈을 재현해놓은 것입니다."

설명이 시작되었고 우리는 부스럭 소리도 내지 못하고 그녀의 말을 경청해야만 했다.

젊은 시절 피로스마니의 꿈은 돈을 벌면 집을 사서 사모바르가 있는 응접실에서 지인들과 차를 마시며 그림과 예술에 대한 얘기를 나누는 것이 꿈이었다고 한다. 그러나 그는 꿈을 이루지 못한 채 세상을 떠났다. 미술관 바닥에 덩그마니 놓인 응접실 세트는 한없이 애처로워 보였다. 따스한 온기가 없는 응접실 세트는 화가의 고단하고 쓸쓸했던 삶을 다시 한번 상기시킬 뿐이었다.

보드베 수도원, 성녀 니노 잠들다
— 수도원 가는 길

조지아의 동부권 여행은 마치 성녀 니노의 여정을 되짚어보는 여행과도 같다. 수도와 전도 활동 끝에 마침내 미리안 3세와 주민들을 개종시킨 므츠헤타를 시작으로 니노가 잠시 머물렀다는 니노 츠민다 수녀원이 있는 사가레조를 거쳐 생을 마감한 산골짜기 작은 마을 보드베에 왔다.

보드베 수도원은 시그나기에서 2킬로미터 정도 떨어진 산골짜기 마을에 있다. 수도원까지 가는 대중교통이 없어 택시를 타거나 걸어가야 하는데, 차로는 10분, 도보로는 30분 정도 걸린다. 나는 걷는 쪽을 택했다. 성녀 니노도 이 길을 걸었을 것이라 생각하며. 시그나기에서 보드베 수도원까지 도로는 잘 포장되어 있었는데, 차들이 속도를 줄이지 않고 어찌나 무섭게 달리는지 차가 오면 도로 밖으로 피했다 걸어야만 했다.

길섶에는 작은 야생화들이 피어 있었다. 한국의 토종 매화와 닮은 꽃나무들도 보였다. 이따금씩 새소리와 차 소리가 들릴 뿐,

보드베로 넘어가는 고갯길은 적막했다. 고개 정상에 빨간색 벽돌 건물이 나타났다. 'Cafe KANUDOSI' 라는 카페였다. 알라자니 평원 쪽으로 테라스가 나 있었고, 테라스에 빨간색 파라솔이 펼쳐져 있는 카페였다. 진한 에스프레소가 담긴 하얀색 찻잔을 받아들고 파라솔 아래 자리를 잡았다. 눈앞에 시그나기 마을과 알라자니 평원이 막힐 것 없이 펼쳐졌다. 가슴이 탁 트인다는 말 외에 달리 할 말이 없다.

1888년 러시아 황제 알렉산드르 3세는 시그나기를 방문했다. 알라자니 평원을 본 그는 시종에게 물었다. "이토록 아름다운 곳을 본 적이 있는가?" 그러면서 "스위스에도 이토록 아름다운 곳

시그나기에서 보드베 수도원 가는 길 카페 카누도시.

은 없었다"라며 코카서스의 만년설과 알라자니 계곡의 아름다움에 탄복했다. 끝없는 평원밖에 없는 러시아 땅과 달리 웅장한 코카서스의 산은 러시아 황제에게도 아름다움을 넘어 경이로움의 대상이었던 모양이다.

그러나 알렉산드르 3세의 감탄은 찬탈자의 감탄이 아니었을까. '내가 가진 것이 이토록 아름답구나!' 하는. 그가 이 평원의 아름다움을 노래하는 동안 수많은 조지아인들은 조국의 독립을 꿈꾸며 지난한 시간을 보냈을 것이다.

알라자니의 평원과 나란히 이어지던 길은 깊은 골짜기 안쪽으로 빠져 두 갈래로 갈라졌다. 삼나무가 높게 솟은 아래쪽 길이 수도원 가는 길이다. 숲길 모퉁이를 도니 이내 수도원 입구와 주차장이 보였다. 주차장에는 대형 관광버스를 비롯해 수많은 차량들과 사람들이 뒤섞여 북적댔고 한쪽에 카페와 화장실 건물도 보였다. 관광지를 방불케 하는 풍경이었다.

보드베 수도원 입구에서 만난 걸인들

보드베 수도원은 사람들에게 보이기 싫은 듯 높은 담장과 삼나무들에 둘러싸여 있었다. 여느 수도원처럼 이곳에서도 검은 옷을 입은 걸인들이 먼저 반겼다. 그들은 태어날 때부터 그 자리에 앉아 있었던 것처럼 꿈쩍도 하지 않고 앉아 있었다.

"안녕하세요?"

돈을 쥐어주며 조심스럽게 인사말을 건넸다. 그녀는 내가 건넨 얼마 되지 않는 돈을 받으면서 무척이나 감사해했다. 그들 중 나이 든 여자가 묻지도 않았는데 자기 사연을 늘어놓기 시작했다. '아들이 갑자기 교통사고가 나서 아들의 병원비와 약값이 필요하다. 그런데 나는 늙고 병이 들어 일할 곳도 없다. 아무도 나를 써주지 않는다…… 그리고 나도 아프다. 다리도 아프고 혈압도 높다. 실은 나도 병원에 있어야 하는데 아들 때문에 할 수 없이 이렇게 구걸을 하고 있다……'는 내용이었다.

"몇 시까지 여기 앉아 계세요?"

"저녁 6시에는 집에 가요."

"집이 어딘데요?"

"시그나기예요."

"시그나기까지는 버스도 안 다니는데, 어떻게 가세요?"

"택시 타고 가요."

순간 말문이 막혔다. 구걸한 돈으로 택시를 타고 집에 간다는 것이 어이가 없었다. 다른 교통수단이 없어서라지만 '벤츠타는 거지' 이야기가 떠올랐다. 아무렴 어떤가. 내가 건넨 5라리가 그녀에게 도움이 된다면 나는 오늘 좋은 일을 한 것이지 않은가. 설령 그녀의 말이 거짓이라 해도 그건 그녀가 감당해야 할 몫이다.

또다른 여자는 한쪽 눈이 보이지 않았는데, 열살 가량 된 아들까지 있었다. 고맙다고 인사하는 그녀의 미소가 참 고왔다. 젊은 반맹(半盲) 엄마와 어린 아들이 안돼 보였다. 그녀가 내 카메라를 보더니 자기 아들을 찍어달라고 했다. LCD 화면으로 아들 모습을 보며 환하게 웃는 그녀가 짠해 보였다. 후회가 밀려왔다. 돈을 주어서가 아니라 괜히 말을 건 것에 대한 후회였다. 어줍잖은 동정심을 일으킨 데 대해 가슴 한 켠이 묵직히 아파왔다.

성녀 니노,
가슴에 십자가를 품고 잠들다

길게 늘어진 나뭇가지 사이로 뾰족한 지붕의 벽돌 건물과 그 뒤쪽으로 거대한 건물이 눈에 들어왔다. 작고 오래된 건물 뒤편에 새로운 건물이 완성되고 있었다.

작고 오래된 건물이 성녀 니노의 무덤 위에 세워진 성 게오르기 성당이다. 19세기 미하일 사바닌이라는 러시아인에 의해 복구되었다. 카파도키아 출신의 니노는 로마군 지휘관과 예루살렘의 대주교의 여동생 사이에서 태어났다고 전한다. 그녀의 부모는 니노가 열두살 때 모든 재산을 가난한 자들에게 나누어주고 요르단 사막으로 들어갔다. 그들은 사막에서 수도생활을 하면서 병자들을 돌보다가 생을 마감했다.

어린 니노는 예루살렘 출신의 기독교도인 보모의 손에서 자랐다. 2년 후 니노는 조지아에 기독교를 전파하라는 성모마리아의 계시를 받고 조지아 땅을 밟았다. 니노는 수도 므츠헤타가 아닌 산골짜기 마을 보드베에 첫 둥지를 틀었다. 그녀는 병자를 돌보면서 기독교 전파에 힘썼다. 니노는 불치의 병을 앓고 있던 미리안 3세의 부인 나나 왕비의 병을 고쳐주고 왕비와 미리안 3세를 개종시키는 데 성공하였다. 말년에 니노는 다시 보드베로 돌아와 은수생활을 하다 병이 들어 347년경 숨을 거두었다.

미리안 3세는 니노를 므츠헤타에 묻어주려고 했다. 그러나 니노의 관을 실은 수레는 꿈쩍도 하지 않았다. 2백 명이 넘는 장정들이 끌어보았지만 소용이 없었다. 결국 니노의 유해는 그녀가 마지막 숨을 거둔 천막 아래 묻어주고, 무덤 옆에 작은 예배당을 세워주었다. 이 예배당이 보드베 수도원의 시초다.

성 게오르기 성당의 벽과 천장 및 제단은 벽화와 이콘들로 장식되어 있다. 지금껏 보아왔던 성당과 달리 무척이나 화려했다. 수녀 한 분이 '이베리아 성모상'의 촛불 봉헌대를 정리하고 있었다. 아기 예수를 안고 있는 성모의 모습이 담긴 이베리아 성모상은 '이베르스카야'라고도 불린다. 기적을 행하는 성모상으로 유명한 이베리아 성모상은 그리스 아토스 산에 있던 이비론 수도원의 '문을 지키는 성모상(파나기아 포르타이티사)'을 본뜬 것으로, 조지아에서 가장 사랑하고 존경받는 성상화 중의 하나다.

가장자리에 황금색을 두른 붉은색 옷을 입고 있는 성모의 눈빛은 자비로우면서도 한없이 슬퍼 보인다. 성모의 한쪽 뺨에는 선명한 핏자국이 나 있다. 이 핏자국에 대해서는 다음과 같은 전설이 전한다. 사라센인들이 수도원을 약탈하면서 창으로 성모상의 얼굴을 찔렀는데, 찔린 부위에서 피가 흘러내렸다. 이를 본 사

성녀 니노가 잠들어 있는 보드베 수도원

라센인은 기독교로 개종하고 이비론 수도원의 수도사가 되었다고 한다. 1924년 소비에트 정권은 수도원을 폐쇄하고 수도원을 병원으로 사용하였다. 그때 이베리아 성모상이 수술대로 사용된 적이 있는데, 그때 생긴 수술 칼자국이라고도 한다.

이비론(이베리아, 고대 조지아) 수도원은 10세기말 성 아타나시오스의 제자인 이베리아 사람 토르키니오스가 아토스 산에 세운 수도원이다. 그리스 마케도니아에 있는 아토스 산은 동방정교회 수도원의 발상지로, 콘스타노폴리스 총대주교청의 직접 관할권 아래 있다. 고대부터 사람들이 정착하여 살고 있는 아토스 산은 1800년 동안 초기 기독교와 수도원의 전통이 고스란히 남아 있는 동방정교회의 근거지다. 지금은 수가 줄긴 했으나 여전히 20여 개의 수도원에서 2천여 명의 수도사들이 생활을 하고 있다. 1988년 세계문화유산으로 지정되었다.

아토스 산에 들어가기 위해서는 비자를 발급받아야 하는데, 여자들에게는 출입이 금지되어 있다. 식용을 위한 동물들의 암컷도 허용되지 않는다. 비자가 발급된 손님들에게는 숙박과 음식 등 모든 것이 무료로 제공된다. 아토스 산은 그야말로 생명이 없는, 오직 죽음만이 있는 섬이다.

니노의 무덤은 제단 옆 내실에 있었다. 내실은 한 사람이 겨우 들어갈 수 있을 정도로 좁았다. 벽에는 붉은 망토를 걸친 니노가 성모를 친견하는 장면을 묘사한 이콘이 걸려 있고, 니노의 생애를 묘사한 벽화가 그려져 있다. 그 아래 니노가 잠들어 있는 석묘가 놓여 있다. 하얀색 대리석 상판에 십자가가 새겨져 있다. 그녀는 죽어서도 십자가를 가슴에 품고 있는 것인가. 벽에 난 둥근 창을 통해 들어온 빛이 하얀색 석관 위로 퍼져나갔다. 니노가 잠들어 있는 내실은 신의 은총과 성스러움이 가득했다. 작고 소박한 무덤에 누워 있는 성녀 니노는 지구상 그 어떤 호화롭고 거대한 무덤의 주인들보다도 위대하다. 오직 신의 말씀만으로 조지아에 굳건한 기독교 왕국을 세웠으니 말이다. 잠시 내실에 머물러 있는 동안 이상하게 마음이 평온했다. 이곳에서는 조지아와 모든 정교 세계의 평화와 안녕을 기원하는 예배가 매일 열린다.

러시아 황제의 고백,
"스위스보다 아름답다"

보드베 수도원의 정원은 마치 작은 알라자니 평원 같았다. 들판을 방불케 하는 '너른 정원'에 이름 모를 작은 들꽃들이 가득 피어 있었다. 산등성이 경사진 정원에 서니 멀리 만년설에 뒤덮인 코카서스 봉우리들이 보이고, 알라자니 평원이 활짝 펼쳐졌다. 눈앞에 하얀 구름들이 떠다녔다. 혹시 내가 천상의 세계에 와 있는 것일까.

수녀들이 분주히 오가는 것이 보였다. 풀을 뽑고 잔디밭에 물을 주고 잡초를 갖다버리느라 한시도 쉴 틈이 없어 보였다. 그 덕에 수도원은 발길 닿는 곳마다 꽃길이었고, 깔끔하게 정돈되어 있었다. 아주 앳된 수녀 한 분이 풀을 뽑고 있는 것이 보였다. 그 모습이 너무 고와서 허락도 없이 셔터를 누르려 하자 그녀가 알아채고 제지했다. 나는 눈빛으로 애걸해 보았지만, 소용없었다. 수녀들의 규율을 모르지 않았기에 카메라를 거둬들였지만, 부드러운 미소로 거절하는 수녀의 잔상이 쉽게 가시질 않았다.

수녀원을 거닐고 있는데 불쑥 수녀 한 분이 꽃다발을 내밀었다. 들꽃으로 만든 예쁜 꽃다발이었다.

"가질래요?"

아까 그 수녀였다. 니나 수녀라고 했다. 좀전에 사진을 찍지 못하게 한 게 미안했던 모양이다. 수녀의 부드러운 목소리와 온화한 얼굴에서 성녀 니노의 모습이 보였다. 수녀는 나이 스물이나 지났을까. 얼굴에는 아직도 솜털이 남아 있다. 그녀를 안쓰러워할 이유가 없는데도, 어딘지 애잔해 보이는 건 어쩔 수 없다. 친구들과 어울리고 사랑을 해야 할 나이에 엄격한 수도원 생활을

보드베 수도원의 수녀는 사진을 찍지 못하게 한 게 마음에 걸렸는지 내게 들꽃다발을 건넸다.

보드베 수도원과 포도 경작지

하는 그녀가 짠했다. 그러나 그녀의 얼굴이 너무도 맑아서, '불경스러운' 생각을 한 게 미안했다.

보드베 수도원에는 '니노의 샘'이 있다. 성수가 나오는 샘이다. 치유 효과가 좋아서 늘 성수로 세례를 받으려는 사람들과 물을 떠가려는 사람들이 길게 늘어서 있다고 한다. 성수 세례를 받은 사람들은 한결같이 몸이 가벼워지고 힘이 나는 걸 경험했다고 한다. 보드베를 떠나기 전 알렉산드르 3세가 읊조렸다는 물음을 나도 따라 해보았다.

"이토록 아름다운 곳을 본 적이 있는가?"

시그나기 마을 산책

시그나기는 구경할 것도 별로 없는 작은 마을인데도 애초 계획보다 하루를 더 머물렀다. 시그나기의 매력은 바로 '굳이 무언가를 하지 않아도 좋은 곳'이라는 데 있다. 쫓기듯 새벽부터 달려나가 줄을 서서 봐야 할 곳이 없으니 마음과 행동이 느긋해진다. 자연스럽게 '슬로 라이프'가 되는 것이다. 시그나기는 여전히 중세 시대의 속도에 맞춰 살아지는 도시 같다.

텔라비나 크바렐리, 킨즈마라울리, 알라베르디 수도원, 네크레시 수도원 등 시그나기 근교 여행을 하기에도 좋다. 눈을 마주치면 반가운 미소를 보내주는 사람들, 골목마다 숨어 있는 레스토랑에서 풍기는 샤쉴릭 냄새와 흥겨운 음악소리가 발길을 붙들고 놓아주지 않는다.

다리가 아플 때까지 성벽길을 걷다 자그마한 카페에서 마시는 한 잔의 커피 맛은 설명할 길이 없다. 그리고 다시 걷는다. 바람과 함께, 길가의 꽃들과 얘기하면서. 가끔 동네 개가 반갑게 짖어주기도 한다. 시그나기의 일몰, 그리고 스테판 성당의 망루에 앉아 붉게 물들어가는 코카서스 설산을 바라본 일은 살아가면서 참 많이 그리울 것 같다.

시그나기의 관문인 시청광장 입구에는 니코 피로스마니의 그림에서 모티브를 얻은 〈왕진 가는 의사〉의 동상이 세워져 있고, 에라클리 2세 광장에는 인포메이션 센터와 분수대, 작스(등기소),

시그나기 마을 풍경

경찰서, 피로스마니 호텔 등이 밀집해 있고, 택시와 기념품가게 상인들, 관광객들로 늘 붐빈다.

광장을 지나 경사길을 오르면 '4.9 공원'이 있다. 1989년 4월 9일 일어난 조지아 민주화 운동을 기념하기 위해 지어진 공원이다. 공원 안 추모의 벽에는 2차대전의 희생자 명단이 빼곡하게

적혀 있다. 그 앞에는 ‘조지아’의 원래 이름(자칭 지명)인 ‘사카르트 밸리’라는 단어를 처음 사용하기 시작한 조지아 철학자이자 1820년대 조지아어로 발행된 신문 〈티플리스 소식(티블리스 우스케바니)〉의 편집장이었던 솔로몬 도디아쉬빌리의 동상이 세워져 있다. 그는 1832년 발생한 바그라트 왕조의 재건을 위한 거사에 참여했다 체포되어 유형을 가서 1836년 유형지에서 병사했다.

공원 위쪽에는 1959년 개관한 시그나기 국립박물관은 조지아에서 다섯 손가락에 드는 수준 높은 국립박물관이다. 4.5킬로미터에 달하는 성벽을 따라 걷다가 스테판 성당 망루에 올라 일몰을 감상할 수도 있다. 또 고르가살리, 타마라, 에라클리 2세 등 왕의 이름으로 불리는 꼬불꼬불 골목길을 걷는 재미도 놓칠 수 없다. 혹시 그래도 시간 여유가 있다면 그냥 광장이나 공원에 나와 앉아 있는 것만으로도 행복하다.

시그나기의 레스토랑 중에는 ‘피로스마니 호텔’, ‘골든라이언’ 그리고 ‘미로니치’ 식당 등이 추천할 만하다. 최근에 문을 연 미로니치 식당은 젊은 주인이 무척 친절하다. 할아버지 대부터 살던 집을 개조하여 식당으로 꾸미고 집안에 있던 오래된 물건들을 소품으로 꾸몄다. 직접 담근 와인을 손님에게 내놓는데, 맛이 수준급이다. 가지 요리를 안주 삼아 마시는 포도주 맛은 누구라도 홀딱 반할 맛이다. 가지 요리가 포도주의 풍미를 깊게 해준다. 젊은 사장은 요리와 홀서빙, 게다가 계산까지 도맡아서 하려니 주문도 밀리고 정신이 없어 보인다. 보드베 수도원을 걸어서 가려면 서둘러야 한다고 하니 "미안해요. 조금만 더 기다려주면 내 차로 데려다줄게요" 한다. 참 인정도 많다. 식당 이층은 게스트하우스로 운영 중이다. 삐걱대는 나무 계단을 밟고 오르면 정말 식구들이 살던 방 한 칸씩을 빌려준다. 당시에는 너무도 가정집 같은 분위기가 싫어 거절했지만, 다시 가게 된다면 기꺼이 민박 같은 게스트하우스를 택할 것이다. 어떤 분이 내 블로그에 소개된 미로니치 식당을 직접 찾아갔다고 한다. 주인에게 한국에서 블로그에 소개된 글을 보고 왔다고 하니 고맙다며 포도주를 선물로 주었다는 얘기를 듣고 참 흐뭇해 한 적이 있다. 세월이 좋아지면 한번 더 찾아가보고 싶다.

무척 친절했던 시그나기 미로니치 식당 주인

숙박과 관련해 이런 일도 있었다. 인터넷으로 예약한 숙소 건물이 정말 기겁을 할 정도로 허름했다. 우리나라 같았으면 재건축을 해도 벌써 했을 낡은 오층건물이었다. 짐가방을 질질 끌고 5층까지 올라가는 동안 얼마나 스스로를 책망했는지 모른다. 나

시그나기 마을 풍경

도 모르게 주인에게 불평을 해댔다. 아파트가 너무 낡고 지저분하다고. 이런 곳인 줄 몰랐다고. 그런데 그 주인은 대뜸 "그럼 다른 방 알아보세요. 당신에게는 방을 내주고 싶지 않아요" 하는 거다.

날은 어둡고 벌써 5층까지 올라왔는데 다시 방을 구하라고? 주인에게 싹싹 빌고 나서야 겨우 '숙박 허락'을 받았다. 방 자체는 수리를 해서 그런대로 아늑하고 좋았다. 집이 넓지 않았지만 철저하게 개인 사생활이 존중되는 구조가 특이하면서도 마음에 들었다. 햇살도 잘 들고 무엇보다 시그나기 광장이 한눈에 내려다보이는 전망이 좋았다. 결국 그 집에서 이틀을 묵었는데, 지금도 가끔 그 집 테라스에 퍼지던 노란색 햇살이 떠오른다.

시그나기에서 아주 좋은 기억만 있었던 건 아니다. 한 식당에서는 거의 싸움 직전까지 간 적도 있었다. 현지인의 추천을 받아 간 식당이었는데, 요리부터 서빙까지 모두 할머니들이 담당하고 있었다. 그런데 한참 만에 나온 샤실릭은 완전 비계 덩어리인데가 고수풀을 빼달라고 한 가지 요리에는 생마늘 간 것을 마요네즈처럼 잔뜩 올려놓아 도저히 먹을 수가 없었다. 새로 만들어 달라고 하니 마늘만 긁어내고 내오는 게 아닌가. 옥신각신 하다가 결국 음식을 그대로 남기고 기분만 상해서 나오고 말았다. 젊은 사람들과 달리 시그나기에서 만났던 할머니들은 대체로 성격이 거칠고 무뚝뚝했다. 그렇다고 해서 시그나기에 대한 애정이 바뀌는 일은 없을 것이다.

5. 텔라비, 수도원 기행

Telavi

텔라비, 에라클리 2세의 도시

텔라비는 18세기 새롭게 조지아의 패권을 장악한 카르틀리-카헤티공국의 수도였다. 텔라비 관문에는 에라클리 2세의 거대한 기마상이 서 있다. 에라클리 2세는 검을 든 손을 알라자니 평원을 향해 쭉 뻗어 있다. 이교도 침략자들을 향해 '이 땅은 기독교 국가이며 우리는 끝까지 이 땅을 수호하겠다'는 뜻이다. 그는 다게스탄족을 비롯해 주변 이교도들의 약탈과 침략에 대비해 시그나기 성을 쌓는 등 방어체제 정비에 힘을 기울였다.

그러나 그의 패착은 앞에서도 얘기했듯 자신의 왕권을 담보로 러시아 군대가 조지아에 합법적으로 주둔할 수 있도록 허용하였다는 것이다. 결국 러시아는 그가 죽고 나서 얼마 후 게오르기 협정의 조인을 강제함으로써 사실적인 합병을 해버렸다. 그의 뒤를 이어 왕위에 오른 게오르기 12세를 마지막으로 조지아 왕조는 완전히 막을 내리게 된다. 에라클리 왕과 그의 아들의 유해는 므츠헤타 스베티츠호벨리 성당에 나란히 안치되어 있다.

에라클리 기마상 바로 옆에는 17~18세기 카헤티 왕들의 거처

에라클리 2세 기마상

텔라비 마을에 서 있는 900년 된 나무

였던 바토니츠치헤 요새가 있다. 성 내부는 페르시아 풍으로 꾸며져 있고, 박물관이 있다. 성벽을 따라 언덕길을 오르면 900년 된 거대한 나무 한 그루가 알라자니 평원을 굽어보며 서 있다. 평원 너머에는 코카서스 산들이 손에 잡힐 듯 가깝게 서 있다. 산과 산 사이에 빈틈이 있을 법도 한데, 마치 하나의 덩어리처럼 연결되어 앞을 가로막고 서 있다. 여기 사람들은 저 산들을 보면서 무슨 생각을 했을까. 나 같은 이방인들처럼 마냥 감탄만 하지는 않았을 것이다. 때로는 적의 침입을 막아주는 자연 장벽의 역할을 했을 것이고, 또 때로는 다른 세상으로 나아가는 것을 방해하는 장애물이 되었을지도 모른다. 900년 된 나무는 도시의 비밀을 누구보다도 잘 알고 있을 것이다.

알라베르디 대성당

조지아 동부 카헤티 주의 여러 도시들—시그나기, 텔라비, 크바렐리, 사그레조—에는 고대 및 중세 조지아의 사원과 교회 유적들이 많이 남아 있다. 특히 곰보리 산속에는 어느 시대 누가 세운 것인지조차 알 수 없는 사원들이 곳곳에 흩어져 있다. 역사적 가치가 있는 것만을 추려도 대략 30여 개에 달한다고 한다. 4세기에 지어진 나노 츠민다 수도원, 6세기에 건립된 다비드가렛자 수도원, 이칼토 수도원, 알라베르디 수도원, 네크레시 수도원 등이 유명하다.

아그라비 강에서 텔라비에 이르는 카헤티 지역은 일찍부터 페르시아의 지배 하에 있었다. 조로아스터교를 신봉하는 페르시아군은 피정복민들에게 자신들의 종교를 강요했고, 개종하지 않는 자들은 잔인하게 살해했다. 네크레시 수도원을 세운 네크레시 수사는 므츠헤타로 끌려가 처형당했고, 카헤티의 여왕 케레반은 이란으로 끌려가 살해당했다.

6세기 중반 일명 '시리아 사도'들이 기독교를 전파하기 위해

알라베르디 대성당 전경

카헤티로 넘어오는 시기부터 본격적으로 카헤티의 기독교 역사가 시작된다. 그들이 사실상 조지아 수도회의 초석을 놓았다고 할 수 있다.

므츠헤타의 왕 파스만(557)과 에블라비 에톨리우스(557)는 므츠헤타에 온 수도사 요한과 12명의 제자들을 환영했다고 전해진다. 파스만 왕은 요한과 그의 제자들을 축복하고 제다제니 산에 정착하도록 했다. 수도사들은 산속에 오두막을 짓고 나무뿌리와 풀로 연명하며 공동체 생활을 하면서 기독교 전파에 힘썼다. 조

알라베르디 대성당

지아 최초의 수도원 '제다제니 수도원'이 이들 수도사들에 의해 세워졌다. 제다제니 수도원은 즈바리 수도원에서 약 30킬로미터 떨어져 있다.

요한은 이 세상 구석구석 그리스도의 말씀을 전하라는 성모의 계시를 받고 제자들을 여러 지역으로 파견하였다. 요한은 각지로 떠나는 제자들에게 "신은 이 나라와 백성들을 위해 말씀을 전하라고 우리를 보내셨다. 하나님의 새로운 백성인 그들을 위해 말씀을 전하라"고 일렀다. 열두 제자 중에 아비브와 이세는 주교가 되었다. 다비드 가렛자는 제자 한 명과 함께 므타 츠민다 산의 동굴에서 생활하다 가렛자 사막으로 가서 다비드 가렛자 수도원을 세웠다.

아비보스 네크레시, 요셉 알라베르디, 제논 이칼토도 각각 네크레시 수도원, 알라베르디 수도원, 이칼토 수도원을 세웠다. 그러나 12사도가 세운 초기 수도원들은 외세의 침략에 의해 모두 파괴되었다. 현재 남아 있는 수도원들은 후에 다시 세운 것들로, 역시 계속된 외세의 침략과 지진과 같은 자연재해로 심각하게 파손되었다.

19세기 러시아에 병합되고 소비에트 체제에 편입되면서 조지아의 변방 카헤티 지역은 오랫동안 거의 방치되다시피 했다. 카헤티 땅속에 잠들어 있는 수많은 유적 발굴은 말할 것도 없고, 파괴된 사원과 수도원 복구조차도 어려운 현실이다.

혹자는 '조지아에는 볼 게 수도원밖에 없다', '수도원만 계속 보니까 질린다. 지겹다. 그게 그거다'라며 볼멘소리를 하는 사람도 있다. 그러나 정교는 조지아인의 정신과 혼을 구성하는 핵심 DNA이며, 조지아의 역사는 이교도로부터 정교를 지켜내기 위한 처절한 싸움이었다. 따라서 수도원 여행은 조지아와 조지아인을 향해 걸어가는 첫걸음일 것이다.

알라베르디 대성당은 카헤티주의 주도인 텔라비에서 약 25킬로미터, 이칼토 수도원에서 약 10킬로미터 떨어져 있다. 이칼토에서 알라베르디로 가는 길은 온통 아름드리 호두나무가 터널을 이루고 있다. 터널을 빠져나와 붉은빛 양귀비꽃이 흐드러지게 피어 있는 포도밭 사이를 달리다 보면 어느새 알라베르디 대성당이 눈앞에 모습을 드러낸다. 다른 수도원들과 달리 알라베르디는 평원 한복판에 서서 알라자니 평원과 코카서스 산들을 호령하듯 당당하게 서 있다. 푸른 하늘과 푸른색 원뿔형 첨탑과 주황색 지붕, 철통같이 견고한 석벽에 둘러싸인 알라베르디 수도원은 21세기의 풍광으로 보이지 않았다. 사진과 TV를 통해 수도 없이 봤던 수도원을 눈으로 직접 보는 감동은 이루 말할 수 없이 컸다.

중세 수도원은 잦은 외부의 침입에 대비해 성벽을 쌓고 망루와 옹벽을 설치하는 등 요새처럼 지었다. 알라베르디 역시 해자를 파고 단단한 성벽과 외벽을 쌓아 적의 침략에 대비했다. 이 해자가 자연적인 강인지 인위적으로 조성한 것인지는 확실하지가 않다. 성 밖에는 포도밭 등 경작지가 펼쳐졌고 멀리 코카서스 산맥이 펼쳐졌다.

알라베르디 교구의 주교성당 답게 출입에도 엄격한 복식이 요구되어 여성과 반바지 차림의 남성들은 반드시 하의에 치마를 둘러야 했다. 입구에는 작은 키오스크가 있어 성물과 선물용품 등도 판매하고 있었다.

수도원 안은 밖에서 보았던 것보다는 훨씬 작게 느껴졌다. 포도밭과 아직 정체를 알 수 없는 건물 잔해 같은 것이 너른 수도원 마당에 널려 있고, 오래된 예배낭과 잘 가꾸어진 소나무가 보였는데, 관람객이 볼 수 있는 것은 예배당 하나뿐이었고 다른 곳은 출입이 금지되었다. 회랑이 딸린 건물도 보였는데, 수도사들의 처소와 식당, 목욕탕 같은 사적 시설이라고 했다.

수도원은 6세기 시리아에서 건너온 요셉 알라베르디 수사가 건립했으며 그의 이름을 따서 알라베르디 수도원으로 불리고 있지만, 공식명칭은 성 게오르기 성당이다. 수도원이 예배 시설과 매장 시설을 겸했던 만큼, 카헤티 왕들과 주교들도 이곳에서 영면을 취하고 있다. 570년 사망한 알라베르디 수사의 유해도 이곳에 묻혀 있다.

최초에 건립된 성당 건물은 모두 파괴되었고, 현재의 건물은 1010년 카헤티공국의 왕위에 오른 크비르크 3세의 명에 의해 건립되었다. 세상에서 가장 큰 성당을 지으라는 권력자와 주문자의 뜻에 따라 높이 50미터, 폭 42미터 규모의 거대한 성당이 완공되었다. 중세 조지아 건축물 중 최대 규모인 알라베르디 대성당은 완공되자마자 알라베르디 교구의 주교좌성당이 되었다. 처음엔 주교가, 그 다음엔 대주교가 다스리기 시작하였다.

알라베르디 성당에서 유일하게 공개되고 있는 성 게오르기 예배당의 내부는 훼손이 심했다. 벽화들 역시 알아보기 힘들 정도로 손상되었다. 이마저도 1966년 이후에 겨우 복구된 것들이라고 한다. 그럼에도 과거의 아름다움과 장엄함을 어렵지 않게 상상할 수 있었다. 그것은 성당 내부는 텅 비어 있었지만, 이 공간을 통해 과거와 현재가 연결되고 절대자에 대한 믿음이 계속 이어져왔기 때문이다. 그런 의미에서 천장과 벽면에 난 16개의 창문을 통해 성당을 비추는 빛줄기만으로도 충분해 보였다. 종교 건축물의 영속성이나 아름다움은 결코 건물의 외벽과 내부의 화려한 장식이 있지 않다는 것을 새삼 깨닫게 된다.

현재 남아 있는 벽화들은 대부분 11세기와 15~17세기에 제작된 것들이며, 성당 출입구 벽면에도 11세기에 제작된 아름다운 벽화가 양호한 상태로 남아 있다. 위쪽에는 용을 무찌르는 성 게오르기와 성모와 어린 예수상, 성자의 모습들이 그려져 있다.

1614년 페르시아군이 쳐들어왔을 때 카헤티의 테이무라즈 왕은 북부의 이메레티로 도망갔고 대성당은 페르시아군의 창고와 감옥으로 사용되었다. 다행히 성화를 비롯한 성물들은 므츠헤타의 스베티츠호벨리 성당으로 옮겨져 피해를 면할 수 있었다. 그러나 19세기 초 러시아에 병합된 이후 러시아 제국의 조지아 교회 말살 정책에 따라 조지아의 정교 교회는 거의 폐쇄되었고, 1929년 소비에트 정권에 의해 사실상 완전히 말살되었다.

수도원이 복구되기 시작한 건 1990년대 암보이 다비드 수도사들에 의해서였다. 다행히 기본골격이 남아 있어 복구가 가능했다. 알라베르드 대성당에는 3개의 화랑이 더 있었으며, 화랑을 따라 알렉산드르 1세, 알렉산드르 2세, 테이무라즈 왕 등 카헤티 왕들의 무덤이 있었으나 모두 소실되었다.

알라베르디 수도원은 중세 조지아 최고의 와이너리였다.

알라베르디 대성당은 'SINCE 1011알라베르디' 라벨로 유명한 조지아 최고의 와이너리이기도 하다.

알라베르디 와이너리

'Since 1011 알라베르디' 라벨에서 보듯, 알라베르디 와이너리의 역사는 수도원의 역사와 함께 시작되었다. 대형 수도원들은 미사나 전례에 사용되는 포도주를 자체적으로 만들어 사용했기 때문에 수도원에 딸린 포도밭과 양조장은 보통 규모가 컸다. 최근 수도원 내에서 8~10세기에 만들어진 올드 와이너리의 잔재들이 발견되어 알라베르디 와이너리의 역사는 훨씬 더 과거로 거슬러 올라간다. 알라베르디 와인은 긴 역사만큼이나 품질도 인정받고 있다.

수도원 입구 왼편 소규모 포도밭에는 조지아의 토종 희귀품종을 비롯해 약 500여 종의 포도 품종이 재배되고 있다. 알라베르디 수도원은 18세기 체첸인(레즈긴인)들의 침략으로 오랫동안 방치되었던 수도원과 와인창고를 복구하고 포도를 다시 심기 시작하여 과거의 영광스러운 전통을 되찾기 위해 노력하고 있다.

알라베르디의 포도주 주조를 담당했던 게라시메 와인수도사가 과거 한 TV 프로그램과의 인터뷰에서 "조지아인들에게 포도와 신성한 와인은 힘의 원천이다. 포도밭이 파괴되면 다시 심을 것이다. 우리는 포도와 함께 계속 앞으로 나갈 것이다"라고 말했다. 알라베르디 수도원의 와이너리의 복구와 함께 수도원의 역사가 새롭게 쓰여지는 것이다.

알라베르디를 방문하면 게라시메 수도사를 꼭 만나보고 싶었으나 이미 다른 수도원으로 옮겼다고 한다. 사전 예약을 통해 단체 와이너리 투어도 가능했지만 이미 늦었다. 수도원 건너편 카페에서 'Since 1011 알라베르디' 라벨이 붙은 알라베르디 와인이 약 75~100겔(Gel, 한화 약 29,000~38,500원) 가격에 판매되고 있다.

중세 조지아 고등교육의 산실 — 이칼토 수도원

텔라비에서 9킬로미터쯤 떨어져 있는 이칼토 수도원은 6세기 중반 시리아에서 건너온 사제 제논 이칼토가 세웠다. 하늘을 가릴 만큼 높이 자란 사이프러스 나무들이 수도원 담장을 따라 자

이칼토 수도원

라고 있는 모습이 인상적이었다. 수도원에는 방문객이 거의 없었는데, 누가 켜놓은 것인지 작은 예배당 안에 촛불이 타오르고 있었다.

예배당 건물 뒤편에는 완전 폐허더미처럼 벽체만 남은 건물들과 돌조각들이 뒹글고 있었다. 지붕도 없이 서 있는 벽체들은 금

이칼토 수도원

방이라도 부서져내릴 것만 같았다.

12세기 이칼토 수도원은 쿠타이시의 겔라티 수도원과 더불어 조지아 최고 고등교육기관인 아카데미를 둔, 중세 조지아 고등교육의 요람이었다. 12세기 조지아의 위대한 시인이자 철학자인 쇼타 루스타벨리(1172~1216)도 이곳에서 수학했다. 흙더미 속에서 과거의 흔적을 찾아보려고 했으나 고작 관광객 중 누군가 안쪽 벽에 새겨놓은 '쇼타 루스타벨리'의 이름을 찾아냈을 뿐이다.

이칼토 수도원은 1616년 페르시아의 침략으로 완전히 파괴되었다. 수도원 뜰 건물더미 속에는 크베브리 조각들도 뒹굴고 있었는데, 이따금 완전한 형태로 땅속에 얌전히 묻혀 있는 것들도 있었다. 누군가 자신들을 땅속에서 꺼내주기만을 기다리고 있는 듯이 보였다. 벽에 낀 푸른 이끼와 돌틈 사이 피어난 잡초, 흙더미 속에 묻혀 있는 크베브리, 보살핌 없이 방치된 무덤들이 수도원의 주인행세를 하고 있었다. 수도원은 19세기 일부 건물이 복구되었을 뿐이다. 지금도 복구를 위한 도움의 손길을 필요로 하고 있지만 예산확보 등 난제가 쌓여 있다.

잦은 외세의 침략과 전쟁, 그리고 식민지화와 공산주의를 겪으면서 코카서스 문화의 한 축이었던 조지아 문화는 처참하게 파괴되었다. 조지아 여행은 이렇듯 처참하게 파괴된 문화의 현장을 통해 인류와 역사의 야만을 직시하는 씁쓸한 여행길이기도 했다.

저녁노을이 아름다운 네크레시 수도원

네크레시 수도원에서 바라본 알라자니 평원

택시 기사가 차를 세우고 밖으로 나가더니 한참동안 누군가와 실랑이를 벌였다.

"오늘은 못 올라간대요. 시간이 너무 늦었다고 차량 출입을 허가할 수 없대요."

"언제 다시 여길 올 수 있을지 알 수 없어요. 꼭 좀 보고 싶다고 한번만 더 부탁해봐요."

네크레시 수도원은 5시까지만 차량 통행이 허용된다는 것을 도착해서야 알게 된 것이다.

"저 친구에게 좋은 와인을 선물해야 해요."

차로 돌아온 택시기사가 말했다. 모종의 거래가 있었나 보다. 편법 사용은 반대지만 이 상황에서는 어쩔 수 없었다. 차가 헐떡거리며 힘겹게 산길을 올랐다. 그렇게 높지는 경사가 몹시 가파르고 바닥이 험했다. 수도원은 차에서 내려 또 도보로 5분 정도 오르막길을 올라야 했다.

수도원 뜰에 서는 순간 산 아래에서의 실랑이 따위는 순식간에 잊혔다. 이 풍경을 보지 못했다면 두고두고 억울했을 것이다. 수도원은 뒷전이고 눈앞에 펼쳐지는 풍경에 넋을 잃었다. 수도원 아래 끝없이 펼쳐지는 평원과 지평선, 아, 알라자니 평원이여. 그 아름다움을 표현할 수가 없다. 이토록 광활한 대지를 처음 보았다. 포도밭으로 뉘엿뉘엿 땅거미가 깔리기 시작했다. 대지가 어둠속으로 잠겨드는 것을 말없이 바라보고 서 있었다. 끝없는 대지는 감동이었다.

네크레시 수도원은 6세기 중반 이후 시리아 출신의 사도 아비보스 네크레스키가 세웠다. 수도원에는 여러 시기에 걸쳐 세워진 사원들과 와인 저장고가 남아 있다. 이 중 미리안 3세의 손자 트르다트 왕이 4세기 말에 세운 성모 사원은 조지아에서 가장 오래된 초기 기독교 건물이다. 그 외 7세기에 지어진 동정녀 사원, 9세기에 건립된 돔형 교회와 16세기에 건립된 타워와 와인 양조장이 남아 있다.

네크레스키 수도사는 페르시아군에 맞서다 므츠헤타로 끌려가서 처형당했으며 그의 유해는 므츠헤타의 삼타브로 수도원에 안장되어 있다. 수도사들은 이슬람 세력이 공격해오자 수도원 주변에 돼지의 사체를 쌓아 이슬람 세력의 공격을 막아냈다고 한다. 그 후 수도원에서는 조지아 정교의 축일에 돼지고기로 만든 샤쉴릭만 먹는 전통이 생겨났고, 그 전통은 지금까지 이어지고 있다고 한다.

카헤티 왕국의 그레미 성

텔라비에서 고속도로를 달려 그레미 성에 왔다. 수도 트빌리시에서 동쪽으로 170킬로미터, 주도 텔라비에서는 20킬로미터 떨어져 있다. 차를 타고 오는 내내 만년설로 뒤덮인 코카서스 산이 보였다. 매순간 코카서스 산을 볼 수 있다는 것은 카헤티 여행

그레미 성

의 큰 기쁨이 아닐 수 없다.

조지아를 여행하면서 맑고 푸른 하늘을 배경으로 서 있는 고색창연한 고성과 수도원은 모두 비슷비슷해서 식상할 법하지만, 오히려 그 반대였다. 눈 앞에 펼쳐지는 모든 풍광이 생전 처음 보는 것처럼 새롭고 감탄스러웠다. 그레미 성의 뾰족한 옥색 첨탑이 시야에 들어오자 벌써부터 아드레날린이 솟는다.

그레미 성은 15~16세기 조지아 동부 지역에 세워졌던 카헤티 왕국의 유적지라는 점에서 흥미로운 곳이다. 실크로드의 길목에 위치한 그레미는 카헤티 왕국의 수도로 중계무역을 하면서 100년간 번영을 누렸으나, 1616년 압바스 샤가 이끄는 페르시아군에 의해 속절없이 무너졌다.

그레미 성 앞으로는 강이 흐르고, 성 둘레에는 성벽이 쌓여 있다. 언덕 위에 위치한 그레미 성 안에는 대천사 아르한겔 성당과 수도원, 와인 저장고, 종탑 등이 남아 있다. 탑 입구에는 20세기에 레반 초고쉬빌리라는 화가가 그린 레반 왕과 카테반 여왕의 대형 초상화가 걸려 있다. 레반 왕은 카헤티 왕국의 전성기를 이끌었으며, 카테반 여왕은 개종을 거부하다 페르시아로 끌려가 살해당했다. 교회는 그녀를 그레미의 수호 성인으로 추대하고 매일 그녀를 위해 기도를 올린다. 그레미 성은 유일한 카헤티 왕국의 유적이었지만, 솔직히 크게 흥미롭지는 않았다. 오히려 탑 꼭대기에서의 파노라마 감상과 성 한쪽 구석에 있던 와이너리, 그리고 마침 교회에서 거행된 결혼식이 흥미로웠다.

그레미 지역은 조지아 동부 지역에 세워졌던
카헤티 왕국의 유적지라는 점에서 흥미로운 곳이다.

그레미 성 아르항겔 성당에서 결혼식이 거행되고 있다.

3라리의 입장료를 지불하고 오른 탑의 내부에는 16세기에 제작된 대포와 고고학적 유물 몇 점, 그리고 왕이 사용했다는 화장실이 남아 있다. 중세 유럽에서는 성벽에 돌출 화장실을 만들어 구멍을 뚫고 볼일을 봤다는 기록이 있다. 그레미 성의 왕의 화장실은 의자 모양으로 생겨 오늘날의 수세식 화장실과 거의 흡사했다. 수세식 화장실이 처음 발명된 것이 1773년이고, 19세기에 이르러서야 현대식 화장실이 보급되었다. 호화롭기로 유명한 베르사이유 궁에도 화장실이 없었으니, 이 정도면 카헤티에서도 일찌감치 문명이 발전했다고 해야 할까.

탑 꼭대기에 오르니 그레미 일대가 파노라마로 펼쳐진다. 작은 마을들과 포도밭, 너른 들판이 눈에 들어왔다. 강은 이미 오래전부터 바닥이 드러난 듯했고, 메마른 풀과 나무들은 생기를 잃고 바람 따라 이리저리 흔들렸다. 성 아래 마을에서는 아직도 중세시대의 사람들이 살았던 그대로의 방식으로 생활하고 있을 것만 같았다. 평화로운 풍경이었지만 한편으로는 모든 것이 멈춰진 듯한 답답함도 느껴졌다.

레반 왕이 세운 아르항겔 성당에서의 결혼식을 지켜보았다. 순백의 웨딩드레스를 입은 신부와 양복을 빼입은 신랑이 사제 앞에서 혼인서약을 하고 사제가 축복을 하는 동안 하객들은 뒤에서 조용히 그 모습을 지켜보고 있었다. 혼인서약은 엄숙하게 진행됐다. 그래서인지 결혼식을 지켜보며 느끼는 감동이 훨씬 컸다. 사제가 부부가 되었음을 선포하자 하객들은 신랑신부를 앞세우고 순식간에 우르르 몰려나갔다. 이제 먹고 마시고 즐기는 요란한 축하연이 벌어질 것이다. 저들의 순박하고 밝은 미소 속에 조지아의 미래가 깃들어 있는 것이리라.

다시 고요해진 성당 안으로 젊은 부부가 어린아이의 손을 잡고 들어섰다. 아이 아버지가 입구에 서서 성호를 긋고 초를 봉헌했다. 어린 아들도 아버지가 하는 대로 그대로 따라했다. 제단 앞에서도 똑같이 아버지를 따라 성호를 긋고 기도문을 암송했다. 조지아에서 어떻게 종교가 아버지에서 아들로 다시 손자로 계속 이어져왔는지를 이 두 사람이 보여주고 있었다. 아버지는 아들에게 카테반 여왕의 순교에 대해 들려줄 것이다. 그렇게 조지아에서는 어려서부터 정교인으로 키워진다.

과거 그레미 성의 마라니를 복원한 '로열 와인셀러'가 운영되고 있었지만 방문객이 많지는 않았다. 과거의 영화를 떠올리게 하는 전통적인 대형 압착기 사츠니헬리와 크베브리들도 보였다. 최근 몇몇 수도원들이 과거의 훌륭했던 와이너리 전통을 이어가려는 시도를 하고 있지만 성과는 미지수다.

그레미 성에는 과거 마라니를 복원한 '로열 와인셀러'가 운영되고 있다.

그레미 성에 남아 있는 대형 압착기(사츠니헬리)

카헤티, 조지아의 보르도와 브루고뉴
— 조지아에 와인이란

조지아는 와인 문명의 발상지다. 조지아 여행에서 와인을 빼면 속 없는 찐빵이요, 오아시스 없는 사막이다. 조지아에서 와인은 여행의 동반자였고, 잊을 수 없는 추억을 선사해주었다.

조지아 와인과의 첫 만남은 첫 번째 숙소 '조지안 하우스'에서였다. 냉장고에 와인 한 병이 들어 있었는데, 직접 제작한 엉성한 라벨이 붙어 있었고 오프너와 와인 글라스까지 갖춰져 있었다. 집집마다 와인을 만든다는 말이 허언이 아니었던 거다. 맥주가 아닌 와인이 비치된 미니바는 내 생전 처음이었다.

직원의 말에 따르면 카헤티에 있는 호텔 사장의 와이너리에서 만든 와인을 미니바에 넣어둔다는 것이다. 호텔 지하에 있는 와인셀러도 구경시켜주었다. 와인셀러에는 포도압착기, 병입 기구, 와인을 젓거나 퍼 담을 때 쓰는 긴 국자, 오크통, 플라스틱 통까지 와인 제조에 필요한 모든 것들이 갖춰져 있었다. 오크통과 플라스틱 통에서는 와인이 숙성되고 있었다.

맛을 보라며 작은 잔에 와인을 따라주어 한 모금 마셔보니 텁텁하고 신맛도 강했다. 아직 숙성되지 않은 탓인지 상점이나 레스토랑에서 맛본 와인들과는 많이 달랐다. 제조연도가 다른 두 번째 와인을 권했지만 거절했다. 그것까지 받아마셨다간 하루 일정을 다 망쳐버릴 것 같았다. 어쨌거나 직원 덕분에 예정에도 없던 와인투어를 했다. 호텔 건물 지하에 이렇게 번듯한 와인셀러가 있다는 게 놀라웠다.

조지아에는 우리나라의 편의점보다 더 많은 와인샵들이 있다. 와인 제조사의 직영점, 레스토랑 겸 판매점, 와인 전문매장, 가판대, 잡화점 내 와인코너 등 어디서든 와인을 판다. 트빌리시와 같은 도시는 말할 것도 없고, 산골짜기 오지 카즈베기에도 대여섯 개의 와인샵이 있을 정도다. 진열대마다 지역별, 회사별, 제조연도별로 수십 종의 와인들이 놓여 있다. 같은 회사에서 출시된 와인의 종류도 최소 대여섯 개가 넘고, 회사명이 다른데 와인 이름이 같은 것들도 많다. 같은 이름인데 생산연도가 다른 와인들도 많다. 한마디로 와인의 종류가 밤하늘의 별만큼이나 많다. 누군가의 조언이나 도움 없이 와인을 고르는 것은 어둠 속을 혼자 걸어가는 것과 같다.

숙소 근처에 제빵소가 하나 있었다. 그곳 직원들은 기름에 지진 감자와 오이, 그리고 빵으로 점심을 먹으면서 커다란 컵에 와인을 따라 벌컥벌컥 마셨다. 가게 한쪽 귀퉁이에는 언제나 커다란 플라스틱 와인통이 놓여 있었다.

어느날은 점심을 먹던 제빵소 주인이 사진을 찍고 있는 나를 보더니 같이 먹자며 식사자리에 초대했다. 여기 사람들은 식사 중에 누군가를 보게 되면 꼭 함께 먹자고 식탁으로 초대를 한다. 아는 사람이건 모르는 사람이건, 자국인이건 외국인이건 상관없이 누구라도 기꺼이 말이다. 생각지도 않게 제빵소 사람들과 감자와 빵 그리고 와인으로 점심 만찬을 하게 됐다. 잘 모르는 사이였는데도 와인 덕에 어색한 분위기는 금방 사라지고 농담까지 주고받았다. 마치 오래된 친구처럼. 헤어질 때에는 우리나라 천원권 지폐 한 장을 기념으로 주고 나왔다. 조지아인들은 와인만 있으면 감자 한 알에도 행복해 하는 사람들로 보였다.

조지아에는 집집마다 와인셀러가 있고 누구나 와인 마스터였다. 므츠헤타에서 만난 택시기사의 차 트렁크에는 와인이 가득 실려 있었는데, 선물로도 주고, 본인도 다니면서 마시는 것 같았다. 나에게도 한 병을 선물했다. 시그나기에서 이틀 동안 동행했던 미니벤 기사 데이비드도 헤어질 때 집에서 담근 와인 한 병을 선물로 주었다.

조지아 여행을 준비하면서 가장 신났던 것은 맛 좋은 와인을 실컷 마실 수 있겠구나 하는 것이었다. 실제로 조지아에서는 어디서든 맛 좋은 하우스 와인을 마실 수 있었고, 늘 한두 잔의 와인을 마셨다. 와인 이름이나 와이너리 이름을 알려고도 하지 않고 레드와인 드라이는 사페라비요, 세미스위트 와인은 '흐반치카라'로 알고 마셨다. 조지아에 길거리에서 산 몇천 원짜리 와인도 우리나라에서 수만 원이 넘는 와인보다 맛이 좋았다.

특히 시그나기의 레스토랑에서 선보인 하우스 와인들은 아주 인상적이었다. 조상 대대로 내려오는 비법으로 담근 와인들은 하나같이 개성적이고 맛이 좋았다. 대부분의 레스토랑에서는 자신들의 '뽀그립(Погреб, 셀러)'에서 만든 와인에 라벨을 붙여 판매했다. 시그나기의 '골든 라이언'과 '미로니치', 그리고 보드베 사원 앞 카페에서 마신 와인은 특히 좋았다.

조지아 여행을 하는 동안 와인이 좋은 벗이 되어주었다. 울적함과 피곤함을 달래주는 것은 물론, 와인 덕에 낯선 이들과도 즐거운 시간을 가질 수 있었다. 와인 셀러인 뽀그립과 와인 테스팅을 뜻하는 지구스따찌야(Дегустация)는 여행 중 가장 반가운 간판 중의 하나였다. 조지아 와인의 최대 미덕은 '착한 가격'이다. 비싼 빈티지 와인이나 고급 와인이 아닌 이상 30~40라리(한화 2만 원 정도) 정도로 아주 훌륭한 와인을 살 수 있고, 15라리 정도면(6~7천 원) 괜찮은 와인들을 즐길 수 있다.

조지아인들에게 와인은 어떤 의미일까. 한 마디로 와인은 정교와 함께 조지아인을 지탱하는 힘이라고 할 수 있다.

> "조지아인들에게 와인은 힘의 원천이다. 조지아 병사들은 전쟁에 나갈 때에도 포도씨앗을 품고 전쟁터에 나갔다. 전쟁에서 목숨을 잃으면 그 자리에서 포도가 자라났다. 수없이 외세의 침략을 감당해야 했던 조지아인들에게 와인은 바로 힘의 원천이고, 와인을

마시며 외치는 건배는 승리에 대한 기원과 다짐인 것이다.…… 조지아인에게 포도밭은 어머니이고 포도주는 신과 같다. 조지아 사람들에게 와인은 자부심이고 타고난 것이다."

(조지아 알라베르디 수도사의 말, EBS 다큐멘터리 〈세계의 와인〉 중에서)

조지아에서 와인은 일상생활뿐 아니라 종교 생활 및 문화 전반에 녹아들어 있다. 전통적으로 조지아 가정에 있어 와인에 대한 모든 책임과 권한은 남성 가장에게 있었다. 포도를 고르고, 포도수확 시기를 결정하고, 포도주를 통에 옮겨 담는 시기를 결정하는 일 모두 가장의 몫이었다.

공동체에서 맛 좋은 와인을 만드는 사람은 사회 구성원들에게 특별한 존경을 받았고, 이는 조지아의 '타마다' 전통으로 이어졌다. 타마다는 연회(수프라, Supra)를 주관하는 사람으로, 참석자들의 인사말 순서를 정하고 건배자의 순서를 정해 원활하게 연회가 진행될 수 있게 하였다. 타마다의 가장 중요한 역할은 '건배 제의'다. 타마다는 공동체를 대표해 신께 감사를 올리고 공동체를 위한 건배를 제안한다.

서부 쿠타이시 인근의 바니시 유적지에서 발견된 타마다 상은 조지아에서 타마다의 전통이 얼마나 오래되었는지를 보여준다. 전문가들은 이 유물이 청동기 시대인 기원전 7세기경 만들어진 것이라고 말한다. 타마다 상과 연회 장면은 피로스마니의 그림에도 자주 등장하며, 트빌리시와 시그나기에도 커다란 타마다 동상이 세워져 있는 것을 볼 수 있다. 와인 저장고는 집 안에서 가장 신성한 장소였고, 귀한 손님이 방문하면 밀봉된 크베브리를 개봉하여 와인을 대접했다. 지금도 그 전통이 남아 있다.

조지아의 구전 민속이나 민속 음악에도 포도나무와 포도주와

조지아의 구전 문학이나 민속에는 포도나무와 포도주와 관련된 내용이나 어휘가 매우 다양하게 발달해 있다.

관련된 내용들이 많으며, 포도재배와 관련된 어휘도 매우 다양하다. 와인은 조지아 기독교 문화에도 많은 흔적을 남겼다. 조지아 사람들은 포도나무 십자가로 세례를 받았고, 전례에 사용되는 레드와인(제다쉬)은 수도원에서 만든 와인만을 사용하였다. 조지아에서 '생명의 나무'는 곧 포도나무이며, 포도나무는 동시에 성모마리아를 상징한다. 11세기에 만들어진 찬송가 〈주는 포도나무〉(Thou art the vine)는 오늘날까지도 널리 애창되고 있다.

크베브리 와인,
조지아의 전통 양조기법

조지아는 인류의 와인 문명의 발상지다. 조지아의 와인의 역사는 8천 년 전인 기원전 6천 년 전까지 거슬러올라간다. 고대 조지아인들은 '크베브리'라 불리는 전통 항아리를 이용해 와인을 빚었는데, 이러한 조지아의 전통 양조법은 그 독특성과 조지아 사회의 정체성에 기여한 바가 인정되어 2013년에는 유네스코 무형문화유산에 등재된 바 있다.

여행 전에 '크베브리'에 대한 궁금증이 컸다. 유네스코 문화유산에 지정될 정도니 무언가 굉장한 것이리라 생각했다. 그런데 조지아에 와보니 크베브리만큼 흔한 것도 없었다. 레스토랑, 와인숍, 와이너리의 마라니, 수도원 등 어딜 가나 크베브리가 있었다. 깨진 조각부터 온전한 것, 땅속에 묻혀 있는 것, 어른 키보다 큰 것, 물항아리만 한 작은 것, 달항아리처럼 불룩한 것, 계란형, 아가리가 넓은 것과 뾰족한 것까지, 크기와 모양이 다양하기 이를 데 없었다. 한 마디로 조지아에서는 널린 게 크베브리였다.

조지아인들은 인류 최초로 크베브리를 이용해 와인을 만들었다.

크베브리는 와인의 맛을 내는 데 결정적인 역할을 한다. 좋은 와인을 만들기 위해서는 좋은 크베브리가 필수적이다.

조지아인들은 흔히 크베브리를 여성의 자궁에 비유한다. 태아가 자궁 안에서 열 달 동안 양분을 공급받아 신성한 생명체로 태어나듯이, 와인도 일정한 온도가 유지되는 크베브리 안에서 발효와 숙성 과정을 거쳐 빚어진다는 뜻이다.

조지아에서 와인 양조에 토기가 사용된 것은 대략 기원전 6천 년경부터다. 2012년 수도 트빌리시에서 약 50킬로미터 떨어진 크베모 카르틀리주의 슐라베리 산의 신석기 정착지에서 기원전 6천 년 전에 제작된, 포도문양이 들어간 크베브리가 발견되었다(현재 조지아 국립박물관에 전시되어 있다). 이 토기의 바닥에 남아 있던 잔여물에서 와인의 흔적인 타타르산 성분이 검출되었다. 이로써 인류의 와인 문명의 시원은 몇백 년이나 앞당겨졌고, 와인 제조에 토기가 사용되었다는 것이 밝혀졌다. 동시에 조지아가 최초의 와인 문명의 발상지라는 영예를 안게 된 것이다.

조지아에서 발견된 크베브리의 상당수는 초기 혹은 중기 청동기 시대 것들이다. 기원전 3세기 이전까지는 주로 바닥이 편편하고 허리 부분이 넓은 크베브리를 땅에 세워두거나 얕게 묻어 사용했지만, 기원전 3세기부터는 바닥을 좁게 만들어 목 부분까지 땅에 묻어 사용하기 시작했다.

조지아에서는 "좋은 크베브리 만드는 게 집짓기보다 어렵다"고들 말한다. 웬만한 수준의 기술로는 좋은 크베브리를 만들어내지 못한다. 황순원의 소설 〈독 짓는 늙은이〉에서 평생을 독 짓는 일밖에 몰랐던 송 영감에게도 독 짓는 일은 어렵고 힘든 일이었다. 더 좋은 독을 향한 열정과 고집은, 자신이 만든 뒤틀린 독을 모두 깨부수고 스스로 뜨거운 가마 속으로 들어가는 송 영감의 모습으로 투영된다. 조지아에도 분명 '송 영감' 같은 장인들이 있어 크베브리 전통 양조법이 오늘날까지 이어져오는 것일 게다.

크베브리에 문제가 있으면 와인의 맛까지 모두 망쳐버린다. 좋은 와인에는 좋은 크베브리가 전제된다. 그 좋은 크베브리를 만들기 위해서는 무엇보다도 흙이 좋아야 한다. 1천 도가 넘는 고온에서 구워낸 토기에는 미세한 구멍들이 생기며, 그 구멍을 통해 공기가 드나든다. 말하자면 크베브리가 '숨'을 쉬는 것이다. 크베브리가 숨을 쉬어야 비로소 포도와 포도줄기 등 다양한 성분들이 어우러지면서 맛과 향을 내게 되는 것이다. 크베브리가 계란 모양인 것도 와인의 발효와 숙성에 도움을 준다고 한다.

10톤 이상의 대형 크베브리도 많다. "조지아에서는 물에 빠져 죽는 사람보다 와인에 빠져 죽는 사람이 더 많다"는 말은 조지아인들이 얼마나 와인을 좋아하고 많이 마시는지를 우스갯소리처럼 하는 말이지만, 동시에 크베브리가 얼마나 컸었는지를 말해주는 말 같기도 하다. 푸쉬킨의 작품 〈아라즈룸 여행〉에는 "조지아인들은 포도주를 커다란 크베브리에 담아 마라니(Marani, 크베브리 와인 저장고)에서 보관한다. 러시아 병사 하나가 와인이 담긴 크베브리에 빠져 익사했다"라는 구절이 나오는데, 이를 통해서도 크베브리가 얼마나 컸었는지를 짐작할 수 있다.

크베브리가 워낙 크다 보니 과거에는 마을마다 크베브리를 전문적으로 청소해주는 사람들이 있었다. 이들은 크베브리 안에 들어가 청소를 마칠 때까지 큰소리로 노래를 불렀는데, 이는 밖에 있는 동료에게 자신이 무사하다는 것을 알리기 위해서였다. 크베브리 청소할 때 부르는 일종의 '노동요'도 있었다고 한다. 크베브리는 조지아 문학, 그림, 노래 등 다양한 예술 장르에 등장한다. 그만큼 크베브리 와인 전통이 조지아인들의 삶과 밀접하게 연관되었음을 보여주는 것이리라.

우리나라에서 이미 오래전에 옹기나 독 문화가 사라진 것처럼, 조지아에서도 크베브리 문화는 많이 사라졌다. 요즘은 조지아에서도 우리처럼 커다란 플라스틱 통을 더 많이 사용한다. 가격이나 보관, 세척 등 가성비와 편리성에서 플라스틱을 따라올 수 있는 것이 과연 있을까 싶으면서도, 세계 각국에서 약속이라도 한 듯 전통문화가 사라지는 모습이 안타깝기 그지없다. 한번 사라진 것은 나중에 되살리기가 정말 어렵기 때문이다.

조지아의 구리아의 아트사나, 마카투바니, 쉬로샤, 켐로바나와 서부 이메레티 주의 치히로울라, 동부 카헤티 주의 바르디수바니 마을 등 일부 지역에 전통적인 방식으로 크베브리를 굽는 가마소가 남아 있을 뿐이다.

카헤티를 보지 않았다면 조지아 와인을 논하지 말 것

조지아 동부 카헤티 주는 조지아 와인의 '성지'다. 보르도나 브로고뉴가 프랑스 와인을 대표한다면, 조지아 와인을 상징하는 곳은 카헤티다. 조지아의 전통적인 양조방식을 고수하고 있으면서, 조지아 와인의 60퍼센트를 생산하는 곳이다.

프랑스의 보르도 와인 산지가 세 개의 강－지롱드 강, 도르도누 강, 가론 강－을 끼고 발달한 것처럼, 조지아 카헤티 지역의 와인 산지는 알라자니라는 강을 끼고 형성되어 있다. "강이 흐르는 곳에 포도밭이 있다"라는 보르도 지방의 옛 속담은 카헤티에서도 그대로 들어맞는다.

코카서스 산에서 발원하여 카스피 해로 흘러드는 알라자니 강이 카헤티의 포도밭의 젖줄기가 되어준다. 해마다 봄이 되면 코카서스 산의 눈과 얼음이 녹은 빙하수가 유입되면서 알라자니 강이 범람하는데, 빙하수에 풍부한 영양분과 미네랄이 공급되면서 최적의 테루아가 만들어진다. 여기에 흑해의 따스한 바람과 시리아 고원의 햇빛을 받고 자란 조지아 고유 품종인 사페라비와 르카치텔리가 조지아 와인의 고유한 맛을 내는 것이다. 조지아의 18개 PDO(Protected Designation of Origin, 원산지 명칭보호. 일종의 '단체상표') 중 14개– 킨즈마라울리, 쯔난달리, 라파레울리, 텔라비 등–가 모두 알라자니 강 유역에 포진해 있다.

카헤티의 들판은 형언할 수 없는 아름다움과 풍요로움을 간직하고 있다. 가도가도 포도밭밖에 보이지 않는다. 들판을 지나다 보면 처음 느꼈던 신기함과 놀라움은 다 사라지고 경이로움과 침묵만 남는 순간이 온다. 해질녘 산꼭대기에 올라 이제는 폐허더미로 변한 고대 수도원에서 붉게 물들어가는 대지를 바라보고 있노라면, 불현듯 누군가의 부드러운 손길이 느껴지는 순간이 온다. 나는 그것이 자신의 땅을 경작하는 농부의 고단함을 위로하고 수고로움을 치하하는 신의 손길임을 믿어 의심치 않는다.

도로에 트럭들이 길게 늘어서 있었다. 짐칸에는 포도가 잔뜩 실려 있고, 운전기사들은 차에서 내려 삼삼오오 모여서 웅성대고 있었다. 무슨 일이라도 난 것만 같았다.

"저게 뭐예요? 저기 트럭에 실린 게 다 포도예요? 무슨 일이라도 난 건가요?"

궁금증을 견디지 못하고 택시기사에게 물었다.

"저 트럭들은 와이너리에 포도를 납품하려고 차례를 기다리는 중이예요."

와인 공장에 포도를 납품하기 위해 차례를 기다리는 트럭들.

짐칸에 포도를 잔뜩 실은 트럭들이 길게 늘어선 모습에 눈이 휘둥그래졌다. 내 생전 그렇게 많은 포도를, 그것도 상자 포장도 없이 포도송이를 수북이 쌓아놓은 광경은 처음 보았다. 와인 전문 잡지에서나 볼 법한 광경을 실제로 보다니, 운이 좋았다. 상자나 통도 없이 쌓아실은 포도송이들이 그대로 흘러내릴 것만 같았다. 몇일 동안 카헤티를 헤집고다니는 동안에도 포도를 수확하는 모습을 보지 못한 것이 이상하기만 했다.

잠시 차를 세우고 포도 트럭을 카메라에 담았다. 일상처럼 흔한 풍경을 미친 듯이 사진을 찍어대는 내가 별스러워 보였던지, 멀찍이 서 있던 농부 서너 명이 나에게 다가왔다.

"이런 건 뭐하러 찍어요?"

"전 이렇게 많은 포도 처음 봐요. 진짜 놀랐어요."

농부 한 명이 웃으며 내게 포도송이를 내밀었다. 러시아어로 고맙다고 인사를 하고 포도알을 몇 개 따서 입에 넣었다. 거짓말 하나 없이 세상에 태어나서 그렇게 당도가 높은 포도는 처음이었다. 순식간에 포도 한 송이를 다 먹었다. 와인용 포도가 당도가 높다는 건 알고 있었지만 이 정도일 줄이야. 내가 맛본 포도는 르카치텔리라는, 카헤티 지역의 화이트와인을 만드는 품종이었다. 책에서만 보던 르카치텔리를 와인 제조장으로 들어가기 일보 직전에 맛을 보다니……. 현지에 오지 않으면 할 수 없는 특별한 경험이었다.

농부는 가면서 먹으라며 검정색 비닐봉지가 불룩할 정도로 포도를 담아주었다. 순간 코끝이 찡해졌다. 한번 포도를 싣고 오면 차례가 올 때까지 도로에서 며칠씩 기다리는 경우도 많다고 한다. 도로변에 '텔라비 와인셀러'라는 표지판이 보였다. 조지아 10대 와인 회사 중 하나였다.

내게 포도를 건네며 웃던 농부의 얼굴이 떠오른다. 언제든지

트럭에서 차례를 기다리던 농부가 나에게 포도를 건네고 있다.

타인에게 친절을 베풀 준비가 되어 있는 선한 얼굴들. 조지아인들은 참 여러가지 생각을 하게 만든다. 그들의 선함은 어디서 오는 것일까가 늘 수수께끼다. 시골의 농부라서? 가난해서? 그것도 아니다. 한 가지 분명한 점은 조지아를 여행할 때에는 언제 어디서든 생각지도 못한 친절에 놀라지 말아야 한다는 것이다. 그렇지 않으면 갑자기 눈물을 흘리게 될지도 모르므로. 하나 더, 그들의 친절을 의심하지 말라는 것이다. 무릎 위에 올려놓은 포도송이는 차를 타고오는 내내 풍요로운 카헤티의 드넓은 들판을 닮은 조지아 농민의 따스함을 느끼게 했다.

굴곡진 조지아 역사와 닮은 조지아 와인의 역사와 미래

조지아의 와인 양조기술은 4세기 기독교 전래 이후 수도원을 중심으로 발전해왔다. 수도원에서는 보통 미사에 쓸 와인을 대량으로 만들었다. 네크레시 수도원에는 200평방미터 규모의 마라니와 한번에 10톤의 포도를 압착할 수 있는 대형 압착기가 다섯 대나 있었다고 한다. 이칼토 수도원과 알라베르디 수도원, 쿠타이시의 겔라티 수도원, 바르지아 수도원도 마찬가지다. 네크레시와 이칼토, 알라베르디, 그레미 등 조지아의 유서 깊은 수도원이나 성에는 지금도 마라니와 뽀그립(와인셀러), '사츠니헬리'라는 대형 압착기가 남아 있다.

조지아에서는 전통적으로 크베브리 와인 양조법으로 와인을 만들어왔다. 지역마다 조금씩 차이가 있으나 모두 크베브리에서 숙성시킨다. 카헤티에서는 사츠니헬리에서 압착한 포도즙과 차차(포도껍질, 포도줄기, 씨앗)를 섞은 혼합물을 크베브리의 85퍼센트 정도 채운 후 목 부분만 남기고 땅 속에 묻고 밀봉한 후 5~6개월 동안 발효시킨다. 서부 이메레티에서는 압착기로 짠 포도즙과 차차 2.6%를 함께 크베브리에 넣은 뒤 1~2개월 발효시킨 후 11월에 차차를 제거하고 크베브리를 밀봉한 후 봄까지 숙성시킨다. 흑해 및 라차-레치후미 지역에서는 으깬 포도를 프레스에 넣은 채 4~5일 동안 그대로 두었다가 발효 중인 포도즙을 크베브리에 부어 계속 발효시키고 봄까지 숙성시킨다.

땅속에 묻은 크베브리는 14도 정도의 일정한 온도가 유지되어 발효와 숙성을 위한 최적의 조건이 된다. 크베브리 안에서 혼합물들은 서로 부딪히면서 떫은맛을 내기 시작하고 포도줄기에 함유된 다양한 성분과 어우러지면서 맛과 색을 내기 시작한다. 차차는 밑으로 가라앉고 휘발성, 비휘발성 성분에 의해 와인이 숙성되기 시작하고 비휘발성 물질이 추출되면서 와인이 제맛을 내기 시작하는 것이다.

이렇게 만들어진 크베브리 와인은 호박색을 띠면서 독특한 향과 깊은 맛을 낸다. 유럽에서는 오렌지 와인이라고도 부른다. 조지아 사람들은 크베브리 와인을 결혼식과 같은 가족행사 날에 개봉하여 가족과 이웃이 함께 나눠마시거나, 귀한 손님이 오면 새로 크베브리를 개봉하여 대접하였다. 잘 만들어진 크베브리 와인은 100년까지도 보관이 가능하다고 한다.

“여기 이 나무들은 모두 품종이 다른 나무들이에요.”

“정말요? 제 눈에는 다 똑같이 보여요.”

대형 압착기(사츠니헬리)

“여기 심어져 있는 포도 품종만 해도 50여 종이 넘어요. 우리는 새로운 와인을 개발하고 더 훌륭한 와인을 만들려고 정말 많이 노력한답니다.”

알라베르디 수도원에서 만난 수도사의 말이다.

전 세계적으로 와인 제조에 사용되는 포도 품종은 약 1만 종에 달한다고 한다. 그런데 알고 보면 이 포도 품종들은 코카서스가 원산지인 유라시아 품종을 작물화해서 야생품종과 반복적인 교배를 통해서 얻은 결과라고 하니, 조지아가 와인 종주국으로서의 자부심을 가질 만하다.

현재 조지아에서 재배되는 와인 제조용 포도품종은 525종에 달한다. 실제로 사용되는 품종은 제한적이지만 조지아 와인이 지닌 다양한 스펙트럼과 무한한 잠재력을 엿볼 수 있는 대목이다. 지역의 기후와 토양, 습기, 햇빛 등 자연환경에 따라 재배되는 포도 품종이 전부 다르다. 포도 품종의 다양성은 와인의 다양성으로 나타난다. 포도가 먹고 자란 흙, 습기, 햇빛 등 '떼루아르'가 고스란히 와인에도 담기게 되는 것이다.

알렉산드르 차프차바제 박물관
— 조지아 최초의 병입 와인의 탄생

차프차바제 집안은 19세기 말 카르틀리 카헤티 지역의 최고 귀족 집안이었다. 다수의 외교관, 군인, 정치가들을 배출한 명문가로, 아버지 가르세반 차프차바제는 18년간(1783~1801) 러시아 페테르부르크에 설치된 조지아 전권대사의 상임대표를 지냈으며, 1783년 조지아와 러시아의 합병을 내용으로 하는 게오르기 조약 체결 당시 조지아 대표 자격으로 협정에 서명했다.

가르세반의 장남 알렉산드르 차프차바제는 1786년 러시아의 수도 페테르부르크에서 태어났다. 그의 대모(代母)는 러시아 여제 에카테리나 2세였다. 페테르부르크에서 자라면서 자연스럽게 서구 유럽 문명과 자유주의 사상에 경도되었던 알렉산드르는 조지아의 독립을 위해 1804년 조지아의 왕자들과 함께 반(反)러시아 반란에 가담했다가 체포되어 탐보프로 3년 유배형을 떠났다. 이 사건으로 인해 트빌리시에서 근무 중이던 그의 아버지 가르세반은 페테르부르크로 소환되었고, 결국 그곳에서 사망해 알렉

알렉산드르 차프차바제 박물관. 카헤티 지방의 최고 명문가 출신인 알렉산드르 차프차바제 공은 조국 조지아와 조지아 와인의 근대화를 위해 지대한 공헌을 한 개혁주의 성향의 계몽주의자이다.

산드르 네프스키 수도원에 묻혔다.

1832년 카헤티에서 바그라티온 왕조의 복위를 꾀하는 반란이 일어났다. 러시아 정부는 진압군 지휘관으로 알렉산드르 차프차바제를 파견하였는데, 러시아 정부가 그의 반러시아적 성향과 과거 행적에도 불구하고 주민들을 설득할 수 있는 적임자로 보았기 때문이다. 실제로 차프차바제 집안은 카헤티 주민들뿐만 아니라 조지아 왕가와 귀족들 및 러시아 사이에서도 신망이 두터웠다.

개혁적이고 민족주의적인 성향의 알렉산드르는 자신이 직접 목격한 유럽 사회야말로 낙후된 식민지 고국 조지아가 지향해야 할 미래로 보았다. 그는 자신이 '유럽으로 향하는 다리', '유럽과 조지아를 연결하는 다리'가 될 수 있을 것으로 믿었다. 카헤티 영지로 돌아온 그는 유럽식 발코니와 정원, 살롱 등을 만드는 등 집을 모두 유럽식으로 개조하고 러시아와 조지아의 상류층 인사들을 초대해 정치 현안을 비롯한 역사, 문화, 문학 등을 주제로 논의하였다.

당시 그의 집을 드나들던 러시아 문인들 중에는 푸쉬킨, 레르몬토프, 알렉산더 뒤마, A. 그리보예도프도 있었다. 러시아 귀족 출신으로 시인이자 극작가였던 그리보예도프는 후에 알렉산드르의 딸 니나 차프차바제와 결혼했다. 그리보예도프는 주로 농노제 사회의 러시아 상류계급에 대한 신랄한 비판과 풍자가 담긴 작품을 썼다. 차쯔카의 독백을 통해 자신의 사상을 표현하고 있는 작품 〈지혜의 슬픔〉은 러시아에서 상연 금지가 되기도 했다. 1858년 외국에서 처음 출판되었고, 러시아에서는 1862년 처음 출판되었다. 러시아 최초의 사실주의 극작가였던 그는 페르시아 공사로 재직 중 반러시아 세력이 일으킨 폭동으로 사망했다.

알렉산드르는 낭만주의적 성격의 시를 직접 쓰기도 하고, 번역도 했다. 볼테르와 라신을 조지아에 처음 소개하였고, 푸쉬킨을 조지아어로 번역하여 소개하기도 했다. 조지아 민요를 접목

알렉산드르 차프차바제 동상

시킨 그의 시는 러시아에서도 인기가 있었다. 알렉산드르는 무지한 백성들의 계몽 운동을 통한 조지아의 개혁을 시도했지만, 성공하지는 못했다. 식민지라는 압제와 굴레를 벗어나지 않고서는 그 어떤 낭만적 자유주의 운동도 조지아에 진정한 해방이나 자유를 안겨주지 못했음을 이후의 조지아 역사가 보여주고 있는 것이다.

빵과 자유가 필요한 민중에게 음악과 문화와 와인은 너무 거리가 멀었던 듯하다. 때문에 박물관으로 개방되고 있는 차프차바제의 '유럽식 대저택'과 영지가 무척이나 아름다웠음에도 특별한 커다란 감흥이 일어나지 않았다. 연회장, 침실, 응접실과 아름다운 정원은 카헤티 현실과 동떨어진 꿈을 꾸었던 차프차바제 공의 꿈처럼 허망해 보였다.

한편 알렉산드르는 카헤티의 와인 역사에서 한 획을 그은 인물이기도 한데, 처음으로 유럽식 와인 제조법을 소개하고 조지아 최초로 병입 와인을 출시했다. 와인의 병입은 매우 중요한 사건이다. 와인의 병입으로 카헤티 와인을 다른 지역으로 판매하는 것이 훨씬 용이해졌다. 오늘날 명성이 자자한 '찌난달리' 와인이 바로 이곳에서 탄생하였다.

말년에 알렉산드르는 전염병 예방, 우편시스템 개선과 같은 행정업무에 전념하였으나 마차바퀴에 깔리는 불의의 사고로 사망했다. 그가 죽은 후 영지와 저택은 외아들 다비드 차프차바제(1817~1884)에게 상속되었지만, 재정 악화로 결국 러시아 황실에

팔렸다. 소비에트 정권에 의해 황실의 여름별장과 와이너리는 국유화되었다가 1946년 8월 1일 박물관으로 개관되었다.

지하에 있는 와인바에서 'Alekcandr Chavchavadze Estate No.1' 라벨이 붙은 오리지널 찌난달리 와인을 만날 수 있다.

조지아 최초의 병입 와인 쯔난달리 NO.1

킨즈마라울리, 스탈린이 사랑한 와인

크바렐리 서쪽에 위치한 '킨즈마라울리 코퍼레이션'은 동일한 이름의 PDO에서 재배한 사페라비 품종으로 만든 세미스위트 와인인 킨즈마라울리 와인으로 유명한 회사다. 킨즈마라울리는 스탈린이 사랑한 와인으로도 유명하다. 물론 스탈린이 킨즈마라울리만 즐긴 건 아니다.

알라자니 강과 두루지 강의 합류 지점에 위치한 약 300헥타르 규모의 킨즈마라울리 PDO에서는 약 40여 종의 품종이 재배되는데, 수확량이 많지 않아 킨즈마라울리 와인 생산량도 매우 제한적이다. 킨즈마라울리 PDO 와인은 1942년부터 출시되기 시작했다. 이 와인은 조지아의 전통 크베브리 양조법에 따라 크베브리에서 카헤티 방식으로 제조된다.

킨즈마라울리의 역사는 1533년까지 거슬러 올라간다. 16세기 초 카헤티의 레반 왕이 건설한 크바렐리 요새 안에 있던 왕실 전용 '로열 와인셀러'가 모태가 되었다. 레반의 뒤를 이어 에라클리 2세가 왕위에 오른 뒤에는 '에라클리 와인셀러'로 불렸다. 조지아의 독립 이후 1918~1921년 로열 와인셀러를 모태로 한 크바렐리 와인셀러가 문을 열었다가, 1921년 소비에트 정권에 의해 폐쇄, 1990년대 이후 지금의 창립자들에 의해 새로이 문을 열었다.

어찌 보면 조지아 와인의 역사가 곧 조지아의 역사라고 할 수 있다. 조지아 역사의 모든 질곡이 그대로 조지아 와인의 역사에 투영되었다. 잦은 외세의 침략으로 조지아의 와인 산업도 황폐화되었는데, 특히 13세기 몽고의 침략은 조지아의 포도주 산업에 치명적이었다. 16세기 들어 겨우 와인 산업이 재개되기 시작해 와인너리가 새로 문을 열고, 이웃 국가들과의 교역도 재개되었다. 불누리, 호르나부줄리, 콘돌루리, 아테누리, 가바주리 등의 와인 이름이 이 시기에 등장하였다.

1801년 러시아에 합병된 이후 조지아 와인 산업은 다른 유럽 나라들에 비해 한참 낙후되었다. 1830년대 말 알렉산드르 차프차바제와 러시아 총독 미헤일 보론쪼이(Mikheilvorontsoy)의 노력으로 유럽식 와인 저장고가 세워지고 품종개발이 이루어지면서 와인제조 기술도 향상되는 등 겨우 유럽의 와인 수준을 따라잡을 수 있었다.

그러나 20세기 소비에트 체제 하에서 조지아의 와인 산업은 또다시 위축되었다. 소비에트 주류독점회사 '삼트레스트'가 개인들의 와이너리를 국유화하고 와인 산업을 통제하면서, 다양했던 조지아의 고유 포도품종들이 사라졌고 포도주의 맛도 다양성

킨즈마라울리 와인 회사

을 잃었다.

소비에트 정권의 주류 정책은 조지아 와인 산업에 치명적이었다. 소비에트 정권은 와인의 고유한 맛과 품질보다는 대량생산이 가능한 16개 품종만 사용하도록 제한했다. 그 결과 조지아 와인은 맛의 다양성과 개성을 잃어버리게 되었다. 찌난달리, 텔리아니, 구르자니 같은 고유 명칭 대신 '와인 1', '와인 2', '와인 3' 등과 같이 번호로 와인을 지칭했다. 결과적으로 조지아 와인의 개성은 완전히 말살되어 국제 와인 시장에서도 주목을 받지 못하게 된다. 1985년 제정된 「주류법(Dry)」으로 조지아 와인 산업은 위기에 처하게 되었고, 그 위기는 1990년대까지 이어졌다.

1993~1997년 GWS(Georgian Wines and Spirits), 텔리아니 밸리(Teliani Valley), 트빌비노(Tbilvino), 텔라비 와인셀러(Telavi Wine Cellar)와 같은 현대적인 와인 제조사들이 생겨나면서 조지아 와인의 새로운 역사가 시작되었다. 최근에는 소규모 와인 회사들이 속속 생겨나고 지속적인 포도품종 개량과 오가닉·바이오 생산방식의 도입을 통해 품질 향상과 다양성을 확보하면서 성공적으로 세계 시장을 공략하고 있다.

6. 고리

Gori

고리 가는 길

므츠헤타에서 고리로 향하는 풍경은 무척이나 단조로웠다. 나무 한 그루 없는 민둥산들이 계속 이어지는 풍경은 무미건조함을 넘어 삭막했다. 하늘은 줄곧 흐리더니, 내가 고리에 도착할 즈음에는 드디어 비를 퍼붓기 시작했다. 비 내리는 고리는 한없이 음울해 보였다.

비도 피하고 늦은 점심도 해결할 겸, 터미널 앞 가장 깔끔해 보이는 식당으로 들어섰다. 통창과 유럽식 인테리어가 산뜻했다. 밥때가 훨씬 지난 시각인데도 식당 안에는 제법 사람들이 많았다. 대낮인데도 포도주와 코냑까지 마시는 사람들도 보였고, 창가에 앉은 진지한 표정의 두 남녀, 엄마와 아이…… 흔하게 볼 수 있는 식당 모습이었다.

조지아 현지 음식과 유럽 음식, 코카콜라와 피자까지 모두 가능했다. 피자와 콜라를 주문했다. 여기까지 와서도 피자와 콜라라니! 픽, 하고 웃음이 나왔다. 조지아식 만두인 힌칼리보다는 비오는 날의 우중충함을 이겨낼 음식이 필요했다. 식사를 마치고 박물관을 관람하는 동안 캐리어를 맡아줄 수 있는지 물으니, 흔쾌히 수락해주었다. 귀찮아하는 기색도 없이 단번에 그 큰 캐리어를 맡아주다니. 없어지면 책임 안 진다는 말도 없이 말이다. 그들에게는 너무도 당연한 친절인데도 가끔은 송구스러워지는 것은 왜일까. 그만큼 내가 살았던 곳이 더이상 타인에게 친절하지 않은 곳이라는 얘기일까.

고리는 해발 870미터, 쿠라 강과 라아흐비 강이 만나는 곳에 세워진 도시다. 트빌리시에서 약 90킬로미터, 남오세티아의 도시 츠한발리에서는 30킬로미터 정도 떨어져 있다. 고리는 독재와 숙청으로 악명 높은 소련 공산당 서기장 스탈린의 고향이다.

많은 여행객들이 그의 생가와 박물관을 찾아 이곳으로 온다. 고리는 초기 청동기시대부터 사람들이 집단 거주했던 지역이다. 기원전 3천 년 전으로 추정되는 고대 정착지와 쿠라아락시 문화를 보여주는 세라믹 그릇들이 이 지역에서 발견되었다. 1946년에는 고리 요새의 북벽에서 기원전 1세기부터 초기 역사 시대에 해당하는 고대의 지층과 두께가 얇은 크베브리와 붉은색 타일 및 구운 적색토로 만든 토기조각들이 발견되었다. 그보다 앞서 고리 성의 동쪽에서도 같은 시기의 토기 조각, 동전, 팔찌, 기타 장식품들이 발견된 바 있다.

고리는 7세기부터 조지아 연대기에 '톤티오'라는 이름으로 등장한다. 12세기에는 다비드 4세(이른바 '건설왕')가 셀주크투르크족에 점령당했던 카르틀리 지역을 회복하면서 군대를 보강하고 아르메니아인들을 정착시켰다. 이때부터 고리는 조지아의 영토가 되었다. 그후 끊임없이 외부세력의 침략과 지배를 받아오다가 1801년 러시아에 합병되고 말았다. 1920년 2월 대지진으로 완전히 폐허가 된 고리는 2008년 러시아군의 폭격으로 또다시 파괴되는 아픔을 겪었다. 당시 러시아군의 폭격으로 20명 이상이 사망했고, 수많은 이들이 도시를 떠났다. 당시의 상흔이 지금도 도시 여기저기 남아 있다.

고리스치헤(고리 성)

고리 성, 스탈린 박물관 등 고리 시의 유적지들은 모두 터미널에서 멀지 않은 곳에 있었다. 고리스치헤 아래에는 기괴한 대형 조각상들이 설치되어 있다. 조각상들은 회의 장면을 연상케하듯

고리성 아래 조성된 조각상들. 1920년 고리 대지진 희생자들을 추모하기 위해 설치되었다.

둥글게 설치되어 있는데, 양끝에 두 개, 좌우로 세 개의 조각상들이 서로 마주보고 서 있다. 조각상들은 모두 여덟 개인데 하나같이 기괴한 형상을 하고 있다. 팔다리가 잘린 것, 머리나 몸통이 반쪽만 남은 것, 목이 잘려 머리가 없는 것…… 보고 있자니 마음이 편치 않았다. 이 설치물은 1920년 '고리 대지진'으로 희생당한 사람들을 기리기 위해 설치되었다. 하지만 비극의 참혹함을 너무도 직설적으로 표현하고 있어 오히려 희생자를 애도하는 것을 방해했다. 작가의 의도와는 전혀 다른 감정을 유발하는 '예술작품'들을 보면 '예술의 이름으로 가해지는 폭력'이란 생각이 들 때가 있다.

위 고리 성에서 조지아 국기가 펄럭이고 있었다. 짙은 먹구름

이 깔린 하늘과 회색빛 성벽이 한없이 음침해 보였다. 마치 피 튀기는 전투가 끝난 후 언제 다시 전투가 벌어질지 알 수 없는 불안한 정적이 감도는 듯했다. 성 안에는 수습하지 못한 병사들의 시체가 널브러져 있을 것만 같았다. 방금전에 보고 올라온 그 조각상들처럼 말이다. 성을 향해 채 열 걸음도 오르지 않았는데 굵은 빗방울이 떨어지기 시작했다. 망설임 없이 발길을 돌렸다.

스탈린 박물관, 고리 시를 먹여살리는 스탈린

이오세프 스탈린만큼 부정적인 평가와 긍정적인 평가가 엇갈리는 정치인이 있었던가. 많은 조지아인들에게 그는 여전히 영웅이자 자랑이다. 고리 시 한복판에 여전히 그의 박물관이 남아 있는 것만 보아도 알 수 있다.

1953년 스탈린이 사망하자 고리 시는 1951년 개관한 지리역사박물관을 스탈린 기념관으로 개조했고, 1957년에는 이를 아예 스탈린에게 헌정했다. 조지아의 독립운동이 거셌던 1989년 박물관은 잠시 폐쇄되었다가 다시 개관하였다.

"스탈린을 좋아하세요?"

택시기사에게 물었다. 러시아어가 서투른 그는 천천히 그러나 분명하게 말했다.

"그럼요. 나는 스탈린이 마음에 들어요. 그는 강한 사람이에요."

스탈린 박물관과 스탈린의 생가

스탈린의 데드마스크

사람들은 '그가 강하기 때문에 좋다'고 한다. 믿기 어렵지만 사실이다. 현재의 삶이 고달플수록 과거의 독재자를 그리워하는 경향이 크다는 점은 참 아이러니하다. 그의 손에 의해 이유 없이 죽어간 이들에 대해서는 애써 눈을 감거나 '공이 있으면 과도 있는 법'이라며 감싼다. 우리나라나 조지아나 어쩌면 이리도 똑같은지 경악스러울 뿐이다.

박물관 뜰에는 스탈린이 애용했던 초록색 전용 기차 한 량이 전시되어 있었다. 스탈린은 비행기 타는 것을 꺼려해서 장거리 여행에는 늘 전용 기차를 이용했다. 전용 기차는 방탄장치는 물론이고 내부에 회의실과 욕실까지 갖추고 있다. 스탈린은 이 기차를 타고 1945년 얄타 회담과 테헤란 회담에 참석했다.

박물관 입구에는 콧수염을 기르고 한쪽 바지주머니에 손을 넣고 있는 모습의 스탈린 동상이 서 있다. 모스크바에서 레닌의 동상이 밧줄에 목이 매여 바닥에 내동댕이쳐진 지 30년도 더 지난 지금, 스탈린의 동상은 무척이나 생뚱맞았다. 이건 분명 시대의 역행이다. 하지만 또다른 면에서는 '역사의 현장'이기도 하다. '그것도 우리의 역사인데……'라며 끌려내려온 레닌의 동상을 안타까워했던 러시아인이 떠올랐다. 제 나라를 팔아먹은 자들과 학살을 자행한 독재자들의 동상들…… 지금 유럽에서는 콜럼버스의 동상도 끌려내려와 내동댕이쳐지고 있는 중이다. 애초부터 한 인간을 우상화하는 동상을 세울 필요가 있는 것인가 의구심이 든다.

스탈린 동상은 2010년까지는 고리 시청사 광장에 세워져 있었다. 동상 철거가 결정되었고 철거작업은 경찰들의 삼엄한 경비하에 극비작전을 수행하듯 한밤중에 이루어졌다. 사람들의 반발을 염려했던 탓일 게다.

네오스탈린 양식의 2층 건물은 이집트 파라오의 무덤인 피라미드처럼 으스스하고 음울한 느낌을 풍겼다. 파라오가 피라미드

스탈린 박물관에 있는 스탈린 동상

스탈린의 집무실

에서 편안한 영면을 취하지 못하고 구경거리로 전락한 것처럼, 스탈린도 이곳에서 끊임없이 소환되고 있다. 스탈린 동상의 실물을 보는 것은 이번이 처음이었는데, 마치 수도 없이 봐왔던 것 같은 기시감이 들었다.

스탈린 사후 소련과 이웃의 동구 국가들에서는 '스탈린 격하' 운동이 거세게 일었고, 그의 무덤을 비롯해 모든 동상들과 유품들은 신속하게 철거되었다. 모스크바 붉은광장에 레닌의 영묘와 나란히 조성되었던 무덤은 해체되었고, 방부처리 되었던 시신은 화장되어 크레믈린 벽 납골당에 묻혔다. 그렇게 세상에서 모두 지워진 줄 알았던 스탈린의 흔적이 조지아 고리에는 망령처럼 살아 있었다. 고향은 돌아온 탕자를 품는 부모처럼 독재자도 품어안는 곳인가보다.

90년대초 러시아에서 보았던 칙칙한 제복 차림의 안내원들과 수화물 보관소 직원들이 스탈린 박물관에도 있었다. 높은 천장과 그것을 굳건히 받치고 있는 석조 기둥들, 돌계단에 깔린 붉은색 양탄자가 권위적이고 위압적이었던 소비에트 정권과 막강한 권력을 휘둘렀던 스탈린을 고스란히 연상시켰다. 1층과 2층 계단참에 손님 영접이라도 하러 나온 듯 또다른 동상들이 있었다.

6개의 전시홀에는 4만 7천여 점의 스탈린 관련 물품들과 자료들이 전시되어 있다. 스탈린의 어린 시절과 혁명가로 활동했던 시기의 자료들, 젊은 시절 지은 시(詩) 작품들과 개인편지들, 조지아에서의 혁명 활동, 일곱 차례의 체포 사건과 시베리아 유형,

1917년 혁명, 1924년 레닌의 사망 등 중요한 사건과 관련된 자료들이 시기별, 사건별로 총망라되어 있다.

생일 선물을 비롯해 외국 정상들이나 사절들이 보낸 선물들, 스탈린의 대형 초상화와 각종 사진들, 편지, 신문기사, 각종 명령서, 정부 공문서 등 흥미로운 자료들이 많았다. 2차 세계대전 당시 전시작전을 지휘했던 크렘린 집무실도 그대로 재현해놓았다. 책상 위에는 생전에 그가 애용하던 파이프와 시가, 컵 같은 것들이 올려져 있고, 옷걸이에는 그가 입었던 외투가 그대로 걸려 있다. 금방이라도 스탈린이 저벅저벅 걸어들어올 것만 같다. 스탈린 박물관에서 스탈린은 여전히 살아 숨쉬고 있었다.

"그녀가 죽었을 때 나의 심장도 같이 죽었소"

스탈린은 1878년 12월 18일 구두 수선공 아버지와 재봉사 어머니 사이에서 셋째아들로 태어났다. 어린 시절 술 취한 아버지에게 폭행을 당하고, 키도 작고 못생겼다고 친구들에게 놀림을 당했다. 학비를 못 내 퇴학당할 정도로 그의 집은 가난했다. 그런 그가 어떻게 세계 최고의 권력자가 될 수 있었을까.

젊은 시절에는 시를 짓고 신학자가 되고자 했던 문학청년 스탈린. 혁명자금을 마련하기 위해 티플리스 중앙은행의 현금수송마차를 터는 은행강도짓도 서슴지 않았고, 일곱 번이나 시베리아로 추방당하면서도 혁명운동을 포기하지 않았던 열혈혁명가 스탈린. 소련을 전제주의와 봉건적 잔재가 가득한 후진농업국에서 강력한 군사력을 갖춘 중공업국가로 발전시킨 지도자 스탈린. 2차대전을 연합군의 승리로 이끌었던 스탈린. 그 모든 영광스런 수사에도 불구하고 오늘날 스탈린은 '굴락(강제노동수용소)'과 '숙청', '개인숭배', '소수민족 억압' 등으로 요약되는 잔악한 독재자로만 기억된다. 스탈린으로서는 억울할 수도 있겠다.

스탈린이 자신의 유일한 딸 스베틀라나와 함께 웃으며 찍은 사진이 시선을 끌었다. 설사 선전용 사진일지라도 사랑하는 딸을 안고 환히 웃는 사진 속 스탈린은 평범한 아버지일 뿐이었다.

냉혈한 스탈린에게도 지극히 사랑했던 여인이 있었다. 스탈린은 서른살 무렵 만난 예카테리나와 한순간에 사랑에 빠져 한 달 만인 1908년 12월에 비밀결혼식을 올렸다. 그러나 두 사람의 행복은 오래가지 못했다. 결혼한 지 16개월 만에 예카테리나가 첫

스탈린과 그의 외동딸 나쟈

아들 야코프를 낳고 발진티푸스에 걸려 세상을 떠난 것이다. 스탈린은 이때 장례식장에서 아내와 함께 묻어달라며 울부짖다 기절까지 했다고 한다. 후에 스탈린은 술에 취하면 종종 아픈 아내를 돌보지 못한 자신을 자책했다고 한다. "까쨔는 내 심장과도 같은 사람이었소. 그녀가 죽었을 때 나도 함께 죽은 거요"라며.

스탈린과 장남 야코프는 별로 사이가 좋지 않았다. 스탈린은 야코프 때문에 아내가 죽었다고 생각해서 별로 정을 주지 않았다. 말이 없고 소심했던 야코프는 자살 시도까지 하지만, 스탈린은 그것도 제대로 못한다며 아들을 비웃었다고 한다. 야코프는 2차대전 당시 독일군 포로로 잡혀가 독일에서 사망했다. 일설에는 아들 야코프와 독일군 장교를 교환하자는 제안을 스탈린이 거절했다고 한다.

스탈린은 자신의 비서였던 나제쥐다와 재혼을 했지만, 두 번째 결혼생활도 불행하게 막을 내렸다. 나제쥐다는 자살로 생을 마감했고, 나쟈와의 사이에 난 둘째아들 바실리는 스탈린 사후 모스크바에서 추방되어 얄타의 한 요양원에서 알코올 중독으로 사망했다. 막내이자 외동딸인 스베틀라나는 사랑하는 남자와의 결혼을 스탈린이 반대하자 아버지와 사이가 틀어져 결국 외국으로 망명해 떠돌다가 외국에서 사망했다.

스탈린은 첫째 부인 까쨔에 대한 미안함으로 자식들과의 관계까지 모두 망쳐버렸던 것일까. 반대로 비참한 가족사가 스탈린을 궁지로 몰아넣은 것일까. 알 수 없다. 시를 쓰고 성직자를 꿈꾸었던 한 청년은 왜 독재자, 살인자가 되었을까. 우리나라의 현대사에서도 이와 유사한 사례가 있다. 불행한 말로까지 꼭 닮았다. 모든 독재자들의 말로가 유사하다는 사실은 무척이나 흥미롭다.

스탈린의 죽음은 어땠을까. 스탈린의 공식적인 사망 날짜는 1953년 3월 5일이다. 그러나 사망 시각을 포함해 그의 죽음에는 여전히 풀리지 않은 미스터리가 많다. 2017년 개봉된 영화 〈스탈린은 죽었다〉(The death of Stalin)는 스탈린의 사망과 사후 이틀 동안 생전 최측근들 간의 크렘린의 권력을 차지하기 위한 암투를 리얼하면서도 풍자적으로 그리고 있다.

영면에 든 스탈린

그날 정치국원들과 식사를 마치고 숙소로 돌아간 스탈린이 갑작스럽게 뇌졸중 발작으로 쓰러진다. 그러나 그 다음날까지도 아무도 스탈린이 쓰러진 것을 모른다. 스탈린은 다음날 늦은 오후가 되어서야 경호원들에 의해 발견된다. 연락을 받고 모여든 정치국원들은 쓰러져 누워있는 스탈린을 보고 기겁을 하고, 스탈린이 몸에서 나온 배설물을 보고 혐오스런 표정을 짓거나, 혹시 배설물이 신발에 묻지 않을까, 새로 맞춘 바지가 더러워지지 않을까 전전긍긍할 뿐, 누구 하나 스탈린을 진심으로 걱정하는 사람이 없다. 심지어 나중에 스탈린의 죽음에 대해 책임을 지게 될까 봐 몇 시간의 논의 끝에 의사를 부른다. 그때 이미 스탈린은 골든타임을 놓친 것이다. 더 웃긴 건, 제대로 된 의사는 스탈린이 다 숙청해버려서 더이상 부를 만한 의사가 없다고 탄식하는 장면이다.

영국, 프랑스, 베를린 등 3개국의 합작품인 이 영화는 지나치게 풍자적이고 불경스럽게 스탈린의 죽음을 다루고 있다는 이유로 러시아에서는 상영이 금지되었다. 스탈린의 죽음은 여전히 장막에 가려져 있다. 어쩌면 삶의 비밀스러운 부분과 죽음의 미스터리가 그를 끊임없이 역사의 전면으로 소환하고 무덤에서 끌어내는 건 아닌지 모르겠다.

우플리스치헤, 코카서스 최초의 집단 거주지

우플리스치헤로 가는 버스가 없어 택시를 탔는데 택시기사가 러시아어는 물론 영어도 하지 못하는 통에 소통에 조금 애를 먹었다. 고리 시내를 빠져나와 약 20분 정도 달려 우플리스치헤에 도착했다.

'주님의 요새'라는 뜻을 지닌 우플리스치헤는 놀랍고도 신비로운 곳이다. 바위를 잘라 건설한 암석(동굴) 도시는 어떤 곳일까. 잘 상상이 되지 않았다. 멀리서부터 바위산이 보였다.

바위 위로 오를수록 몸을 가누기 힘들 정도로 바람이 불어댔다. 중간쯤 올라서 아래를 내려다보니 절벽 아래로 강물이 흐르는 것이 보였다. 므츠헤타에서 합류한 쿠라 강과 아라그비 강이 합쳐진 물줄기다. 사방이 황량한 들판과 구릉 그리고 바위산으로 둘러싸여 있다. 바위 아래는 아득한 절벽이고, 절벽 아래로 거센 강물이 흘렀다. 한 발짝만 헛디뎌도 그대로 절벽 아래로 떨어져 가루가 될 것만 같았다. 허공에 매달려 있는 것만 같고, 아찔

완벽한 요새 도시였던 우플리스치헤. 지금은 모두 파괴되고 타마라의 방과 와인저장고 등만 남아 있다.

고리

한 현기증이 일었다.

우플리스치헤는 기원전 10세기 무렵 고대 조지아의 혈거인들이 거주했던 곳으로, 코카서스 지역에서 가장 오래된 집단 정착지였다. 기원전 6세기에서 서기 1세기까지 카르틀리 왕국의 정치종교적 중심지였으며, 주민들은 태양신을 숭배하는 조로아스터 교도들이었다. 4세기 기독교가 전래된 이후에도 조로아스터교 전통은 오랫동안 지속되었다.

우플리스치헤라는 명칭은 노아의 증손자인 '우플로스'의 이름을 따서 우플리스치헤, 즉 '우플로스의 요새'라고 불렀다는 설과, 조지아어로 신을 의미하는 '우빨리'에서 우플리스치헤, 즉 '신의 요새'로 불린다는 설이 있다.

645년 아랍의 침략 이후 8~9세기 조지아가 이슬람의 지배를 받던 시기 동안에는 기독교를 믿는 카르틀리 왕들과 기독교인들의 집단 거주지였다. 아시아에서 유럽으로 가는 대상들의 주요 교통로에 위치해 있어 교역이 발달했고, 전성기에는 인구가 2만 명에 달하는 거대도시였다. 그러나 1122년 다비드 4세(건설왕)가 수도 트빌리시를 탈환하면서부터 우플리스치헤는 점차 쇠퇴하기 시작했으며, 1240년 몽고의 침략으로 회복할 수 없을 정도로 피괴되었다.

우플리스치헤는 신전을 비롯해 왕의 방, 일반인들의 거주지, 극장, 약국, 교회, 감옥, 빵을 굽던 터, 와인 저장고, 강으로 연결되는 비상통로까지 갖춘 완벽한 요새 도시였다. 그러나 1921년 발생한 지진으로 동굴과 천장이 무너졌다. 현재 300여 개의 방이 남아 있다고 한다. 언덕 꼭대기에 10세기에 세워진 '왕자의 교회'라는 뜻의 '우플리스 에클레시아 교회'가 복원되어 남아 있는데, 이것이 유일하게 제대로 모양을 갖춘 건축물이다. '타마라의 방'과 와인 저장고 등이 남아 있긴 했으나 방이라고 하기에는 파괴 정도가 심하여, 과거 영화롭던 시절의 도시를 상상하기가 쉽지 않다. 1957년부터 대규모 조직적인 발굴이 진행되고 있으나, 작업은 더디기만 해서 언제쯤이나 골격을 갖추게 될지 모르겠다.

지금은 지붕도 기둥도 없는 허허벌판 바위산일 뿐이다. 소떼와 양떼가 뒤엉켜 길을 점령한 채 느릿느릿 걸어가고 있다. 어떤 차도 경적을 울리지 않는다. 자동차가 소들의 엉덩이에 코를 박고 따라가는 모습이 조금 우습다는 생각이 들었다. 도로는 흙먼지가 폴폴 날리고 사람보다 양떼와 소떼가 더 많은 이상한 곳. 그렇지만 이곳에는 시간을 넘나드는 아름다움이 깃들어 있다. 쏟아지는 저녁 햇살이 눈부시게 사방으로 퍼졌다. 문명의 시선에서 보면 한없이 낙후된 곳이었지만, 그런 시선을 거두고 보면 찬란한 빛에 싸여 있는 더없이 아름다운 곳이다. 허름한 농가를 지나 비포장도로를 달리는 내내 지도에도 없는 아주 비밀스러운 곳을 다녀가는 기분이었다.

7. 스테판 츠민다 카즈베기

ntsminda

디두베 버스터미널, 카즈베기 가는 길

카즈베기행 미니밴은 디두베 터미널에서 출발한다. 시장과 전철역, 그리고 시외버스 터미널까지 한곳에 모여 있어, 일대는 사람들과 자동차들로 혼잡하기 이를 데 없는 곳이다. 디두베 시외

디두베 버스터미날에서 손님을 기다리는 택시 기사들.
고리, 므츠헤타, 카즈베기 방향으로 가는 마르슈루트카가 이곳에서 출발한다.

버스 터미널에서는 고리, 므츠헤타, 카즈베기 방향으로 가는 버스와 마르슈루트카, 합승택시들이 출발한다. 열 명 내외가 정원인 마르슈루트카의 운행 시간표는 있으나마나다. 좌석이 다 차면 출발시각과 상관없이 출발해버리고, 반대의 경우에는 손님이 올 때까지 마냥 기다려야 한다. 운전기사들은 어떻게 해서든지 빨리 좌석을 채워야 한다. 그러다보니 기사들끼리 '손님 모시기 경쟁'이 치열했다.

동행도 없이 혼자 나타난 동양여자는 그들에게 손쉬운 '요릿감'이었다.

"한 명만 더 타면 돼."

"너만 타면 바로 출발할 수 있어."

"이리 와. 내 차가 더 좋아."

서너 명의 덩치들이 나를 둘러싼 채 서로 끌고가려 했다. 나는 두려웠다. 포식자에게 둘러싸인 야생동물의 심정이 그러하리라. 한시라도 빨리 그들에게서 벗어나야 했다.

마침 조금 떨어진 곳에 자그마한 몸짓의 나이 든 남자가 서 있는 게 보였다. 사냥꾼들 틈에서 빠져나와 그 기사에게 다가서서 "혹시 카즈베기 가세요? 차는 어디에 있어요?" 하고 물었다. 그는 낡은 승용차를 가리키며 당연히 갈 수 있다고 한다. 차가 너무 낡아서 썩 내키지는 않았지만, 그의 선량한 눈빛이 마음에 들어 차를 아예 대절했다. 이럴 때 러시아어를 할 수 있는 것이 얼마나 안심이 되는지 모른다. 만일 이런 상황에서 한 마디 말도 알아들을 수 없다면 정말 패닉 상태에 빠져버리고 말 것이다.

도심을 빠져나온 차는 이내 교외로 접어들었다. 긴 겨울을 지나고 봄을 맞이한 조지아의 산천이 서서히 깨어나고 있었다. 천지에 봄기운이 완연했다. 꽃몽우리는 한껏 부풀어올라 터지기 직전이었고, 연두색 새싹들은 대지를 초록으로 물들이기 시작했다. 공기는 한없이 따스하고 포근했으며, 바람은 그지없이 상쾌했다. 도로 상태는 별로였지만, 카즈베기로 가는 길은 너무도 아름다웠다. 들판과 야산이 번갈아가며 나타났다 사라졌다. 이따금 집들이 듬성듬성 서 있는 마을이 스쳐지나갔다. 마당에 빨래를 널고 있는 여자도 보였다. 집에서 만든 와인이나 과일 등을 길가에 쌓아놓고 파는 사람들도 보였다. 사람 사는 모습은 어디나 비슷한 것인지.

진발리 호수와 아나누리 성

운전기사는 과묵한 사람이었다. 내가 말을 걸면 짧게 대답을 할 뿐, 이것저것 묻거나 자기 얘길 늘어놓지 않았다.

한 시간쯤 달려 고도가 꽤 높아졌다고 느껴질 때쯤 갑자기 눈앞에 거대한 산상 호수가 펼쳐졌다. 첫 번째 정착지는 진발리 호수였다. 믿기지 않을 정도로 물빛이 고왔다. 댐 건설로 생긴 진발리 호수는 태초부터 이곳에 있었던 듯 물결치듯 이어지는 봉우리들과 자연스럽게 어우러졌다. 우리나라의 산과 호수가 아기자기하다면, 코카서스의 자연은 웅장하고 남성적이다. 꼬불꼬불하고 부드러운 선보다 깎아지른 듯한 직선이 지배적이다.

조지아 군사도로를 따라 30분 정도를 더 달려서 아나누리 성에 도착했다. 조지아 군사도로 상에 있는 명소 중의 한 곳으로, 카즈베기에 가는 길에 어김없이 들르게 되는 곳이다. 넓은 주차장과 화장실, 간단한 식사 등을 할 수 있고, 기념품 노점상도 즐비하다. 민속의상을 입힌 어여쁜 전통 인형과 전통 털모자 등을 파는 판매상들이 성 입구까지 늘어서 있다.

아나누리 요새, 조지아 군사도로상에 위치한 아나누리 성은 진바리 호수와 어우러져 그림처럼 아름답다.

베자트헤비 강가, 아라그비 협곡 언덕 위에 서 있는 아나누리 성을 언제, 누가 세웠는지는 밝혀지지 않았다. 13세기 경 당시 조지아 영토에 속했던 아라그비 지역을 방어하기 위해 세운 요새일 것으로 추정된다. 이후 18세기에 다리알 계곡에서 넘어오는 적의 공격에 대비해 방어요새로도 사용되었다.

중세의 아나누리의 요새와 진발리 호수가 어우러져 한 폭의 그림처럼 아름다운 곳이다. 요새 안에는 정면의 우스펜스키 성당을 비롯해 세 개의 작은 사원과 크고 작은 탑들이 남아 있었다. 입구에서 제일 먼저 보이는 우스펜스키 성당은 보존 상태가 꽤 좋다. 외벽에 새겨진 십자가와 포도송이 문양도 매우 깨끗한 상태로 남아 있다. 아나누리 성의 우스펜스키 사원과 같은 양식의 건축물이 조지아를 통틀어 단 세 개밖에 되지 않는다고 한다.

사원 안에는 13인의 시리아 사제들이 그려진 벽화가 있다. 시리아 사제 벽화는 다른 곳에서는 볼 수 없는 벽화라 매우 특별하다. 다만 화가의 이름도 알려져 있지 않고 별다른 설명도 없어 더 이상 알 수 있는 것이 없다. 조지아의 문화와 역사를 생각할 때면 늘 코 빠진 그물로 물고기를 잡는 듯했다. 열심히 무엇인가를 잡는 것 같기는 한데, 들어올려보면 구멍 뚫린 빈 그물뿐. 우스펜스키 사원 서쪽의 성모 마리아성당(일명 '구원자 성당')과, 담 밑에 '아그라브 에리스타바'라는 묘비명이 세워진 무덤과 성당 지붕을 올라보고 강가로 내려가보았다. 강가에서 보니 그제서야 아나누리 성이 아찔한 절벽 위에 세워졌음을 알 수 있었다. 비로소 성의 몸체가 온전하게 드러났고, 요새가 서 있는 절벽의 높이가 실감되었다. 난공불락이다. 잔뜩 전의(戰意)를 품고 강을 건너온 적들도 절벽 위의 성을 보고는 기세가 꺾여 왔던 곳으로 되돌아가고 싶었을 것만 같다. 강가에 서서 강물이 흘러가는 것을 바라보았다.

진발리 호수

작은 돌이 막아서면 타고 넘었고, 큰 돌은 옆으로 돌아 흘렀다. 강물은 그렇게 유유히 흘러가고 있었다. 흐르지 않고 머물 수 있는 것은 없었다.

다시 언덕을 올라 택시로 돌아오니, 기사가 잔뜩 뿔이 나 있었다. 내가 너무 늦게 돌아왔기 때문이다. 20~30분 정도 체류하는 게 보통인데 한 시간을 훌쩍 넘겼으니, 화가 날 만도 했다. 하도 돌아오지 않아 사고가 난 줄 알고 나를 찾아 나섰다고 했다. 입이 열이라도 할 말이 없었다. 나도 이렇게 오래 있게 될 줄 몰랐다고 사과할 수밖에. 모두 당신네 나라가 너무 아름다워서 그렇다고 싹싹 빌었다. 다행히 그의 화는 오래가지 않았다.

"화가 난 게 아니라 걱정이 돼서 그런 거예요. 다른 사람들은 다 오는데 혼자만 오지 않으니까. 혹시 사고라도 났나 싶어서. 이제 알았으니, 앞으로는 있고 싶은 만큼 맘껏 구경하고 와요."

짜증이 난 게 아니라 나를 걱정했다고 하니 더 미안해졌다.

"내 고향은 카즈베기예요."

"정말이요? 그럼 지금 집에 가시는 거네요. 그럼 오늘은 카즈베기에서 자고 내일 트빌리시로 가나요?"

"아뇨. 카즈베기 집은 비어 있어요. 거긴 아무도 안 살아요. 난 디두베역 근처에서 살아요."

"택시 일은 얼마나 하셨어요?"

"오래 됐지요. 한 30년은 됐을 거요. 이 길은 눈 감고도 갈 수 있어요."

그의 현란한 운전 솜씨가 그의 말이 사실이라는 것을 증명했다. 조지아 운전기사들의 운전솜씨는 이미 여러 도시에서 경험한 바 있었다.

50대 중반인 기사는 아들 얘기를 꺼냈다. 아들이 얼마 전 싸움질을 하다 잡혀가서 재판을 받고 복역 중이며, 지금 아들 옥바라지를 하고 있는데 아들이 출소하면 카즈베기 집에서 함께 살 계획이란다.

"우리 아들만 억울하게 옥살이를 하고 있어요. 물론 싸운 건 잘못이지만, 싸움은 둘이 같이 했는데. 상대는 부잣집 아들이에요. 비싼 변호사를 써서 무죄로 풀려났어요. 돈 없는 우리 아들만……."

나이보다 훨씬 늙어 보이는 기사의 얼굴이 슬퍼 보였다. 기사는 자기가 부자가 아니라서 아들이 감옥살이를 한다고 생각하는 듯했다. 자책감으로 괴로워하는 모습이 역력했다. 늙은 얼굴이 애잔해보였다. 이 세상 모든 가난한 아버지들의 얼굴일 것이다. 내 아버지의 얼굴도 저러했을 것이다. 갑자기 눈시울이 붉어졌다. 무전유죄 유전무죄…… 조지아도 예외는 아닌 모양이었다.

즈바리패스 전망대, 조지아-러시아 우호기념비

코카서스 산으로 접어들었다. 본격적으로 하얀 설봉들이 나타나기 시작했다. 도로 사정은 더 안 좋아졌다. 조명도 없고, 천장에서 돌이 후두둑 떨어지는 터널을 지나올 때에는 정말로 가슴이 조마조마했다. 두 번 다시 지나고 싶지 않은 터널이었다. 우리는 다행히 무사히 빠져나왔지만, 차 한 대가 앞 유리창이 깨진 채 서 있는 게 보였다.

차가 앞으로 나아갈수록 눈앞으로 깎아지른 듯한 절벽 산들이 파도처럼 밀려들었다. 뒤를 돌아보면 지나온 산들이 아득하게 멀어져갔다. 산꼭대기마다에는 거센 물살에 떠밀려오다 뾰족한 모서리에 걸린 성냥갑처럼 성당들이 서 있었다. 산속 구석구석 들어서 있는 우리나라 절집들이 떠올랐다. 절이 대로변이나 마을에서 쉽게 눈에 띄는 경우는 거의 없다. 그런데 조지아의 성당들은 "제발 여기 좀 봐줘. 여기 성당이 있어"라고 외치듯이 어디서나 잘 보이는 곳에 세워져 있다. 산꼭대기에 서 있는 성당은 어디에서나 잘 보였다. 마을에서도, 달리는 차 안에서도. 이러한 차이는 두 종교의 차이로 받아들여질 수도 있지만, 어찌 보면 두 종교 모두 침략과 외부의 탄압으로부터 종교를 보호하기 위한 나름의 자구책이었을 것이다. 하늘과 맞닿아 있는 듯, 허공에 떠 있는 듯 보이는 성당을 볼 때마다 외경심과 함께 신의 존재를 한번 더 생각한 것은 의심의 여지가 없었다.

우리 차는 구다우리 마을을 지나고 있었다. 카즈베기 마을을 30킬로미터 정도 앞두고 있는 '구다우리 리조트' 타운은 조지아 최대 스키리조트 휴양지다. 여기저기 공사가 한창이었다. 대규모 숙박지와 레스토랑, 카페 건물이 들어서고 있었다. 산이 깎여 나가고 있었다. 몇 년 후에는 어떤 모습으로 바뀌어 있을지, 걱정이 앞섰다.

차는 구다우리 파노라마 전망대에 멈춰섰다. 주차장은 관광객들과 상인들로 북적였고, 전망대까지 가는 길에는 노점상들이 일정한 간격을 두고 빼곡하게 서 있었다. 꿀을 파는 상인들 중에 수도사 복장을 한 사람이 유독 눈에 띄었다. 아마도 인근 수도원에서 만든 꿀을 들고 나온 듯했다. 조지아의 꿀은 정말 맛있다. 너무 달지도 않고, 향이 좋고 가격도 싸서 빵에 발라 먹으면 정말 맛있다. 꿀을 사고 싶었지만 짐이라는 생각에 또 마음을 접었다. 이곳은 행글라이더를 즐길 수 있는 곳이기도 하다. 한 남자가 200달러면 하늘 위에서 코카서스의 멋진 비경을 즐길 수 있다며

즈바리패스 전망대

즈바리패스 전망대에 늘어선 노점상들, 카즈베기 지역의 꿀은 맛있기로 유명하다.

내 뒤를 따라왔다. 내가 어딜 봐서 행글라이더를 하게 생겼을까.

깎아지른 듯한 절벽 끝에 세워진 전망대는 조지아와 러시아 수교 200주년을 맞아 1983년 건립되었다. 멀리서 보니 마치 커다란 왕관처럼 생겼다. 원통형 조형물에 상단에는 1783~1983 연도가 새겨져 있고, 중앙에는 전통의상을 입은 여인과 평화를 상징하는 비둘기를 손에 올려놓은 어린아이의 모습이 새겨져 있다. 조지아의 국민시인 루스타벨리의 시가 조지아어와 러시아어로 적혀 있다. 벽화에 새겨진 그림들은 모두 밝고 활기차고 희망적인 메시지를 담고 있다.

그러나 1783년 맺어진 게오르그 조약은 카르틀리-카헤티를 러시아의 보호하에 두는 것을 인정한 것으로, 1801년 공식적인 합병조약의 전초전 같은 것이었다. 그 후 러시아의 식민지배에서 벗어나기 위해 조지아가 흘린 피와 최근의 무력 충돌을 생각하면 이 우호증진비에 회의가 들지 않을 수 없다.

그러나 눈앞에 펼쳐지는 코카서스 산의 장엄함에 대해서는 어떤 각주도 달 생각이 없다. 허공이 있고, 허공 너머에 또 산이 있다. 전망대 아래로는 천길 낭떠러지 절벽이다. 차를 타고 낑낑대며 올라온 길이 저 아래 백사 꼬리가 꿈틀대듯 늘어져 있다. 땅 곳곳에 구멍이 뚫린 듯 시커먼 웅덩이가 보인다. 아라그비 강의 지류가 실핏줄처럼 흐른다. 계곡 건너편에는 화산 분지가 시커먼 아가리를 쩍 벌리고 있다. 사방이 눈 덮인 봉우리고, 뾰족한 바위들이 시커먼 들짐승처럼 웅크리고 있다. 상체를 앞쪽으로 조금 내밀었을 뿐인데도 명치끝부터 다리끝까지 짜르르 진저리가 쳐진다. 눈가루가 섞인 축축한 바람이 연신 불어댄다. 하늘은 눈부시도록 푸르르다. 눈앞에 펼쳐지는 놀랍도록 아름다운 풍경 앞에서 무슨 말을 지껄일 수 있단 말인가. 그저 침묵할 뿐.

십자가 고개(즈바리 패스) 정상에는 "2395, 즈바리패스, 1697년"

조지아-러시아 우호기념비. 양국간 수교 200주년 기념으로 1983년 건립되었다.

이라고 새겨진 표지석과, 돌과 시멘트로 만든 기단 위에 올려놓은 나무 십자가가 세워져 있다. 이곳에는 세 번에 걸쳐 십자가가 세워졌다. 최초의 십자가는 키르 황제가 스키타이족을 매달기 위해 세웠으나 곧바로 철거되었다. 그 후 11세기 다비드 4세(건설왕)가 같은 자리에 십자가를 세웠으나 역시 남아 있지 않다. 세 번째로는 1824년 에르몰로프 장군이 세웠다.

"이 십자가는 하나님의 영광을 위하여 에르몰로프 장군의 명령으로, 카나노프 소령의 지휘하에 산악민들에 의해 1824년에 세워졌다."

강가에 차를 세운 기사가 물줄기를 가리키며 "강물의 색이 다른 게 보이지요?" 하고 묻는다. 정말 그랬다. 강줄기의 반은 검정색이고 반은 연한 옥색이나 흰색이었다. 이 신비한 강의 이름은 '테레크'이다. 카즈베기 산에서 발원한 테레크 강은 카즈베기 마을을 지나 북쪽으로 방향을 틀어 북오세티아 공화국의 블라디카프카스를 통과해 카바르디노발카르 공화국으로 흘러가, 다시 동쪽으로 방향을 바꾸어 체첸 공화국과 다게스탄 공화국을 지나 카스피 해로 흘러든다. 북코카서스는 장장 623킬로미터에 달하는 대장정을 하는 동안 이 테레크 강이 있어 더욱 더 아름답다.

차는 다시 지그재그를 그리며 힘겹게 오르막길을 달리기 시작했다. 뒤를 돌아보니 하얀 광목천이 차 바퀴에 딸려오는 것만 같았다. 광목천의 풀려나간 올처럼 하얀 눈가루가 날렸다. 하늘이

시시각각 변했다. 구름 사이로 파란 하늘이 드러났다가 금세 시커먼 구름으로 뒤덮였다. 해무리 속에서 오묘한 빛을 내면서 하늘이 다시 열리기를 반복했다. 변화무쌍한 하늘이란 바로 이런 하늘을 두고 하는 말이리라. 카즈베기 마을이 점점 가까워지고 있었다. 닿을 수 없게만 보였던 코카서스 산을 향해 가고 있다는 사실만으로도 가슴이 벅차올랐다. 해발 5천 미터라니. 책으로만 보던 코카서스를 향해 가고 있다니. 이 도로는 코카서스로 통하는 관문인 다리알 계곡을 지나 러시아 땅인 블라디카프카즈까지 이어진다. 러시아와 조지아 간의 국경이 지나고 국경초소가 세워져 있다.

카즈베기의 맹주 테리크. 카즈베기에서 발원하여 623km를 달려 카스피 해로 흘러든다.

과거에 다리알 계곡은 러시아와 코카서스를 오갈 수 있는 유일한 통로였다. 군대도 주둔하지 않았고 국경초소도 없었을 것이다. 계곡이 자연스럽게 국경이었다. 수많은 화가들이 다리알 계곡을 화폭에 남겼다. 그중에서 19세기 아르메니아 태생의 러시아 화가 아이바조프스키가 그린 〈다리알 계곡〉은 마치 죽음의 망령이 떠도는 것처럼 음산하고 무시무시하다.

해발 2,000m의 카즈베기 산들

게르게티 사메바 성당

오후 네 시가 넘어서야 카즈베기 마을에 도착했다. 마을 입구가 곧 버스터미널이자 광장이자 마을의 중심지였다. 바로 현지 택시로 갈아탔다. 게르게티 성당은 4륜구동 차량만 간신히 올라갈 수 있을 정도로 길이 험하다. 게르게티 사메바 성당을 오가는 전용차량들은 40분 대기 조건으로 40라리의 운임을 받았다.

마을을 빠져나온 차가 산길로 접어든 지 5분도 안돼 도로는 끝나버렸다. 산비탈 진흙 바닥에 움푹 패인 바퀴자국이 곧 길이고 도로였다. 차 천장에 머리를 찧는 것은 일도 아니었다. 오히려 산 밑으로 굴러떨어지면 어쩌나 하는 생각에 조수석에서 제대로 숨도 못 쉬었다. 헉헉대며 20여 분 정도 산을 올랐을까. 갑자기 앞이 환해지는가 싶더니 눈앞에 믿어지지 않을 정도의 널따란 평원이 펼쳐졌다. 그리고 그 평원의 끝에 사진에서 봤던 게르게티 성당이 서 있었다. 흙바닥에 어지럽게 찍힌 차바퀴들조차 신비스럽게 보였다. 차에서 내리는 발끝이 떨렸다. 한발 한발이 조심스러웠다. 어쩐지 그래야만 할 것 같았다. 함부로 디뎌서 발자국

카즈베기 마을 입구

을 내면 안 되는 땅 같았다.

차에서 내리니 매서운 바람이 냅다 얼굴을 후려갈겼다. 바람은 얼굴만 공격하는 것이 아니었다. 옆구리도 등짝도 가차 없이 후려팼다. 바람을 피해 몇 번이고 배를 움켜쥐고 등을 새우처럼 돌돌 말아야만 했다. 그것도 안 되면 등을 돌렸다. 거의 항복 표시에 가까웠다. 내가 올라온 곳이 가장 높은 산꼭대기인 줄 알았는데, 눈앞에는 더 높은 산들이 버티고 서 있었다. 막막함과 고독함이 덮쳐왔다. 그런데 그 순간 소름 돋도록 내 존재가 또렷하게 느껴졌다. 광활한 공간 속에서 내가 느낀 것은 해방감이었다. 내가 우주 안에 있다는 자각, 훨훨 날아갈 듯한 존재의 가벼움을 느꼈다. 미치도록 자유로움이 느껴졌다. 그 순간 그곳에 있는 것이 너무 좋았다. 영화에서 360도 회전을 하며 촬영하듯 빙빙 돌며 게르게티 고원의 모습을 새겼다.

멀찌감치 차를 세우고 고원을 가로질러 언덕길을 올라 게르게티 성당으로 들어섰다. 성당입구는 한 사람이 겨우 들어갈 수 있을 정도로 좁았다. 한 사람이 나오면 한 사람이 들어가고…… 그렇게 입구에 서서 차례를 기다렸다. 이 과정이 성당으로 들어가기 위한 정해진 의식같았다.

사방이 눈 덮인 산에 둘러싸인 게르게티 성당은 비현실적으로 보였다. 해발 2천 미터가 넘는 산꼭대기에 이토록 아름답고 튼튼한 교회가 서 있다는 게 놀라웠다. 한참 아래쪽에 스테판 츠민다 마을이 보였다. 아래쪽 능선에 세워진 십자가가 보였다. 마을 사람들은 힘들고 궂은 일이 있으면 머리를 들어 코카서스 봉우리와 게르게티 성당을 바라보며 위로를 받았을 것이다. 제주도 사람들이 잠시 일손을 멈추고 한라산 한번 쳐다보고 '별일 없네' 하고 하던 일을 계속한다던가. 여기 사람들도 꼭 그랬을 것만 같다.

게르게티 사메바 교회(게르게티 성삼위일체 성당)는 조지아 왕 게오르기 브르쯔킨발(1318~1346)에 의해 세워졌다. 그는 산악인들을 위한 법전을 편찬하고 산악인들에게 기독교를 받아들일 것을 독려하기도 했다. 성당은 성채가 감싸고 있고 예배당과 종탑과 수도원 그리고 마을 연장자들이 모여 회의를 했던 '사브초'라는 공간

게르게티 사메바 성당

게르게티 사메바 성당

이 있다. 7월 16일이면 게르게티 성삼위일체 축제가 열리고, 성모승천 축일도 성대하게 치른다.

게르게티 성당 건립과 관련한 재밌는 전설이 전해온다. 카르틀리의 왕과 카헤티의 왕 그리고 이메레티의 왕들이 모여 게르게티 사원을 어디에 지을지를 두고 논쟁을 벌였다. 그때 므츠헤타에서 온 노인이 제안을 했다.

"소 한 마리를 죽인 다음 소의 뼈를 들판에 뿌리십시오. 필시 까마귀가 날아와 고기를 발라먹고 남은 뼈를 버릴 것입니다. 그 곳에 교회를 세우십시오."

그리하여 까마귀가 첫 번째 뼛조각을 버린 아나누리와 두 번째 뼛조각을 버린 즈바리패스에 십자가가, 세 번째 뼛조각을 버린 곳에는 게르게티 성삼위일체교회가 세워졌다는 전설이다. 물소들이 15킬로미터 떨어진 카노브 마을에서 돌을 옮겨왔고, 양치기들이 일꾼들이 먹을 물을 날랐다고 한다.

이곳은 조지아 신앙의 최후의 보루 같은 곳이다. 조지아인들은 유사시에는 국가의 성물과 보물들을 이곳으로 옮겨와 지켜냈다. 18세기 페르시아의 침략시 성 니노의 포도나무 십자가도 이곳으로 옮겨온 적이 있었다.

소비에트 정권은 미사를 금지하는 한편, 1988년에는 조지아인들의 최고의 성지에 케이블카를 설치했다. 마을 주민들은 분노했고 철거를 요구했다. 다행히 케이블카는 철거되었지만, 러시아인들의 조지아 정교에 대한 탄압과 모욕은 지속적으로 이루어졌다. 만일 케이블카가 설치되었다면 게르게티 교회는 저 아래 지상의 교회와 별반 다르지 않는 관광지로 전락했을 것이다. 사람들이 쉽게 올라와서 잠시 머물다 떠나갔을 것이다. 지니고 있는 가치를 지켜내는 것이 보석으로 휘감은 거대한 성당을 새로 짓는 것보다 어렵다. 지켜진 가치는 더 숭고하다. 그런 이유로 게르게티 사원은 지금 이 순간에도 숭고하게 빛날 수 있는 것이다.

성당의 뜰에 서서 봉우리들을 바라보았다. 저 많은 봉우리 중에서 어느 것이 카즈베기 봉우리일까. 코카서스 산에서 프로메테우스와 관련된 전설을 떠올리지 않을 수 없다. 프로메테우스는 인간에게 제우스 신의 불을 훔쳐다준 대가로 코카서스 바위산 아래 쇠사슬에 매달려 독수리에게 간을 파먹히는 형벌을 받았다. 밤 사이 프로메테우스의 간은 다시 회복되니, 그의 형벌은 기한 없는 고통이었다. 다행히 헤라클레스에 의해 고통에서 풀

게르게티 사메바 성당. 저 멀리 카즈베기 봉이 바라다 보인다.

려났지만, 저 산봉우리 어딘가에 프로메테우스가 살아 있을 것만 같다. 이곳은 그처럼 신비롭다.

옆에 서 있던 사람들 중 누군가 손을 들어 카즈베기 봉을 가리켰다. 코카서스에서 두 번째로 높은 카즈베기 봉이 가늠할 수 없을 정도로 아득하게 느껴졌다. 이제 그곳에 프로메테우스는 없을 것이다. 산꼭대기에 산어스름이 짙게 드리우기 시작했다. 바람도 점점 거칠어졌다.

신과 함께여서 행복하다는 게오르그 수도사

게오르그 수도사는 검은 수도사 복장에 얇은 겉옷을 걸치고 있었다. 아까 예배당 문을 열어주었던 그 수도사였다. 수도사는 사제와 다르다. 신을 섬긴다는 점에서는 같지만, 지상에서의 권한과 역할은 하늘과 땅 차이다. 사제는 미사를 집전하고 고해성사와 다른 성사를 주관한다. 그러나 수도사에게는 그런 권한이 없다. 수도사들은 청빈, 정결, 순명을 맹세하고 오직 기도와 노동하는 삶을 통해 평생을 하나님에게 바친 사람들이다.

"안녕하세요?"

"네. 안녕하세요?"

게오르그 수도사와 인사를 나누었다. 서른을 갓 넘겼을까. 젊은 수도사의 눈빛은 파란 하늘빛을 머금은 듯 맑고 투명했다.

"혹시 저와 기념사진 한 장 찍을 수 있으세요?"

"죄송합니다. 우린 사진을 찍을 수 없어요."

"그럼 수사님 독사진만이라도?"

"아뇨. 그것도 안 돼요."

"저 그럼…… 혹시 수도사님의 거처를 보여줄 수 있으세요? 우리나라에는 수도사가 없어요. 저는 수도사님들의 생활에 관심이 많습니다. 그분들이 어떻게 생활하시는지 늘 궁금했습니다."

"절대 안 돼요. 수도사의 거처에 여자들은 들어올 수 없어요."

"기도 시간 외에 자유시간에는 무엇을 하세요?"

게르게티 사메바 성당

게르케티 사메바 성당의 게오르기 수도사가 손을 흔들며 작별인사를 하고 있다.

"자유시간이 많지 않아요. 늘 바쁘죠. 시간이 나면 성화를 그립니다."

"수도사님이 그린 성화를 꼭 보고 싶네요. 혹시 보여줄 수 없으세요?"

"네, 죄송합니다. 그건 숙소에 있어서……."

"수사님, 혹시 이 외딴 곳에서 생활하기가 힘들지는 않으세요?"

수도사는 빙그레 미소만 지을 뿐이었다. 나의 당돌하고 무례한 질문에도 별로 언짢은 기색이 없었다. 어쩌면 그는 나의 속마음을 알아챘는지도 모른다. 내가 늘 마음속에서 '저렇게 젊고 아름다운데…… 왜 이 산꼭대기 움막 같은 곳에서 저러고 살고 있을까?'라는 생각을 하고 있다는 것을. 내가 알고 싶어 하는 것이 신과 신을 모시는 삶이 아니라는 것을. 그저 세속적인 궁금함에 불과하다는 것을 말이다. 또 자신이 어떠한 말을 해도 내가 이해할 수 없다는 것도. 신은 말로 설명될 수도, 전달될 수도 없다는 것을 말이다. 그가 옳다. 몇 마디 단어의 힘을 빌려 누군가의 삶을 이해하려고 했던 내가 어리석었다. 나의 어리석음을 그는 침묵과 미소로 일깨워주었다.

전에도 비슷한 경험이 있었다. 수도사와 잠시 대화를 나눴는데, 나는 그의 언어를 이해하지 못했다. 그가 말하는 문장은 어렵지 않았다. 다만 말로써 표현되는 그 상태를, 그가 느끼는 감정을 이해하지 못했을 뿐이다. '신을 생각하면 행복하다'라는 수도사의 말을 내가 어찌 이해할 수 있겠는가. 수도사도 자신이 느끼는 행복감을 나에게 전해줄 수 없어 몹시 답답해했다. 그때 나는 깨달았다. 저들과 나는 다른 세계에 속한 사람들이라는 것을. 그리고 나의 잣대로 저들을 판단해서는 안 된다는 것을. 신을 섬기고자 하는 사람들과 인간의 세상에 머물고자 하는 사람들을 같은 선상에 놓아서는 절대 안 된다는 것을.

차로 내려오면서 한번 더 성당 쪽을 올려다보았다. 게오르기 수도사가 절벽 끝에 서서 나에게 손을 흔들고 있었다. 바람 속에 홀로 서 있는 그 모습이 참 외로워 보였다. 그러나 그는 저기서 행복을 느낀다고 했다. 그 또한 신의 섭리이리라. 그를 위해 신께서 마련하신. 바람에 펄럭이는 그의 수도복 자락이 검정색 점처럼 작아지더니 이내 시야에서 사라졌다. 그러나 그가 일으킨 마음의 파동은 오래 이어졌다.

스테판 츠민다 마을

해발 1,740미터 산속 마을은 이내 어두워졌다. 낮과 밤 사이 우리가 저녁이라고 부르는 시간이 아예 없는 것처럼, 낮에서 밤으로 순식간에 넘어갔다. 깜깜한 거리에는 벌써 인적이 끊겼다. 택시기사는 메모지에 적힌 주소의 대문 앞에 나를 내려놓더니 서둘러 어둠 속으로 사라져갔다.

민박집은 마을 중심가에서 뚝 떨어진 산자락에 있었다. 조심스럽게 철 대문을 여니, 바로 문가에 있던 방 안에서 주인여자가 나왔다. 그녀가 내 예약상황을 확인하더니 마당을 가로질러 방으로 안내했다. 방 한 칸에 욕실이 딸린 방이다. 싱글 침대 두 개와 작은 테이블이 놓인 방은 캐리어를 들여놓으니 빈틈없이 꽉 차서, 가방을 이리저리 옮겨놔야 겨우 걸어다닐 공간이 생겼다.

민박집 여주인 나타샤는 50대 중반쯤 되어 보였는데, 인근 초등학교 국어교사라고 했다. 그래서인지 그녀의 말투는 몹시 딱딱했고 학생들에게 지시 사항을 전달하듯 군더더기 없이 딱 필요한 말만 했다. 지금껏 봐왔던 조지아인들과는 느낌이 무척 달랐는데, 혹시 '산악민'이어서 그럴지도 모른다는 생각을 했다. 그녀는 전기공급이 충분하지 않아서 마을 전체가 자주 정전이 된다며 갑자기 전기가 나가도 겁먹지 말라는 당부와 함께 양초 하나를 놓고 나갔다.

대충 짐을 풀어놓고 오면서 봐두었던 식당으로 향했다. 식당은 터미널 근처에 있었는데, 1층은 와인샵이고 식당은 2층에 있었다. 구운 닭에 버터와 우유소스로 만든 츠크메룰리와 사페라비를 주문했다. 구운 닭고기에 치즈와 마늘을 넣고 만든 소스를 곁들인 요리였는데, 맛은 그저 그랬다. 1층 와인샵에 들러 샤또 무흐라니의 '킨즈마라울리'를 사왔지만 병뚜껑도 열지 못하고 곯아떨어졌다. 카즈베기에서의 첫날밤이 지나갔다.

다음 날 아침 일찌감치 눈이 떠졌다. 날씨가 좋았다. 하늘도 맑고 푸르다. 이런 산간지역에서는 비나 눈이 오지 않는 것만 해도 감지덕진데 맑기까지 하니 감사하다. 그러나 완전히 안심할 수도 없다. 이곳은 하루에도 날씨가 열두 번씩 변해서 현지인들도 맞추기가 어렵다. '오늘 날씨가 어떨 것 같아요?' 하고 물으면 '누가 알겠습니까. 신만이 아시지요'라는 대답이 돌아온다. 여기는 그런 곳이다.

커피 한 잔을 마시고 마을 산책을 나섰다. 마을이 깨어나는 모습이 궁금했다. 어제는 너무 늦게 도착해서 동네 구경도 제대로 못한 터다. 대문을 밀고 나서니 여긴 완전히 광장에서 산쪽으로 쑥 들어온 뒷마을 정도 되어 보였다. 집앞 텃밭에 말 한 마리가

스테판 츠민다. 산악마을 스테판 츠민다는 주민 대부분이 말과 양, 소, 등 가축을 키우며 산다.

양치기 할아버지

매여 있다. 마을의 앞과 뒤가 모두 산인데 고개를 한껏 들어야 꼭대기가 보였다. 마을 앞쪽은 훤한데 뒤쪽은 아직도 컴컴했다. 산이 워낙 높아 해조차도 쉽게 넘어오지 못하는 모양이었다.

마을은 산자락 아래 경사진 곳에 늘어선 모양새다. 집앞 텃밭이나 공터에는 말들이 묶여 있고, 아침부터 고삐를 매놓지 않은 소들이 마을을 배회하고 다녔다. 소들은 사람을 봐도 피하지 않고 자기 길을 갔다. 그런데 나는 처음에는 소가 무서워서 저만치 소가 걸어오면 한쪽으로 비켜서서 소가 지나가는 것을 보고나서야 발걸음을 뗐다. 나중에는 나도 소를 두려워하지 않게 되어 소와 나란히 걸었다. 닭 우는 소리도 들렸다. 어느 집에서는 그릇 달그닥거리는 소리도 들렸다. 아침 준비를 하는 것이리라. 집을 나선 지 두 시간쯤 지났을까. 처음으로 사람이 보였다. 담벼락 아래 노인들이 삼삼오오 모여 앉아 이야기를 나누고 있었다. 이렇게 반가울 수가!

"어르신들 안녕하세요. 마을이 참 조용하네요?"

"네. 여긴 그런 곳이오. 어디에서 왔소?"

"한국에서 왔어요. 여긴 어제 도착했고요."

"숙소는 어딘데?"

주소를 보여주었다.

"아…… 그 집 저 아래 집 말이지?"

"어디? 저기 그 집?" 다른 노인이 끼어들었다.

"호!"

이제 나는 없는 듯 자기들끼리 조지아어로 주고니받거니 했다. 가만히 듣다보니 말끝마다 '호', '호' 하길래 무슨 소린가 물어보았다.

"어르신, 듣다보니 계속 두 분이 '호'라고 하시는데 무슨 뜻이에요?"

노인들은 서로 쳐다보며 웃더니 '호'는 러시아어로 '하라쇼(хорошо)'와 같다고 알려주었다. 그러니까 '호'는 '알았어, 좋아'라는 말이다. 또 끝을 올리면 '좋아? 그래?' 하고 묻는 것이 된다. 그제서야 '호'라는 소리가 많이 들렸던 것이 이해가 되었다. 그들의 대화 속에서 '호' 소리가 유독 많이 들리는 것은 그만큼 그들이 상대방의 말에 '그래. 맞어, 그렇지' 하면서 맞장구를 많이 쳐주기 때문이었다.

마을 노인들은 낯선 외지인에게도 전혀 낯가림을 하지 않고 기꺼이 말상대가 되어주었다. 사람 냄새가 물씬 풍기는 곳이었다. 마을 곳곳에서 공사를 하고 있었다. 게스트하우스나 식당 아니면 카페 건물을 짓고 있는 것이다. 최근에 이곳을 찾는 관광객들이 많이 늘었다고 한다. 농사를 짓거나 소나 말, 양을 치며 살아가던 조용했던 마을은 점점 외부인들로 시끌벅적한 마을이 되어가고 있었다. 다음에 찾았을 때 해발 2천 미터 산골마을이 어떻게 변해 있을지 벌써부터 걱정이다.

스테판 츠민다 마을의 모든 생활은 광장을 중심으로 돌아간다. 관공서와 학교, 식당, 상점, 인포센터, 터미널 등이 모두 광장 주변에 모여 있고, 마을 길들은 모두 광장으로 통했다. 광장은 마을의 중심지이자 다른 도시에서 마을로 들어오는 관문이었다.

광장에는 작가 '알렉산드르 카즈베기'의 동상이 있다. 알렉산드르 카즈베기는 일리야 차프차바제, 이반 마차베가, 아카키 쩰레쩰리 등과 함께 19세기 말에 활동했던 대표적인 조지아 작가다. 광장에서 300미터쯤 떨어진 곳에는 그의 생가를 개조한 하우스뮤지엄이 있었다.

1848년 스테판 츠민다에서 부유한 영주의 아들로 태어난 카즈베기는 러시아 제국 모스크바와 페테르부르크 유학생활을 마치고 1870년 귀국했다. 1879년부터 트빌리시에 있는 반정부적 성향의 〈드로예바〉 신문사에서 일하면서 계몽적이고 급진적인 글을 썼다. 〈드로예바〉가 급진적인 사상을 퍼뜨린다는 이유로 1885년에 폐간되자 카즈베기는 작품 집필에만 전념하게 된다. 대부분 1880에서 1886년 사이에 씌어진 그의 작품들은 주로 산악 민족의 삶이나 전통적인 사회규범 및 개인의 충돌과 같은 문제들을 다루고 있다. 그의 작품에는 하찮은 신분으로 지배세력의 부당한 억압과 착취에 대항하는 '로빈후드' 캐릭터가 자주 등장한다. 대표작으로 『보먼드 조지아』, 『엘리소』, 『엘구자』, 『친부살해자』, 『니노』 등이 있다. 어린 시절 카즈베기에서의 생활이 그의 문학적 토대가 되어준 것은 말할 필요도 없다. 카즈베기의 작

ალექსანდრე
ყაზბეგი
1848-1893

품을 즐겨 읽었던 스탈린은 1882년 발표된 작품 『친부살해자』의 주인공의 이름 '코바'를 자신의 예명으로 사용하기도 했다.

한때(1921년에서 2007년까지) 스테판 츠민다는 '카즈베기'라고 불렸다. 많은 이들이 작가 '알렉산드르 카즈베기'의 이름에서 따온 것으로 알고 있으나, 그렇지 않다.

과거 마을 인근 산속에 스테판이라는 수도사가 살았다. 그는 마을 사람들에게 눈사태가 날 것을 알려주었고, 그 덕에 사람들은 안전한 곳으로 이주할 수 있었다. 마을 주민들이 새로 이주한 곳이 바로 지금의 수도사의 이름을 딴 스테판 츠민다 마을이다. 카즈베기란 지명은 '카지베그 초피카쉬빌리'라는 주민의 이름에서 따온 것이다. 그는 사재를 털어 테레크 강 교량 공사와 다리알 계곡 수비를 담당하는 러시아 군에게 식량과 교통을 제공하는 등 마을 발전에 많은 많은 기여를 했던 인물이다. 그가 죽은 후 그 공적을 인정받아 그의 아들 가브리엘은 시장으로 승진하고 공작 칭호까지 받았다. 그리고 마을 이름까지 아버지의 이름인 카즈베기로 바꾸었다.

다리알 계곡, 코카서스의 관문

작은 산악마을인 스테판 츠민다에서는 할 수 있는 일이 그리 많지 않다. 여행자들은 게르게티 사메바 수도원을 둘러보고 다음 행선지로 이동하거나, 인근 트루소밸리와 주타 지역으로 트레킹을 떠난다. 나는 러시아와의 국경초소까지 가볼 요량으로 택시를 수소문했다. 마침 국경 초소를 포함해 인근 명소 서너 곳을 돌아보는 일일 투어가 있었다.

스테판 츠민다에서 조지아 군사도로를 30분 정도만 달리면 러시아와의 국경이다. 조지아 군사도로는 러시아 블라디카프카즈에서 조지아의 트빌리시까지 212킬로미터가 넘는 도로다. 테레크 강을 따라 러시아 블라디카프카즈 남쪽으로 뻗어 다리알 계곡을 지나 조지아의 카즈베기 쪽으로 이어지는 이 루트는 옛부터 코카서스 산을 넘는 주요 통로였다.

본격적인 도로 건설은 러시아 제국에 의해 이루어졌다. 도로 건설은 애초에는 터키 침공을 위해서였지만 결과적으로는 조지아 침공을 위한 발판이 되었다. 1769년 러시아군은 터키와 페르시아로부터 조지아를 보호한다는 명목으로 처음 조지아 영토에 발을 들여놓았다. 그러나 보호는 명분일 뿐이었다. 1783년에는 조지아를 러시아의 보호하에 둔다는 게오르기 협약을 밀어붙였고, 그에 따라 러시아군이 본격적으로 조지아 영토에 주둔하게 된다.

파벨 파촘킨은 자신이 1783년 10월 트빌리시에 가는 일정에 맞춰 여덟 필의 말이 끄는 마차가 다닐 수 있게 도로를 정비하라며 800명의 군사를 파견했다. 1801년 러시아와 조지아의 공식적인 병합 이후 알렉산드르 1세에 의해 군사도로는 러시아군의 이동과 통신을 위해 거의 완벽하게 재정비되었다. 이토록 아름다운 도로의 이면에 한 나라를 침략하고자 하는 잔인한 군사적 야욕이 숨어 있다는 것도 이제는 놀라운 일도 아니다.

차가 마을을 빠져나와 협곡으로 난 도로를 따라 달리기 시작했다. 한쪽은 깎아지른 듯한 절벽이고 반대쪽은 천길 낭떠러지다. 절벽을 깎아 만든 도로는 차 두 대가 간신히 지날 정도로 좁았다. 그 좁은 도로를 대형 화물트럭들이 쉴새없이 오갔다. 화물트럭이 지나가면 내가 찬 타는 금방이라도 낭떠러지 아래로 굴러떨어질 것만 같았다. 절벽 위에서는 계속 크고작은 자갈들이 굴러떨어지고, 앞 차에 떨어진 돌이 튕겨져 우리 차로 날아오기도 했다. 마치 전쟁의 포화를 뚫고 지나가는 기분이랄까.

도로는 위험천만이었지만 창밖으로 펼쳐지는 풍경은 눈물 나게 아름다웠다. 간신히 모퉁이를 돌면 또다른, 더 깊은 계곡이 나타났다. 좌우로 시커먼 산들이 영원히 끝나지 않을 것처럼 이어졌다. 해를 등진 쪽은 악마의 소굴처럼 시커멓고, 반대편 높은 쪽은 황금빛으로 빛났다. 깊게 패인 낭떠러지들도 번갈아가며 나타났다. 허공을 달리는 것만 같았다. 얼마나 올랐을까. 갑자기 시야가 밝아지더니 아래쪽으로 계곡 사이에 다소곳하게 자리잡은

조지아와 러시아의 국경 초소

작은 마을이 나타났다. 마을 앞으로는 바짝 메마른 강바닥이 꿈틀대는 뱀처럼 길게 늘어져 있었다. 관목과 수풀이 듬성듬성 보일 뿐, 자갈과 흙과 돌무더기들뿐이었다.

차가 앞으로 나아갈수록 산은 높아지고 계곡은 깊어졌다. 마을에서 보았던 해도 이제 산에 가려 보이지 않았다. 짙은 안개가 산 뒤편에서 밀려나와 계곡을 완전히 덮어버렸다가 슬금슬금 사라졌다. 산 옆구리에 걸렸던 먹구름이 흩어졌다 뭉쳤다를 반복함에 따라 계곡은 축축해졌다. 분명 산 너머 해가 있었지만 계곡은 이미 밤이 찾아온 듯 컴컴했다. 불행의 그림자가 예고도 없이 다가와 서서히 영혼을 갉아먹듯 산그림자가 서서히 계곡을 뒤덮는다. 새소리도 동물들의 바스락거리는 소리도 없었다. 바람소리만 윙윙댔다. 아름다웠다. 감히 거역할 수 없는 아름다움이다. 그러나 얼마나 더 달려야 계곡을 넘게 될 것인가.

도로는 끝이 났다. 더이상 달릴 도로가 없다. 도로는 없으나 길은 있었기에 앞으로 나아갈 수는 있다. 그러나 우리는 여기서 멈춰서야만 했다. 바로 지척에 러시아와 조지아의 국경초소가 있었다. 차가 멈춰선 곳에서 바라보니 초소 앞에 국경을 넘기 위해 심사를 기다리는 차들이 긴 행렬을 이루고 있었다. 산과 계곡은 하나로 이어지고 그 위의 하늘도 하나이거늘, 인간들은 애초에 주인이 없었던 땅을 서로들 자기 땅이라고 우기며 총을 쏘고 서로를 죽여댄다. 누구를 위한 땅이고, 누구를 위한 땅따먹기인가. 모든 국경에는 언제나 긴장감이 흐른다. '국경'이라는 단어가 사람을 조마조마하게 만든다. 이곳도 예외는 아니었다. 게다가 두 나라는 지금도 서로 총을 겨누고 있는 나라가 아니던가. 먼발치에서 보고 있을 뿐인데도 팔다리가 움츠러들어 더이상 서 있을 수가 없었다.

"여기서부터는 정교의 나라 조지아입니다"
— 성 미하일 가브리엘 성당

조지아 군사도로가 끝나는 지점에서 500미터쯤 떨어진 협곡에 아름다운 성당 하나가 서 있다. 러시아 쪽에서 국경을 넘으면 제일 먼저 맞닥뜨리게 되는 조지아 사원이다.

성당과 수도원이 함께 있는 이 성당은 2005년부터 짓기 시작해 2011년도에 완공되었다. 코카서스 협곡의 위엄에도 절대 밀리지 않을 만큼 위세가 당당했다. 마치 '여기는 정교국가인 조지아임'을 선포하는 듯했다. 코카서스 산에 둘러싸인 수도원은 무척이나 장엄했다.

조지아 정교 수장인 총주교 엘리야 2세는 축성식에서 "이 교회가 우리나라를 지켜줄 것"이라며 "러시아와 조지아는 나라는 다르지만 '정교'라는 하나의 종교를 믿는 국가이다. 양국의 국민들이 신앙의 토대 위에서 화해와 통합을 이뤄내고 평화를 구축하는 데 이 교회가 기여하기를 바란다"며 축복했다. 그러나 조지아 정교 수장의 바람에도 불구하고 러시아와 조지아의 분쟁은 지금도 진행중이다. 성당이 완공되기 직전인 2008년 '5일 전쟁'으로 막을 내린 조지아-러시아 간의 전쟁 말고도, 조지아와 러시아 간의 분쟁은 작은 불씨 하나로도 언제든지 폭발할 수 있는 화약고이다.

고대 수도원을 연상시키는 아름다운 건축물에서는 아직도 축축한 시멘트 냄새가 났다. 성당 앞뜰에 서서 코카서스 협곡의 경치를 감상하기 위해서라도 이곳은 꼭 들를 필요가 있다. 코카서스 산을 넘지 못한 구름들이 산중턱에 걸린 채 이러지도 저러지도 못하고 있는 모습이다.

성 미하일 가브리엘 성당에서 마을로 돌아오는 길에 성당 한 곳을 더 들렀다. 산길을 따라 한참을 위로 치달려 도착한 곳에는

조지아와 러시아 국경 지역에 세워진 성 미하일 가브리엘 성당. 2011년도에 완공되었다.

삼나무 숲이 아름답게 펼쳐져 있었고, 말을 탄 사람들이 한가롭게 지나고 있었다. 성당은 삼나무 숲을 지나 숲 뒤편 경사진 산등성이를 편편하게 고른 평지에 자리잡고 있었다. 성당 앞마당에서 게르게티 사메바 성당이 마주 보였고, 뒤편에는 코카서스 산들이 등받이처럼 가까이 있었다. 계곡의 주름마다 하얀 실타래처럼 빙하수가 쏟아져내렸다. 더없이 평화로워 보였다. 순례객으로 보이는 대여섯 명의 무리들이 수도사의 뒤를 따라 작은 예배당으로 들어서고 있었다. 다른 성당들도 많은데 이 높은 산지 마을까지 찾아오는 이유는 무엇일까. 문득 나도 신이 믿고 싶어졌다. 저들이 믿는 신을. 코카서스 산을 오르는 것도 마다하지 않는 저들의 믿음은 어디서 나오는 것일까. 그 믿음은 어디를 향하는 것일까. 문득 나도 그곳으로 한번 가보고 싶어진다.

스테판 츠민다 마을의 엘리야 성당

8. 쿠타이시

Kutaisi

쿠타이시 가는 길

서부의 중심 도시 쿠타이시에 가기 위해 고리시 버스터미널에서 120라리(한화 약 5만 원)에 택시를 대절했다. 쿠타이시는 이미 기원전 7세기에 형성된 유서깊은 도시다. 서부 조지아에서 흥했던 역대 왕조들의 수도로 군림했던, 조지아 제2의 도시다. 트빌

고리에서 쿠타이시 가는 길

리시에서 230킬로미터 떨어져 있는 쿠타이시는 조지아 북쪽 도시인 이메레티나 스바네티 지역 여행의 거점도시이기도 하다.

므츠헤타에서 고리까지의 길은 밋밋한 구릉의 연속이었던 반면, 고리에서 쿠타이시로 가는 길은 구릉지대와 산악지대를 번갈아 지나는 스펙터클한 여정이었다. 구불구불한 산악도로를 달릴 때에는 깊은 산속으로 빨려들어가는 듯했다. 빗줄기는 굵어졌다 가늘어졌다 하면서 그치지 않았다. 저녁 여덟시가 넘어 겨우 쿠타이시의 경계를 넘었다. 비 내리는 쿠타이시의 거리는 무척이나 황량하고 음울하게 느껴졌다. 가동을 멈춘 거대한 공장 건물들이 그대로 여기저기 방치되어 있었다. 도시가 성장할 동력을 상실했음을 보여주는 듯했다. 쿠타이시의 첫인상은 쇠락한 공업도시에 가까웠다.

좁고 울퉁불퉁한 오르막길을 한참 더 달려 겨우 숙소에 도착했다. 시간은 벌써 아홉시가 훌쩍 넘어 있었다. 비가 내리는데다 택시기사도 길을 몰라 헤맨 탓에 생각보다 훨씬 오래 걸렸다. 겨우 도착한 숙소에서 주인에게 들은 첫 마디는 '왜 이렇게 늦게 왔어? 저녁은 먹었지? 이렇게 늦게 오면서 저녁도 안 먹었어?' 하는 핀잔이었다. '매정한 할매같으니…….'

인터넷을 통해 예약한 '캘리포니아 호텔'은 바그라티 성당 근처 조용한 주택가 골목 언덕에 위치해 있었다. 호텔이란 말뿐이고, 사실은 모텔과 민박의 중간쯤 되는 숙소였다. 그러나 생각보

쿠타이시에 머물렀던 호텔 캘리포니아

다 깔끔했다. 트리플베드와 에어컨, 테이블, 소파가 갖춰져 있고 전용 욕실이 딸려 있으며, 1박 요금이 조식 불포함 90라리(한화 3만 8천 원)였다. 조식은 20라리의 추가 비용을 내야 한다. 2명 기준으로 가성비가 좋은 곳이다. 방과 도로 높이가 같아서 커튼을 치면 지나가는 사람들의 다리가 보였다.

호텔 주인 라이아 할머니는 일흔이 넘은 나이에도 직원을 두지 않고 혼자서 호텔 일을 했다. 그녀는 아침에 눈뜰 때부터 잠자리에 들 때까지 쉼없이 일을 했다. 그리고 하루종일 투덜거렸다. 잔소리는 기본이고, 틈만 나면 신세타령이 늘어졌다. 노크도 없이 불쑥 문을 열고 들어오는 것은 예사였고, 전기세가 얼마나 비싼데 창문을 열어놓고 에어컨을 트느냐, 늦게 들어오면 밖에서 저녁을 먹고 와야지, 가스요금도 비싼데 부엌을 쓸 생각이냐? 이제 저녁을 해먹을 거냐라며 못마땅해했다. 그녀에게는 모든 것이 돈이었다. 그리고 말끝마다 '베리 타이어드(very tired)'를 달고 살았다. 일테면 이런 식이다.

"새벽부터 한밤중까지 시도때도 없이 예약이 들어오고, 체크인 시간도 자기들 마음대로야. 어제도 새벽 두시에 영국 손님이 들어왔어. 도통 잠을 잘 수가 없어. 너무 피곤해. 아임 베리 타이어드(I'm very tired)."

"손님들이 요구하는 게 얼마나 많은지, 아임 베리 타이어드."

"얼마 전에는 손님 하나가 수건하고 시트를 훔쳐가는 걸 잡았어. 아니, 왜 시트를 훔쳐가냐고. 아임 베리 타이어드."

"난 이 일이 너무 힘들어. 요즘은 일 하는 게 힘에 부쳐. 계단 오르내리는 것도 힘들고. 잠도 못 자고 하루종일 컴퓨터 들여다봐야 하고 밤에 잠도 못자고…… 아임 베리 타이어드."

나는 '할머니, 그렇게 모든 것에 잔소리를 하고 신경을 쓰니까 피곤하신 거예요'라고 한 마디 해주었다. 물론 속으로. 처음에는 라이아 할머니가 너무 이상하게 생각됐고 '여기가 호텔이 맞나' 싶었다. 호텔 주인이 손님에게 이렇게 불평을 해도 되는 건가 싶다가도, 오죽하면 저럴까 하는 생각에 할머니 말을 그냥 말없이 다 들어주었다. 듣다 보니 할머니 입장이 이해가 안 되는 것도 아니다. 신기하게 늘 투덜거리고 잔소리하는 하는 할머니가 밉지 않고 정감이 갔다.

하루가 지나고 나니 할머니의 고된 일상이 눈에 들어오기 시작했다. 10개가 넘는 객실을 혼자 청소하고, 빨래하고, 장 봐오고, 예약관리 하고, 아침 식사 준비하고, 손님 치다꺼리하고…… 일흔이 넘은 할머니(나름의) 혼자 이 일을 다 하려니 늘 '베리 타이어드'한 것이 당연했다. 혼자 이 일을 하고 있다는 것 자체가 대단했다.

라이아 할머니는 일찍 남편을 여의고 아들과 둘이 살다가 아들은 미국으로 유학을 가고 혼자 남아 숙박업을 하고 있다고 했다. 시원찮은 다리를 끌고 하루에도 몇 번씩 계단을 오르내리는 할머니가 안쓰러웠다. 할머니의 잔소리는 하소연할 곳 없는 할머니의 스트레스 해소법일지도 몰랐다.

내 마음이 전달되었는지 이튿날부터는 라이아 할머니 말투가 눈에 띄게 부드러워졌다. 빵을 구웠다며 빵과 과일잼을 챙겨주기도 하고, 라면이라도 끓여 먹으러 주방에 내려가면 물도 끓여주고 그릇과 숟가락까지 척척 내주었다. 할머니의 주방은 무척 깔끔했고, 그릇과 가구도 세월의 흔적이 묻어나긴 했지만 꽤나 고급스러웠다.

할머니의 태도 변화에는 내 목에 걸린 정교회 십자가 목걸이도 한 몫 했지 싶다. 트빌리시 시오니 성당에서 산 정교회 묵주 목걸이를 조지아 여행 내내 목에 걸고 다녔는데, 그게 기특했던 모양이다. 내 목걸이를 보더니 그녀는 "말라제쯔, 말라제쯔" 하면서 무척 반가워했다. 러시아어로 말라제쯔는 '아주 잘했네, 훌륭해'라는 뜻으로, 칭찬할 때 많이 쓰는 말이다. 정교회 신자도 아니면서 정교회 십자가 목걸이를 하고 다닌 이유는 나도 잘 모르겠다. 기부 삼아 산 목걸이지만 그냥 짐가방 속에 처박아놓는 게 어쩐지 불경스럽게 생각되어 목에 걸기 시작했는데, 나중에는 든든했다. 어쩌면 조지아인들의 신앙심에 동화된 것인지도 모르겠다.

어쨌거나 우린 나름 친해져서 나중에는 가족 얘기도 하고 마지막 날에는 함께 기념사진도 찍으면서 이별을 아쉬워했다. 떠나오는 날 할머니는 대문 밖에까지 나와서 '꼭 다시 오라'며 택시가 멀어질 때까지 손을 흔들고 서 있었다. 그 모습에 내 어머니의 모습이 오버랩되어 눈시울이 뜨거워졌다. 라이아는 하루에도 몇 번씩이나 저렇게 문턱에 서서 다시는 오지 않을 사람들에게 손을 흔들어주었을 것이다. 집안으로 들어가는 순간 할머니의 '베리 타이어드' 생활은 다시 시작될 것이다. 점점 작아지는 할머니가 참 외로워 보였다. 그래도 그녀에게는 돌아올 아들과 신이 있기에 그렇게 외롭지만은 않을 것이다.

무뚝뚝한 겉모습 속에 '무한대의 다정함'이 숨겨져 있는 사람들이 조지아 사람들이다. 그 다정함은 마치 휴화산같다. 어느 순간 터질지 모르는. 그들의 친절함의 세례를 받으면 결코 조지아 사람들을 잊을 수가 없게 된다. 무거운 배낭을 매고 코카서스를 헤매는 동안에도 외롭지 않은 것은 생각지도 못한 곳에서 마음을 나눌 수 있는 사람들을 만날 수 있어서였다. 시간이 갈수록 체력은 고갈되고 지갑은 얇아지지만, 마음 배낭은 점점 두둑해진다. 조지아 여행길에서는 그렇다.

쿠타이시, 신화의 땅

조지아 동부에 이베리아 왕국이 세워질 무렵 서부에는 고대 콜키스 왕국이 세워졌다. 쿠타이시는 이미 기원전 7세기 무렵 상인과 기술자들이 리오니 강변에 모여들면서 형성되기 시작한 도시다. 기원전 6~4세기에는 고대 콜키스 왕국의 수도로 번영을 누렸다. 4세기에는 라디아 왕국이 세워졌는데, 이 시기 기독교를 국교로 삼고 언덕 위에 성채가 건설되었다. 8세기에는 비잔틴으로부터 영토를 되찾은 레온 2세가 압하지아 왕국을 건설하고 쿠타이스를 수도로 삼았다. 11세기 초 쿠타이시는 바그라티 3세가 세운 통일 조지아 왕국의 수도가 되면서 황금시기를 맞이한다. 이렇듯 쿠타이시는 1500여 년간 서부 조지아의 정치, 경제 및 역사문화의 중심도시로 자리잡았다.

쿠타이시는 1122년 다비드 4세가 트빌리시로 수도를 옮기면서 쇠퇴의 길로 접어들었고, 13세기 몽고의 침략으로 사실상 파괴되었다. 15세기 이메레티 왕국의 수도로 명맥을 유지했지만, 15세기 말 이후 차례로 오스만투르크와 러시아 제국의 지배를

쿠타이시의 숲

받다가 1804년 러시아 제국령이 되었다.

쿠타이시는 1500년 이상 서부 조지아의 문화를 이끌었고, 곳곳에 그 흔적이 남아 있다. 겔라티 수도원과 바그라티 수도원, 모짜메타 수도원 등은 심하게 훼손되어 복구중이나 그 과정은 험난하기만 하다. 겔라티 수도원과 바그라티 수도원이 유네스코 세계 문화유산으로 지정되었으나, 바그라티 성당은 복구 과정에서 원형이 심하게 변형되어 문화유산 지정이 취소되는 수모를 겪기도 했다.

서부 조지아와 쿠타이시가 우리의 흥미를 끄는 지점은 역사적인 사실과 더불어 신화적인 요소들 때문이다. 고대 콜키스 왕국의 영토였던 조지아 서부의 도시들은 수많은 신화가 숨쉬는 '신화의 땅'이다. 그 중에서도 바쿠미와 쿠타이시, 바니시는 그리스 영웅 신화 중에 가장 박진감 넘친다는 '아르고 원정대'의 무대가 되는 곳이다. 쿠타이시에서 20킬로미터 떨어진 바니(Vani) 시는 아르고 원정대를 이끌었던 이아손이 콜키스 왕국의 메데이아 공주를 만난 곳이고(이아손과 메데이아 공주가 만난 곳이 메스티아라는 설도 있다), 바투미 고니오 요새 유적지에는 메데이아가 살해한 친동생 압쉬르토스의 무덤이 남아 있다. 신화 속에 등장했던 지명과 사람들을 실제로 만나게 되는 일은 생각보다 근사하고 설렌다. 더 이상 신화가 아니고 역사가 되는 순간이기도 하다.

고대 그리스를 중심으로 한 지중해 연안의 국가들에서 콜키스 왕국은 동으로는 이베리아 왕국, 남으로는 페르시아-아르메니아와 맞닿아 있고, 높은 산이 많고 숲이 울창하며 과일과 좋은 와인이 풍부한 곳으로 알려져 있었다. 코카서스 산맥에서 발원하여 콜키스 왕국을 가르는 리오니 강을 아시아와 유럽을 가르는 기점이었다. 리오니 강 너머에 사는 사람들은 라지카인으로 불렸고, 라지카의 왕에게는 황금양피가 있다고 믿었다. 바로 이 황금양피를 찾기 위해 그리스에서 출발한 이아손 일행이 곧 아르고 원정대다. 때문에 서부 조지아 여행이 깜깜이 여행이 되지 않으려면 '아르고 원정대'와 '프로메테우스' 신화 정도는 알아두는 게 좋다.

그리스의 땅 이올코스는 바람의 신 아이롤로스의 손자로 알려진 아이손이라는 왕이 다스리고 있었다. 그러나 그의 이복형제인 펠리아스는 돈으로 매수한 대신들과 합세해 왕위를 찬탈했다. 아이손은 어린 이아손을 당대의 현자인 켄타우로스(반인반마)인 케이론에게 맡겨 키우게 했다.

시간이 흘러 장성한 이아손이 이올코스에 나타나 숙부 펠리아스에게 왕위를 내놓으라고 요구하자 펠리아스는 황금양피를 찾아오면 왕위를 넘겨주겠다고 약속한다. 이아손은 곧바로 황금양피를 찾아 함께 떠날 50명의 용사를 모집하여 원정대를 구성하였다. 50명을 태울 수 있는, 당대로서는 상상도 할 수 없는 거대한 배가 만들어졌고, 뱃머리에는 제우스의 신목 도도네 참나무로 만든 아테네 여신상의 목상이 걸렸다. 이 여신상은 말하는 조각상으로, 각지에서 용사를 모으고 원정대가 위기에 직면할 때마다 이아손에게 도움의 손길을 내밀었다.

아르고 원정대는 에게 해와 헬레스폰토스 해협을 건너고, 맹인 피네우스의 도움으로 마지막 관문인 심플레가데스(충돌하는 바위섬)를 통과하여 마침내 흑해 건너 동쪽 끝인 콜키스 해안에 도착했다.

그들이 도착한 땅은 검은 바다 너머 동쪽에 있는 '새벽의 나라' 콜키스 왕국이었다. 콜키스 왕국의 왕 아이에테스의 궁에는 헤파이스토스가 팠다는 네 개의 샘이 있는 신비의 나라였다. 아침저녁으로 우유가 솟는 우유의 샘, 사철 포도주가 솟는 포도주의 샘, 향수가 괴는 향수의 샘, 더운 물이 솟는 뜨거운 샘이 그것이다.

콜키스의 왕이자 태양신의 아들인 아이에테스는 아르고 원정대에 대비하여 황금양피를 전쟁의 신 아레스가 지키고 있는 숲의 떡갈나무에 걸어놓고 잠들지 않는 용에게 지키게 하는 한편, 세 개의 관문을 통과하면 황금양피를 주겠다고 약속했다. 이아손은 자신을 보자마자 사랑에 빠진 아이에테스의 딸 메데이아의 도움을 받아 세 개의 관문을 무사히 통과했다. 그러나 아이에테스는 약속을 지키는 대신 이아손과 원정대를 죽이려고 했다. 이를 눈치챈 메데이아와 이아손은 아레스가 지키는 숲으로 가서 용의 입 안으로 뛰어들어 용을 죽이고 마침내 황금양피를 손에 넣고 아르고호에 올랐다.

이때 메데이아도 남동생 압쉬르토스를 인질로 데리고 이아손과 함께 아르고호를 타고 콜키스를 떠났다. 아이에테스 왕은 곧바로 콜키스의 함대를 이끌고 이들을 추격했다. 추격대가 따라붙자 메데이아는 남동생을 죽이고 시신을 여덟 조각으로 토막내어 바다에 던져버렸다. 아이에테스가 아들의 죽음을 비통해하면서 흩어진 아들의 시신을 수습하는 동안 메데이아와 이아손은 탈출에 성공하여 마침내 그리스에 도착했다.

이아손은 펠리아스를 찾아가 황금양피를 찾아왔으니 약속대로 왕위를 내놓을 것을 요구하지만, 펠리아스는 오히려 이아손을 죽일 계획을 세운다. 펠리아스의 계획을 눈치챈 메데이아는 선수를 쳐서 펠리아스의 딸들에게 접근해 마술을 부려 펠리아스를 죽이는 데 성공했다. 메데이아는 펠리아스의 딸들 앞에서 늙은 양을 죽인 후 주문을 외어 새끼양으로 살려내는 것을 보여주며 사람한테도 똑같이 할 수 있다고 꼬드겼다. 메데이아에게 속은 펠리아스의 딸들은 아버지 펠리아스를 찢어 죽인 후 다시 젊게 살려달라고 했다. 그러나 메데이아는 일부러 잘못된 주문을 외어 펠리아스를 죽여버렸다.

이아손은 빼앗겼던 나라를 되찾았고 두 사람은 부부의 연을 맺고 두 아들까지 낳았다. 그런데 이아손이 이웃나라의 공주에게 한눈을 팔기 시작했다. 이를 안 메데이아는 이아손에 대한 복수심으로 자신이 낳은 두 아들을 죽여버렸다. 남자고 여자고 복수심은 이토록 무섭고 잔인하다. 신화와 역사 속에 질투와 복수심에 부모와 자식이 서로 죽이고 죽는 일은 하도 비일비재해서 거론하기도 힘들 정도다. 비일비재하다는 것은 인간 본성 중의 한 면이라는 말도 된다. 그러니 늘 마음 단속이 필요하다.

아들까지 죽인 메데이아는 어떻게 되었을까. 분명 벌을 받아 비극적으로 최후를 맞아야 하지만 그리스 로마 신화는 우리의 동화처럼 권선징악으로 끝나지 않는다. 메데이아는 날개 달린 용이 끄는 수레를 타고 한참을 날아 아테네에 당도했다. 그곳에서 메데이아는 아테네의 왕 아이게우스와 결혼하고 다시 중동으로 날아가 '메데이아'라는 나라를 세웠다고 전한다. 메데이아는 악녀이고 마녀일까. 아니면 자신의 삶을 스스로 개척해나가는 진취적인 여성일까.

황금양피는 그 옛날 이아손이 가져갔지만 조지아 서부는 여전히 신비롭고 상상력을 자극하는 신화의 땅으로 살아 있다.

자부심 넘치는 쿠타이시 시민들

비가 갠 쿠타이시 하늘은 더없이 높고 푸르렀다. 바그라티 성당의 푸른 지붕이 선명하게 빛났다. 사람들의 표정도 밝고 생기가 넘쳤다. 숙소가 있는 고르가쉴리 거리에서 광장까지 천천히 걸었다. 구도심에 속하는 고르가쉴리 골목길의 집들은 몹시 낡아서 궁색한 느낌이 들었지만, 오래된 도시의 그윽한 맛이 느껴

쿠타이시 구도심인 고르가쉴리 골목길

져 오히려 좋았다. 오래된 철제 대문과 녹슨 문고리조차도 멋져 보였다.

도로 한켠에 제법 큰 동상이 서 있었다. 제법 크게 만든 동상이라 누구인지 궁금했다. 그런데 어디에도 이름이나 동상에 대한 설명이 없었다. 무턱대고 지나는 중년의 여인을 불러세우고 누구 동상이냐고 물었다. 그녀는 자기도 모르겠다며 자기 갈 길을 갔다. 그런데 그녀가 다시 급하게 되돌아오더니 나를 불러세웠다.

"이 동상이 누구 동상인 줄 알았어요. 구글에 검색을 해보니 ○○○라고 뜨더라고요. 쿠타이시의 유명한 사회활동가였대요. 이걸 여태 모르고 있었다는 게 창피해서 찾아봤어요."

누구라고 얘길 했는데, 그 이름이 기억이 나지 않는다. 기억도 못할 거면서 왜 물어봤는지 나도 잘 모르겠다. 그녀의 말은 계속 이어졌다.

"쿠타이시는 문화가 숨쉬는 도시예요. 조지아의 제2의 도시지요. 고대 조지아 국가들의 수도였어요. 지금은 많이 낡고 퇴색했지만 그래도 쿠타이시 사람들은 이 도시를 사랑해요. 쿠타이시를 잘 보고 가셨으면 좋겠어요."

그러고는 다시 왔던 길로 되돌아갔다.

광장을 향해 걷는 내내 그녀에 대한 생각을 떨칠

수가 없었다. 내가 쿠타이시를 기억하는 한 그녀를 결코 잊지 못할 것이다. 그녀가 내게 알려준 것은 '동상 주인공의 이름'이 아니었다. 그녀는 '자기만의 방식'으로 쿠타이시의 역사와 문화를 보여준 것인데, 그 어떤 다른 방식보다도 효과적이고 감동적이었다.

조금 더 걸어가니 예쁜 노상 카페에서 한 남자가 커피를 마시는 모습이 너무 근사했다. 셔터를 누르려는 순간 그와 눈이 마주쳤다. 그가 싱긋 웃어주었다. 좀 전까지만 해도 낡고 퇴색한 도시였던 쿠타이시가 순식간에 화사하고 따스한 도시로 변했다. 마술 같은 순간이었다. 또 한번 깨닫는다. 문화는 나와 동시대 사람들이 살아가는 모습일 뿐임을. 그것이 오래되면 역사임을.

쿠타이시 광장 목마 분수대

광장에 도착했다. 광장의 중심에는 시원한 물줄기를 내뿜는 목마 분수대를 중심으로 오페라하우스, 맥도날드 매장 등이 보였다. 잠시 광장을 둘러보고 일일관광을 하기로 했다.

나는 보통 운전기사의 인상을 보고 택시를 탄다. 그래서인지 한 번도 택시 운전사와 불미스러운 일이 없었다. 쿠타이시의 일일관광은 보통 서너 곳을 둘러보는 데 160라리(한화 약 6만5천 원) 정도다. 휘발유 가격이나 이동거리를 생각했을 때 한국과 비교하면 정말 헐값이다. 물론 물가 대비 가격으로 판단해야 하지만, 하루종일 편하고 안전하게 돌아다니는 비용으로는 절대 비싸다고 할 수 없다. 물가가 비싼 도시에서는 감히 생각도 할 수 없는 호사가 아닌가. 대중교통을 이용하면서 시간을 허비하는 것보다 훨씬 경제적이다.

세계 유네스코 유산목록에서 제외된 바그라티 성당

쿠타이시의 리오니 강 왼쪽 기슭 우키메리오니 언덕 위에 세워진 바그라티 성당은 쿠타이시의 상징과도 같은 건축물이다. 언덕 위에서 푸른 옥색 지붕이 어찌나 화사하게 빛나는지, 성당 주변은 근접할 수 없는 임금님 나라 같았다. 그런데 막상 찾고보니 바그라티 성당은 멀리서 바라볼 때 더 아름다운 성당이었다. 가까이서 본 바그라티는 훼손이 너무 심해, 소생 가능성이 없는 환자처럼 보였다. 성당 내부는 아무 장식도 없는 허연 회벽이 그대로 드러나 있었다. 조잡한 성화 몇 장이 전부인 성당 안은 늙은 여인의 맨얼굴처럼 처참했다. 성당을 장식했던 그 많은 아름다운 벽화들은 어디로 간 것일까. 12~14세기 중세 조지아 건축예술의 정수를 보여주었다는 바그라티의 모습은 온데간데 없었다. 성당이 다시 옛 모습을 찾는 일은 요원해 보였다.

바그라티 성당은 11세기 최초로 조지아 통일국가를 세운 바그라티 3세(재위 975~1014년)가 세웠다. 성당의 이름도 그의 이름에서 따왔다. 중세 조지아 건축의 걸작으로 꼽히는 바그라티 성당은 1994년 겔라티 수도원과 함께 세계문화유산에 등재되었다. 그러나 2010년 대규모 복원으로 원형이 심각하게 훼손되면서 '위험에 처한 세계문화유산'으로 지정되어 특별한 보호관리가 필요하다는 권고를 받았다. 결국 2017년 제41차 세계유산위원회는 바그라티 성당을 문화유산구역에서 제외했다.

바그라티 성당. 1994유네스코 세계문화유산에 등재되었으나 2017년 문화유산구역에서 제외되었다. 대규모 복원으로 원형이 손상되었다는 이유에서였다.

예배당을 둘러싼 성벽은 허물어진 채 그대로였고, 여기저기 돌무더기들이 쌓여 있었다. 외국인이 보기에도 너무도 처참하고 속상했다. 더 속상한 건, 외벽과 난간과 기둥 등에 남아 있는 조각들이 너무 멋지다는 것이다. 당시 최고 수준을 자랑했던 쿠타이시 석공들의 솜씨가 그대로 엿보였다. 새나 양 같은 동물조각과 포도 열매와 줄기 같은 식물 조각들의 정교함과 세밀함이 조지아의 그 어느 건축물에서 본 것보다 뛰어났다.

복원되기 이전의 사진에서는 바그라티는 지붕도 외벽도 거의 무너져내린 상태였다. 현재의 바그라티는 거의 새로 지었다고 해야 할 정도였다. 옥색 지붕도 근래에 새로 올린 것이다. 세계문화유산 위원회가 문화유산 목록에서 제외한 이유에 수긍이 갔다.

구릉 위 허물어진 성벽에 서니 쿠타이시가 한눈에 들어온다. 리오니 강과 오래된 건축물들과 주택들…… 1,500년이 넘는 역사를 이어오는 쿠타이시는 여전히 건재해 보였다. 오래된 건물이나 도시에서는 세월의 연륜이 느껴지는 법이다. 엄청나게 활력이 넘치고 역동적이지는 않았으나 쿠타이시는 평화로우면서도 단단했다. 쇠락했지만 건드릴 수 없는 저력이 풍겼다. 깊어지는 가을날 같은 도시였다.

바그라티 성당은 지금도 공사가 진행중이다. 언제 완벽하게 복원될지 아무도 장담할 수 없다. 제대로 고증을 거치고 복원이 완성되기까지는 시간과 금전, 인력 등 모든 면에서 쉽지 않을 것이다. 조지아의 정교회 수도원을 본 사람들은 정교회 수도원과 성당이 원래 그렇게 수수하고 소박한 줄 알지만, 알고보면 정교회 성당도 가톨릭 성당 못지않게 화려하고 값비싼 보석들로 장식되어 있다. 최근에 복원된 모스크바의 정교회 사원을 보면 입이 다물어지지 않을 정도로 화려함의 극치를 자랑한다. 조지아 정교회 성당을 보면서 마음 한켠이 아려오는 이유이다. 성당 한켠 돌무더기 근처에서 전통의상을 입은 악사들이 손님을 기다리고 있었다. 그들이 들려주는 소리는 분명 아름다울 테지만, 어쩐지 바그라티 성당처럼 슬플 것만 같았다.

바그라티 성당에서 관광객들을 상대로 공연하는 민속공연단이 손님을 기다리고 있다.

겔라티 수도원, 찬란한 콜키스의 빛

므츠헤타의 스베티츠호벨리 성당, 카헤티 알라베르디 성당, 그리고 쿠타이시 겔라티 수도원, 이 수도원들은 조지아 역사의 어느 한 시기 종교와 정치 및 문화의 중심지로 외세의 침략 속에서도 조지아인들의 신앙과 저항의 구심점이 되어주었다는 공통점이 있다.

쿠타이시 도심에서 북동쪽으로 8킬로미터 떨어진 언덕 위에 세워진 겔라티 수도원은 중세 조지아의 뛰어난 건축술을 보여주는 건축물로, 서부 조지아 역사와 기독교 역사에서 중요한 의의를 지니는 곳이다. 1994년 유네스코 세계문화유산으로 지정되었다.

겔라티 수도원에 도착했을 때는 이미 해가 산 경계에 위태롭게 걸려 있었다. 잠시 후면 해는 균형을 잃고 산 뒤쪽으로 뚝 떨어질 참이었다. 겔라티의 높은 원뿔형 지붕 사이로 지금까지 본 적이 없는 찬란한 빛이 쏟아지고 있었다. 눈을 멀게 할 듯한 찬란한 투명 오렌지빛. 나는 그 빛을 콜키스의 빛이라고 부르려고 한

겔라티 수도원. 서부 조지아의 정신적 지주이자 문화의 중심지로 유네스코 세계문화유산이다.

다. 그 빛은 하늘과 땅을 오렌지빛과 보라색으로 물들이며 서서히 사그라들고 있었다. 사위는 눈물이 날 정도로 아름답고 고요했다.

카헤티의 들판에서 붉게 타올랐던 노을과 아라그비 강물에 번져나가던 오렌지빛 석양, 알라자니 평원에서 코카서스 설산으로 옮겨붙던 선홍빛이 떠올랐다. 모두 하나의 빛, 코카서스 빛이었다. 이런 순간을 마주할 수 있다니. 나는 이 빛을 내 삶의 저장소에 소중하게 담았다. 내 삶이 칙칙하게 빛이 바래져갈 때, 꺼내들어 내 삶을 비추게 하리라.

겔라티 수도원의 성모상들

어둠 속에 잠겨든 겔라티 수도원은 무척이나 고즈넉했다. 관광객들도 거의 보이지 않았다. 수도원에서는 한창 복원공사가 진행되고 있었다. 건물 외벽은 철근에 둘러싸여 있고, 여기저기 널린 건축자재들과 쓰레기로 어수선했다. 중심 사원인 성모마리아 성당도 마찬가지였으나 다행히 성당 문은 열려 있었다. 성당 안은 깜깜했다. 촛불 덕에 간신히 사물의 윤곽 정도만 구분할 수 있었다. 신기하게도 어떤 성당들은 발을 들여놓는 순간 알 수 없는 어떤 느낌이 엄습하곤 하는데, 이번에도 그런 느낌이 들었다. 누군가의 품속에 안기는 듯도 하고, 누군가 내 머리 위에 손을 올려놓는 듯한 느낌이기도 하다. 그 순간 나는 알 수 없는 깊은 안도감과 함께 평안함을 동시에 느끼곤 한다. 겔라티의 수도원의 성모마리아 성당에서도 그런 느낌이 들었다.

겔라티 수도원은 12세기 조지아를 통일한, 일명 건설왕으로 불리는 다비드 4세가 세웠다. 그는 자신의 오랜 숙원인 수도원과 아카데미 건립을 위해 광대한 토지와 전쟁에서 획득한 금은보석과 귀중품 등을 하사하는 등 후원을 아끼지 않았다. 그는 매일 성당의 건축 현장에 나가서 공사를 독려했을 정도로 성당 건축에 심혈을 기울였다. 그러나 그는 성당의 완공을 보지 못하고 눈을 감았다. 겔라티 수도원은 그가 죽은 지 5년 후인 1130년 그의 아들에 의해 완공되었다. 첫 삽을 뜬 지 25년 만이었다.

겔라티 수도원은 조지아의 다른 유서 깊은 건축물들처럼 전쟁과 지진 등으로 여러 차례 파괴되고 다시 지어졌다. 러시아에 합병된 이후에 성당은 완전히 폐쇄되고 수도사들도 수도원에서 쫓겨났다. 수도원 건물은 오랫동안 방치되었다. 1990년에야 수사가 다시 돌아오면서 제 기능을 찾기 시작했다. 수도원 건물 대부분은 무너져버렸고, 중심 성당인 성모마리아 성당과 성 게오르기 성당 및 니콜라우스 성당이 남아 있다. 수도원은 지금도 복구 공사가 진행중이다.

성모마리아 성당의 내부는 조지아 건축물 중 가장 화려했다. 중앙의 예배 공간과 제단 공간이 모두 화려한 벽화와 성상화로 장식되어 있었다. 아기 예수의 탄생을 알리는 그림, 성모 마리아의 임종 장면, 미리안 3세와 나나 왕비의 모습, 겔라티 수도원을 손에 들고 있는 다비드 왕의 모습도 보였다. 성화를 대충 둘러보는 데에도 상당한 시간이 필요할 듯했다.

벽화 중에 단연 압도적인 것은 원뿔형 돔 천장에 그려진 성모마리아와 아기 예수벽화다. 색은 바랬지만 선명한 황금색 바탕에 양옆으로 미하일과 가브리엘 천사의 보호를 받으며 성모와

겔라티 수도원 벽화 중에 가장 압권인 성모마리아와 아기 예수

성모의 품에 안긴 아기 예수가 축복을 내리고 있는 장면이다. 12세기에 제작된 이 벽화는 겔라티 수도원 벽화 중 가장 오래되었다.

겔라티 수도원 최고의 보물은 〈차출리의 성모상〉으로 알려져 있다. 다비드의 아들 데메트리오 1세의 명에 의해 제작된 차출리 성모상은 조지아 정교회 최고의 이콘으로 꼽힌다. 세 장을 연이어 그린 차출리 성모상은 무려 100개가 넘는 칠보와 보석으로 장식되어 있다. 차출리 성모상은 1759년 오스만투르크의 수도원 약탈로 복구가 어려울 정도로 파손되어 한때 복구가 불가능해 보였으나, 다행히 현재 복원작업이 진행중이다. 〈아쯔구르 성모상〉 역시 주목할 만하다. 다비드 4세가 기적을 행하는 '아쯔구르 성모상'을 본따 만들게 한 이 성모상은 특수 금속액자 안에 소중하게 보관되어 있다.

갑자기 성당 안에 노랫소리가 울려퍼졌다. 주변을 둘러보니 성화 아래서 성경 독송을 마친 노파가 노래를 부르고 있었다. 작고 늙은 몸에서 그토록 아름다운 소리가 나오다니. 믿을 수가 없었다. 이는 필시 그녀의 몸을 빌린 천사의 소리였을 것이다. 그 순간 겔라티 수도원은 이미 천상의 세계였다.

다비드 4세의 위대함은 포용과 인문정신

다비드 4세는 수도원의 완공을 보지 못하고 1125년 눈을 감았다. 그의 무덤은 수도원 남쪽 통로에 마련되었는데, 이는 그의 유언에 따른 것이다. 그는 "수도원에서 사람들이 가장 많이 다니는 곳에 묻어달라"는 말을 남기고 세상을 떠났다.

남쪽 통로는 언제나 역사상 가장 위대했던 왕을 참배하기 위한 사람들로 북적였다. 아치형 통로에 놓여 있는 장방형 묘석은 땅바닥과 높이 차이가 없어 그냥 바닥에 깔린 돌처럼 보였다. 그곳에 왕의 무덤이 있는 것조차 모르고 지나치는 이들도 있었다. 사람들은 한참 서서 묘비에 적힌 글자 하나하나를 정성껏 읽었다.

"나의 백성들이 나의 무덤을 밟고 지나가게 하소서. 그리하여 죄 사함을 받게 하소서."

다비드 4세의 묘비명이다. 당시의 매장관습에 따랐다고 해도 왕의 무덤으로는 너무도 소박했다. 그것도 역사상 가장 위대한 왕의 무덤으로는. 묘비명조차도 왕이 아닌 수도사나 성직자의

겔라티 수도원에서 한 신자가 성경을 독송하고 성가를 부르고 있다.

그것 같다. 왕궁을 방불케 하는 호화로운 무덤, 산을 통째로 깎아 만든 무덤……. 어느 무덤이 더 세상의 존경을 받을지는 분명하다. 그가 가장 위대한 왕으로 칭송받는 이유가 무엇일까. 그의 무덤에서 해답을 찾을 수 있는 것 같다.

다비드 4세(1073~1125년)는 게오르기 2세와 왕비 헬레나 사이에서 외아들로 태어났다. 그가 태어난 시기는 조지아 역사에서 '디디투루코바'(대터키 맹공격)로 불리는 셀주크투르크 족의 침략이 극에 달하던 때였다. 그의 아버지 게오르기 2세가 1089년 발생한 쿠테타로 왕위에서 쫓겨난 후, 열여섯 살 때 왕위에 추대되었다.

왕위에 오른 다비드 4세가 제일 먼저 한 일은 자신에게 반기를 드는 귀족들과 성직자들의 힘을 빼고 왕권을 강화하는 일이었다. 왕권 강화에 이어 각종 제도를 정비하고 교육과 문화예술 발전을 장려했다. 그의 통치하에 조지아는 전쟁, 건축, 문화예술, 교육 등 모든 분야에서 최고의 번성기를 구가했다.

다비드 4세는 영토 확장에도 적극적이었다. 고리 일대에서 페르시아군을 몰아내고 빼앗겼던 영토를 되찾는 데 그치지 않고 공격적으로 영토를 확장해나갔다. 새롭게 편입된 영토에는 캅차크인이나 아르메니아인 등 이민족에게 농토를 분배하고 세금을 감면해주는 등 이민족 정착 제도를 통해 또다른 군사정복을 위한 전진기지로 활용했다.

1121년 디드고리 전투는 이슬람 세력을 완전히 몰아내고 아랍의 손아귀에서 트빌리시를 재탈환하는 결정적인 전투였다. 다비드 4세에 의해 군사강국으로 성장한 조지아의 영토는 한때 흑해에서 카스피 해에 이르는 전 지역과 오늘날의 조지아, 아르메니아, 아제르바이잔 및 터키에 이르렀다.

건설왕 다비드4세 왕의 무덤. 유언에 따라 남문의 아치형 통로에 누구라도 밟고 갈 수 있게 조성되었다.

다비드 4세의 위대함은 '포용' 정신과 '인문학적 소양'에 있다. 어려서부터 학문과 예술에 관심이 많고 외국어에 능통했던 다비드 4세는 교육의 중요성을 강조하며 국민들을 교육하고 우수한 인재 양성에 심혈을 기울였다. 겔라티 수도원에 부속 왕립 학교를 세우고 우수한 인재를 비잔틴에 보내 신문물과 학문 도입을 장려했다.

다비드 4세의 무덤에 서면 성모마리아 성당과 겔라티 왕립부속 아카데미 건물이 한눈에 들어온다. 돌을 쌓아 지은 아카데미 건물은 외벽만 남아 있다. 내부는 의자처럼 생긴 돌받침대가 남아 있을 뿐, 조지아 학문의 산실이었음을 증명하는 어떤 흔적도 남아 있지 않았다. 아치형 창문으로 산 아래 마을들과 멀리 산맥들이 눈에 들어왔다.

카헤티 지역의 이칼토 수도원에 있었던 아카데미와 더불어 겔라티 수도원 부속 왕립학교는 14세기까지 조지아 교육과 문화예술 발전에 지대한 공헌을 하였다. 아카데미에는 당시 저명한 조지아와 국외의 과학자들, 신학자들, 철학자들이 교수로 재직했다. 성자 요한 페트리치, 아르세니 이칼톨레이 등이 유명하다. 겔라티 수도원은 '제2의 예루살렘' 혹은 '뉴 아테네'라고 불릴 정도로 학문의 중심지로서 명성을 날렸다.

조지아 문화예술 발전에 겔라티 수도원이 기여한 바도 간과할 수 없다. 14~15세기 세계적인 수준을 자랑하는 조지아의 세밀화 기법과 에나멜 세공 기술은 겔라티 수도원을 중심으로 수도사들을 통해 더 발전하고 다음 세대로 전수되었다. 당시 수많은 세밀화와 에나멜을 세공한 작품들이 제작되었는데, 특히 세밀화가 많이 들어간 전례집들과 224점의 그림으로 그려진 부제용 복음집 등이 유명하다.

핏빛 강물이여 흘러라
— 모짜메타 수도원

쿠타이시 외곽 리오니강 하류 협곡위에 세워진 모짜메타 수도원은 스산하면서도 아름다운 풍광 때문에 기억에 오래 남는 곳이다. 수도원에 도착했을 때에는 이미 어둠이 깔리고 비까지 부

모짜메타 수도원. 리오니강 협곡 아래로 핏빛 강물이 흐른다.

슬부슬 내리고 있었다. 사람들도 거의 없었다. 수도원은 말 그대로 깎아지른 듯한 절벽 위에 서 있었고, 절벽 아래로는 황톳빛 강물이 흐르고 있었다. 수도원이라기보다는 요새에 가까웠다. 조지아의 수도원은 대부분 외적에 대한 방어의 기능을 겸한 천혜의 요새도 겸했다.

절벽 아래 강물이 붉은 이유가 있다. 8세기 쿠타이시를 침략한 아랍인들은 잔인하게 도시를 파괴하고 사람들을 학살했다. 수천 명의 조지아인들이 죽으며 흘린 피가 강물을 붉게 물들였다고 한다.

모짜메트 수도원에는 소원을 들어주는 '제단'이 있다. 소원을 빌면서 제단 아래를 세 번 기어서 지나면 소원이 이루어진다고 한다. 제단 아래에는 이 지역의 유지였던 아르그베티 공작 가문의 다비트와 콘스탄틴 형제가 안장되어 있다. 두 형제는 아랍인에게 잔인하게 살해되어 강물에 던져졌다. 그런데 얼마 후 수도원 근처 강둑에서 두 형제의 시체가 발견되었다. 사람들은 사자가 이들 형제의 시신을 강물에서 건져내 수도원으로 옮겼다고 믿었다. 마을 사람들은 시신을 정성껏 수습하여 성당의 제단 아래 묻어주었다. 후에 이들은 성인으로 추대되었다.

시간이 빚은 대자연의 신비 속으로
— 사타플리아 자연보호구역

바그라티 성당과 겔라티 수도원, 그리고 프로메테우스 동굴. 쿠타이시에서 가장 많은 사람들이 찾는 곳이다. 애초에 나도 하루에 이 세 곳을 둘러볼 계획이었다. 그런데 현지 택시기사는 바그라티 수도원과 겔라티 수도원 뭐 볼 게 있냐며 사타플리아와 오카체 협곡을 더 적극적으로 추천했다. 두 곳을 보고 오는 길에 수도원에 가도 충분하다는 것이다. 택시기사의 꼬임(?)에 넘어가서 오카체 협곡과 사타플리아까지 다녀온 셈이지만, 결과적으로는 너무도 만족스러운 코스였고, 쿠타이시 여행에 포인트가 되었다. 조지아 여행에서 성당에 싫증이 났다면 꼭 가보라고 추천하고 싶은 곳이다. 그리고 아주 오랫동안 머물기를 권하고 싶다.

사타플리아는 1억 2천만 년 전의 공룡 발자국 화석이 발견된 곳으로, 1935년 자연보호구역(Sataplia Nature Reserve)으로 지정되었다. 한국에 있을 때에도 공룡 화석에는 별 관심이 없었는데 여기까지 와서 공룡 화석이라니. 입장료가 있고 가이드의 인솔 하

쿠타이시 인근 사타플리아 자연보호구역의 숲. 이 숲에서 공룡 발자국 화석이 발견되었다.

에만 입장이 가능한 것도 여행자로서 썩 달가운 것은 아니었다.

쿠타이시 출신의 페트르 차브키아니라는 고생물학자가 사타플리아 숲에서 공룡 발자국 화석을 발견했다. 공룡발자국의 화석은 1억 2천만 년 전 생존했던 공룡의 발자국으로 밝혀졌다. 이후에도 공룡들의 서식지였음을 보여주는 다양한 흔적들이 발견되면서 사타플리아 일대는 1935년 자연보호구역으로 지정되었다. 공룡발자국 화석 전시관과 공룡 모형물 및 카르스트 동굴의 일부인 작은 동굴을 관람할 수 있다.

처음 공룡 발자국을 발견한 향토 연구가 페트르 차브키아니 동상

사타플리아 공원은 한 과학자의 묵묵한 인생이 깊은 인상을 남기는 곳이다. 페트르 차브키아니라는 고생물학자가 없었다면 사타플리아는 수많은 숲 중의 하나에 불과했을 테니 말이다. 산책로 안쪽에 차브키아니의 흉상과 그에 관한 간략한 소개말이 적힌 푯말이 세워져 있다. 방문객들이 여기까지 오는 일은 거의 없다. 그는 죽어서도 그토록 사랑한 숲에서 조용히 휴식을 취하고 있는 모양새다. 오늘도 그의 영혼은 이 숲을 떠돌고 있을지도 모른다. 새로운 공룡의 흔적을 찾아서 말이다. 알고 보면 너무도

많은 신화와 이야기를 품고 있는 숲은 신비로움 자체이다. 열대 식물들과 이끼 낀 바위들이 가득한 사타플리아의 숲은 이국적이고 매혹적이었다.

기념비에서 조금 떨어진 곳에 10미터 높이의 스카이워크 전망대가 있었다. 전망대에 오르니 울창한 숲이 초록 융단처럼 펼쳐졌다. 비로소 쿠타이시가 숲의 도시임을 실감하게 된다.

전망대 옆에는 작은 카페가 하나 있었는데, 영업중인지 아닌지 헷갈렸다. "영업하는 거예요?" 하고 물으니 "네, 그런데 지금은 캔 음료수와 스넥 말고 다른 건 없어요."

오랜 가뭄으로 물공급이 끊겨 캔 음료와 스넥 정도만 판매한지 오래되었다고 한다. 언제 물이 다시 공급될지도 모르겠다며, 휴대폰으로 눈을 돌렸다. 이제 물 공급에도 장사에도 별 관심이 없다는 태도였다.

인류의 발전은 누가 알아봐주지 않아도 언제나 자기 분야의 길을 묵묵히 걸어간 사람들에 의해 이룩되어왔다. 사타플리아 방문의 가장 큰 수확은 페트르 차브키아니라는 고생물학자를 알게 된 것이다.

사타플리아 숲 스카이워크 아래로 아찔한 절벽과 숲이 펼쳐진다.

프로메테우스 동굴과 오카체 협곡

쿠타이시에서 멀지 않은 프로메테우스 동굴과 오카체 협곡은 수억 년의 시간에 걸쳐 자연이 빚어낸 지구의 속살을 볼 수 있는 곳이다. 이곳에서 인간은 한없이 겸손해지고, 상상할 수 없었던 억겁의 시간을 만나게 된다.

프로메테우스는 인간에게 불을 훔쳐다준 죄로 코카서스 바위산에 쇠사슬에 묶여 뜨거운 태양 아래 하루 종일 독수리에게 간을 파 먹히는 형벌을 받았다. 파 먹힌 간은 밤새 새로 돋아나 다음날이면 또다시 독수리의 먹이가 되었다. 쿠타이시에 그의 이름을 딴 동굴이 있다. 쿠타이시에서 북서쪽으로 20킬로미터, 사타플리아 자연보호구역에서 10킬로미터 떨어진 곳에 위치한 총 길이 1.4킬로미터, 깊이 21미터의 거대한 종유석 동굴 '프로메테우스' 동굴이다.

1984년 쯔할투보 지역에서 발견된 카르스트 동굴의 일부로 현재 총 길이의 1/10구간만 공개되고 있다. 프로메테우스가 묶여 있었다는 바위산 크바믈리(Khvamli) 산의 모습과 닮은 종유석이 있다고 해서 프로메테우스 동굴로 불린다고도 한다. 프로메테우스는 3천 년이 지난 후 영웅 헤라클레스에 의해 구출되었다.

프로메테우스 동굴 입구는 수십 대의 차량과 사람들로 북적였다. 30분 넘게 줄을 서서 표를 산 후 가이드를 따라 동굴 입구로 내려갔다. 입구에서부터 동굴의 규모가 느껴졌다. 벌써부터 공기가 희박해지고 축축하고 서늘한 공기가 휘감았다. 동굴은 처음부터 압도적이었다. 은은한 조명 아래 기기묘묘한 형태의 종유석과 석순, 석화 폭포, 동굴진주 들이 서 있는 모습은 신비함 그 자체였다. 땅속에 있는 거대한 산을 걷는 기분이랄까. 울퉁불퉁한 바닥은 산맥이고 땅속에서 불쑥 솟은 석순들은 깎아지른 절벽이고 바위였다. 천장에서 거꾸로 자라나는 종유석의 모양이 하나같이 기묘했는데, 불빛을 받은 동굴은 정말로 신화 속 그 장소인 것만 같았다. 오르페우스가 건너야 했던 긴 동굴이 이곳이 아니었을까. 곧 입구가 나올 듯하면서도 코너를 돌면 또 새로운 동굴이 시작되었다. 끝이 없을 것 같은 동굴 속…… 지금은 오색의 불빛에 아름다운 모습으로 사람들을 홀리지만, 불빛이 없다면 공기도 희박한 암흑세계일 뿐일 터였다.

이곳에는 모두 일곱 개의 동굴이 있다. 각기 프로메테우스, 콜키스, 이베리아, 메데이아, 사랑의 홀 등 고대 신화에 등장하는 이름들이 붙어 있다. 앞으로 나아갈수록 천장에 매달린 종유석들이 조명의 색과 방향에 따라 기묘한 형상으로 변신을 거듭했다. 아리따운 여인의 자태로 변했다고 금방 원숭이 모습이 되었

프로메테우스 동굴

다. 붉은색 조명을 받은 '블러드 레이크'와 백색의 폭포석도 나왔다. 조명과 음악이 어우러져 신비롭고 환상적이었다. 동굴 안에는 지름이 300미터나 되는 호수도 있어, 보트 투어도 할 수 있었다. 문득 내가 지나온 동굴이 프로메테우스 형제 중 둘째 메노이티오스가 제우스의 벼락을 맞고 굴러떨어진 암흑세계 '에레보

스'일지도 모른다는 생각이 들었다.

프로메테우스 동굴에서 20킬로미터 떨어진 오카체 협곡은 코카서스 자연이 빚어낸 아찔한 지질 쇼를 구경할 수 있는 곳이다. 고무보트를 타고 아찔한 협곡 사이를 흐르는 강줄기를 따라 수억 년에 걸쳐 만들어졌을 지구의 속살을 감상할 수 있다. 평범한

쿠타이시 인근 오카체협곡의 장엄한 모습

절벽과 그냥 흐르는 물처럼 보이지만, 알고 보면 그곳은 땅이 갈라지면서 생긴 지구의 좁은 틈새였다. 푹 꺼진 땅 위로 거센 물보라를 일으키며 떨어지는 폭포수를 한참 동안 바라보고 있으려니 너무 멋지기도 하지만 솔직히 두렵기도 했다.

세계 어디를 가나 시장 구경만큼 재미있는 것이 또 있을까. 매대마다 산더미처럼 쌓여 있는 물건들을 보면 괜히 기분이 좋다. 상인과 손님들 사이 오가는 흥정소리도 정겹고, 손님을 끌려는 상인들의 몸짓과 외침도 흥겹다.

쿠타이시의 재래시장 '그린 마켓'은 조지아 서부 지역에서 가

오카체 협곡 호수 위로 관광객들이 보트 투어를 하고 있다.

장 큰 시장이다. 각종 과일과 채소는 기본이고 일상 생활용품을 비롯해 유제품, 농기구까지 없는 것이 없다. 재래시장은 어디건 비슷하면서도 지역의 특색이 가장 잘 드러나는 곳이기도 하다. 가장 눈길을 끄는 곳은 과일 코너였다. 포도, 수박, 멜론, 석류, 사과, 바나나 등 온갖 과일들이 다 있었다. 이 과일들은 주로 아르메니아, 아제르바이잔 등지에서 재배되는 것들이다. 이 지역에서 나는 과일들은 하나같이 당도가 높아 달고 맛있다. 게다가 가격도 한국에 비해서 엄청 싼 편이라, 구매했을 때 가장 만족도가 높은 품목이다.

시장 구경삼아 한 바퀴 돌면서 수박과 멜론, 포도를 잔뜩 사 들고 나왔다. 이 과일들을 잔뜩 차에 싣고 이제 우리는 메스티아로 향한다.

쿠타이시 그린 마켓.
조지아 서부 지역에서 가장 큰 마켓. 각종 과일과 야채 및 공산품 등이 거래된다.

9. 메스티아

Mestia

메스티아 가는 길

메스티아는 트빌리시에서 북서쪽으로 약 460킬로미터 떨어져 있는 산악도시다. 자동차로 여덟 시간 넘게 걸리고, 열차를 이용할 경우 밤기차를 타면 아침에 메스티아 역에 떨어진다. 내가 출발하려는 쿠타이시에서 메스티아까지는 약 220킬로미터, 차로 4시간 반 정도가 소요된다.

주그디디는 메스티아로 들어가는 관문이다. 어디서 출발하든 주그디디를 경유한다. 주그디디와 메스티아는 모두 고대 콜키스 왕국과 에그리시 왕국의 땅이었고, 중세 이후에는 스바네티 공국의 영토였다.

조지아어로 '큰 언덕'이란 뜻을 지닌 주그디디는 제모 스바네티 주의 주도답게 제법 번화했다. 시원한 물줄기를 내뿜는 분수대 주변으로 관공서 건물들과 현대식 빌딩들이 들어서 있는 거리는 사람들과 차량으로 북적였다. 과거 이 지역을 다스렸던 다디아니 가문의 겨울궁전을 개조한 주그디디 역사건축박물관에는 18~19세기 프랑스에서 들여온 가구와 샹들리에를 비롯, 코카서스 자연을 그린 19세기 독일과 프랑스 화가들의 회화 작품들과 10~20세기에 제작된 성화(이콘)들이 전시되어 있다. 전시품 중에 나폴레옹의 청동 마스크도 있어 흥미롭다. 나폴레옹이 죽은 후 세 개의 데드마스크가 제작되었고 12년 후 다시 청동상으로 제작되었는데, 그 중 하나가 나폴레옹 가문과 혼인을 맺은 다디아니 가문에 대대로 전해져오는 것이다.

아직도 진행중인 압하지아 공화국과 조지아의 분쟁

"저쪽 길로 30킬로미터만 가면 압하지아와의 국경이에요."

주그디디 시내를 빠져 나와 갈림길이 나오자 택시기사가 말했다.

조지아와 압하지아 자치공화국은 현재 분쟁중이다. 양국간의 분쟁은 그 뿌리가 깊다. 흑해 연안에 위치한 압하지아 공화국은 온화한 기후와 아름다운 자연환경을 지닌, 인구 53만 명의 작은 나라다. 고대 콜히스 왕국과 압하지아 왕국의 영토로, 18세기 이후 오스만제국의 지배를 받다가 19세기 러시아 제국에 편입되었다. 1917년 소비에트 정권이 수립된 후 압하지아 공화국은 독립국의 지위가 상실되고 조지아 내 자치공화국이 되었다. 소연방의 해체 이후 압하지아는 더 강하게 분리독립을 요구하고 나섰고, 조지아 역시 이를 강하게 반대하면서 충돌이 커지기 시작했다. 1991년 조지아가 소연방으로부터의 독립을 선언하자 압하지아도 조지아로부터의 독립을 결정하면서 분쟁은 급기야 1992~

1993년 조지아-압하지아 유혈충돌로까지 번졌다. 1992년 압하지아의 독립을 승인한 러시아가 평화유지군의 명목으로 자국 군대를 압하지아에 주둔시키면서 소강 국면을 맞이하고 있다. 압하지아에 우호적인 러시아 및 서방세계까지 이 사태에 가세함으로써 조지아-압하지아 분쟁은 해결의 실마리가 보이지 않고 있다.

길이 양쪽으로 갈리고 있었다. 한쪽은 압하지아 가는 길, 다른 쪽은 메스티아로 가는 길이다. 갈 수 없는 길, 가서는 안 되는 길이 있다는 사실에 마음이 무겁게 가라앉았다. 양국은 첨예하게 대립하고 있지만 정작 그곳에 사는 사람들은 어떤 생각을 하고

인구리 댐 건설로 만들어진 인구리 호수. 인구리 댐의 일부는 압하지아 영토에 속한다.

있을까. 조지아 내 자치공화국인 압하지아와 남오세티아에서 발생한 난민들의 문제는 심각하다. 국경을 사이에 두고 생이별을 하는 경우도 비일비재하다. 지난 여름 철창을 사이에 두고 아버지와 아들이 담배를 피우는 사진이 떠올랐다. 그들이 원하는 것은 무엇일까. 독립일까, 아니면 헤어진 가족이 만나 함께 사는 것일까.

주그디디를 지나면서부터 바깥 풍경은 사뭇 달라졌다. 우리가 탄 차는 점점 더 깊은 산속으로 들어가고 있었다. 산 그림자가 줄곧 우리 뒤를 따라왔고, 굽이굽이 휘돌아가는 계곡이 끝없이 이어졌다. 코카서스의 봉우리에 갇힌 채 낭떠러지에 매달려 심장부로 빨려들어가는 것만 같았다.

호텔 올드세티와 카페 라일라

메스티아에 도착하니 어느새 다섯시가 넘었다. 거리는 벌써 어둑어둑했고 산악마을 특유의 서늘하고 축축한 기운이 감돌았다. 배낭을 짊어진 여행자들이 간간이 눈에 띌 뿐, 거리는 한산했다.

부킹닷컴을 통해 예약한 숙소인 호텔 올드세티는 마을 중심에 있는 세티 광장에서 안쪽으로 조금 들어간 곳에 있었다. 직원들은 영어로 소통이 가능했고, 손님을 응대하는 법도 제법 세련되었다. 무엇보다도 나무로 지어진 것이 마음에 들었다.

내가 예약한 호텔은 1박에 조식 포함 200라리로 조금 비싸긴 했으나 시설과 서비스 모두 만족스러운 곳이었다. 비용을 아낀다고 저렴한 게스트우스에서 불안한 밤을 보내고 싶지 않았다. 이곳은 모든 물자가 귀한 곳이다. 당연히 가격도 일반 도시보다 비싸다. 그러니 가격에 대해 이러쿵저러쿵 할 생각은 전혀 없다. 이곳 물가가 트빌리시보다 비싸다고 투덜대는 여행객들이 있는데, 해발 1,500미터 산골짜기 외진 마을에 와서 트빌리시와 동일한 가격을 기대한다면 그게 오히려 이상한 것 아닐까. 몽고군도 그냥 지나쳤을 정도로 첩첩 산에 둘러싸인, 외지고 고립된 곳. 그런 곳에 와서 먹을 것이 있고 쉴 곳이 있다는 것만으로도 감사할 일이다.

메스티아는 트빌리시나 쿠타이시와는 전혀 다른 세계였다. 도시와 산골마을이라는 차이보다 근본적으로 다른 것이 있었다.

메스티아 '호텔 세티'

시간을 따라 발전한 도시와 시간이 멈춘 도시의 차이랄까. 조지아라는 크지 않은 땅에 이렇게 전혀 다른 스펙트럼이 있을 수 있다는 게 놀라웠다.

대충 짐을 정리하고 창문을 활짝 열어젖혔다. 눈앞에 현실적이지 않은 풍경이 펼쳐졌다. 손만 뻗으면 닿을 거리에 이웃한 집들의 지붕이 보였다. 맞은편 산등성이에는 탑처럼 생긴 석조 건

메스티아 마을 모습

축물들이 줄을 세워놓은 듯 질서정연하게 서 있었다. 그 너머로는 거대한 설산이 보였는데, 꼭 우주선처럼 떠 있는 듯도 하고 땅속에서 불쑥 솟아나온 것도 같다. 지극히 비현실적인 풍경이었다. 오렌지 빛깔의 석양이 산등성이를 타고 내려와 마을 지붕과 탑 위로 내려앉고 있었다. 뾰족한 설봉에도 붉은 빛이 감돌았다. 세상이 이토록 아름다울 수 있다니. 붉은 기운이 점점 더 넓게 마을을 감싸안는다. 세상이 어둠이 깔리기 시작한 순간은 신비롭다. 마치 다른 세상으로 넘어가는 것 같다. 전혀 다른 새로운 세상이 펼쳐지는 것이다. 그래서 해가 지는 시간을 '마법의 시간(magic hour)'이라고 하는지도 모르겠다.

마을의 중심인 광장으로 나왔다. 스퀘어 모양의 세티 광장에는 기묘한 모습의 말을 타고 있는 거대한 타마라 여왕의 동상이 세워져 있고, 그 주위를 목조건물들이 둘러서 있다. 식당이나 카페, 상점들이 광장을 중심으로 형성되어 있다. 저녁식사 시간이었지만 거리는 조용했다. 카페나 식당들 주변도 인적이 없기는 마찬가지였는데, 유독 거리 끝자락 공원 앞에만 사람들이 시끌벅적대고 있었다. 그곳은 카페 라일라라는 식당 겸 카페였다. 사람들이 모두 이곳으로만 몰린 듯했다. 여행객이 대부분이고, 간간이 현지인도 섞여 있었다. 실내 자리는 벌써 꽉 찼고, 노천에 몇 자리가 비어 있었다. 음식 냄새가 거리에 가득했다. 고기 굽는 냄새와 기름 냄새, 각종 향신료 냄새, 거기에 사람들의 웃음소리와 말소리가 뒤섞이고 있었다. 간만에 흥성스러운 분위기에 묻히게 되었다.

스바네티의 전통요리인 굽다리와 크베브리 와인을 주문했다. 굽다리는 밀가루 반죽에 다진 양고기나 돼지고기와 다진 양파 및 향신료를 넣어 만든 고기파이와 비슷한 음식으로, 주로 메스티아 지방에서 많이 먹는다.

음식을 기다리며 주변을 둘러보았다. 술잔 부딪는 소리, 떠들썩한 말소리와 웃음소리, 흥겨운 음악 소리…… 음식과 와인이 가득 담긴 쟁반을 들고 부지런히 오가는 종업원들, 깨끗한 공기

카페 라일라. 이곳에서는 매일 저녁 민속 공연이 펼쳐진다.

메스티아 마을의 코쉬키들과 코카서스 산봉우리

까지 풍요와 여유가 넘쳐나 보였다. 가로등 불빛이 희미하게 빛나고, 멀리서 이따금 개 짖는 소리가 들려온다. 어둠 속에서 나무들이 두런두런 속삭이는 소리는 대지로 스미고, 계곡물 소리는 스케르초처럼 밤하늘에 울려 퍼진다.

어느새 여행의 고단함은 모두 사라지고, 기분좋은 노곤함이

메스티아 광장 골목

온몸으로 퍼졌다. 그 아찔한 낭떠러지 산길을 달려왔다는 것이 실감이 되지 않았다. 타임머신을 타고 다른 시간, 다른 공간에 와 있는 듯했다. 바로 이 맛에 길을 떠나오는 것은 아닐지. 낯선 곳에서 나를 기다리는 고요와 평안의 시간을 찾아서 말이다. 어제까지 머물렀던 쿠타이시가 까마득히 먼 과거처럼 느껴졌다. 이

곳이 조지아 여행의 마지막 행선지였다. 트빌리시에서 조지아의 산악지대 메스티아까지, 참 먼 길을 달려왔다. 모두 꿈만 같았다.

카페 라일라에서는 매일 저녁 조지아 전통민속 공연이 펼쳐진다. 카페 문이 열릴 때마다 노랫소리가 흘러나왔다. 반주도 없이 부르는 조지아의 전통가요는 들을 때마다 슬프다. 어째서 모든 나라의 전통가요는 구슬프고 애잔하게 들릴까. 그 이유는 아마도 기층민중의 삶의 고단함과 애달픔과 한을 노래로 풀어냈기 때문일 것이다.

내일 아침이면 사람들은 각자 뿔뿔이 흩어져 제 갈 길을 갈 것이다. 아마도 그들이 다시 만날 일은 없을 것이다. 대부분은 그때 그 자리에 함께 있었다는 사실도 모를 것이다. 생각해보면 신기한 인연이지만, 역설적이게도 우리에게 일어나는 사건이나 만남은 이렇듯 스치듯 지나가면 그뿐인, 아무 의미없는 일들의 연속일지도 모른다.

코쉬키, 탑형 가옥

잠을 설쳤다. 빗소리인지 계곡물 소리인지 분간하기 힘든 소리가 어찌나 창문을 세차게 두들겨대는지, 밤새 뒤척이다 새벽녘에야 겨우 잠이 들었었다. 그런데 아침에 눈을 떠보니 거짓말처럼 날이 개어 있었다. 창문을 여니 상쾌한 공기가 방안으로 확 밀려들어왔다. 운무가 걷히면서 새하얀 산봉우리가 마치 땅이 융기하듯 서서히 모습을 드러내기 시작했다. 그러더니 어느 순간 장엄한 자태를 오롯이 드러냈다. 마치 '창조'의 순간을 마주하는 듯했다. 세상의 모든 것이 새 생명을 얻은 것처럼 영롱하게 빛났다. 코쉬키들도 그 자리에 그대로 있었다.

메스티아는 11~12세기에 형성된 마을이다. 그후로도 줄곧 중세 마을의 모습이 유지되었다. 지금도 사람들은 수백 년 전 그때처럼 가축을 키우고 농사를 짓는다. 산기슭의 농지와 목초지도 그대로이고, 돌을 쌓아 만든 집들도 처음의 자리에 그대로 남아 있다. 모든 것이 멈춰 있는 듯 천천히 흘러가는 곳이다.

스바네티 사람들은 집을 짓는 대신에 돌로 탑을 쌓았다. 탑에서 먹고 자고, 아이를 낳아 기르고, 가축을 기르고, 전쟁을 했다. 주거와 요새의 역할을 동시에 수행한 '코쉬키'는 이제 독특한 스바네티의 주거양식을 일컫는 대명사가 되었다. 스바네티인들은 봉건영주나 기사들에게 안전을 위탁하는 대신 스스로 코쉬키와 자신을 지켜냈다. 그들을 '자유민'이라 부르는 까닭이다.

코쉬키의 구조를 보면 1층은 칸막이로 나뉘어 사람들의 거처와 가축들의 축사로 사용되었고, 2층은 가축 사료나 농기구 등를 보관하는 창고로 사용했다. 여름에는 사람과 가축이 함께 2층에서 지내기도 했다. 3층은 무기고나 은신처로 사용했다. 사다리를 놓고 오르내렸고, 유사시에는 사다리를 치워버리고 큰 돌로 통로를 막아버렸다. 탑의 맨꼭대기는 망루였다. 적이 쳐들어오면 지붕의 구멍으로 돌을 던지거나 화살을 쏘았다.

스바네티 지역의 메스티아와 우쉬굴리, 차자시, 라탈리(Latali) 마을에는 200여 채의 코쉬키가 남아 있는데, 박물관으로 사용하는 일부를 제외하고는 대부분이 비어 있다.

스바네티 향토역사박물관

스바네티 박물관은 한마디로 놀라웠다. 구소련의 작은 도시들을 여행하면서 가장 놀랍고 부러웠던 것 중의 하나가 바로 박물관 문화였다. 아주 작은 도시에도 향토역사박물관, 향토민속박물관 등이 있었는데 그곳에는 역사적·고고학적 가치가 뛰어난 대단한 유적들이 아닌, 단지 그 도시의 역사를 보여주는 소박한 물건들이 전시되어 있었다. 어떤 곳에는 마을에서 처음 사용되었던 재봉틀, 낡은 가구, 시계, 식기 같은 생활용품들이 전시품의 전부인 곳도 있었다. 그런데 그 하찮게 보이는 물건들이 한 자리에 모임으로써 도시에 대한 기록이 되고 역사가 되었고, 고스란히 다음 세대에게 전달되고 있었다. 작은 박물관과 그곳에서 일하는 열정적인 학예사들의 모습에서 도시의 품격을 느낀 적이 여러 번이었다. 인구가 채 만 명이 안 되는 작은 도시에서 본 박물관은 감동이었다.

'스바네티 박물관'은 작은 마을의 박물관이긴 하나, 위에서 언급한 '소박한' 박물관과는 질적으로 다른 곳이다. 1936년 개관한

스바네티 박물관. 중세 스바네티 지역의 전통의상, 가구, 동전, 십자가, 성상화, 은세공품 등이 전시되어 있다.

스바네티 박물관은 거의 100년에 가까운 역사를 지닌 '중견' 박물관으로, 2003년 기존 건물을 증·개축하여 새롭게 개관하였다. 2층짜리 석조건물의 외관은 매우 단순한 편이나, 내부는 세심하게 꾸며져 있다. 대형 통유리창을 통해 쉬하라봉과 마을 전경이 박물관 안으로 빨려들어오는 듯한 2층 로비는 메스티아 최고의 전망대 역할을 톡톡히 하고 있었다.

전시 유물의 수준과 규모 역시 놀라울 정도로 수준급이다. 스바네티 인근 지역에서 출토된 유적들은 모두 이곳에 모여 있는

스바네티 박물관 홀은 가장 훌륭한 전망대이기도 하다.

듯했다. 스바네티 공예가들은 일찍이 나무 목판에 은을 입히고 조각을 한 후 도금을 입히는 기법을 써서 성상화를 제작하는 '에마유 기법'에 매우 능했다. 또 그들의 금속공예품 특히 돋을새김 작품은 중세 조지아 미술을 대표할 정도로 수준이 높기로 정평이 나 있다. 전시실에는 이러한 사실을 두 눈으로 확인할 수 있는 전시품이 가득했다.

기원전 3세기 청동기 유물에서부터 10~12세기의 스바네티 지역의 전통의상, 가구, 동전, 제단 십자가, 성상화, 나무로 제작된 성상화와, 에나멜 기법의 성상화, 은세공품, 10세기에 제작된 성서를 들고 있는 예수상과 12~13세기에 제작된 성 게오르기 이콘화, 12~14세기 교회를 장식했던 프레스코화, 검 등 조지아 어느 박물관에서도 심지어 트빌리시 국립박물관에서도 보지 못했던 성상화와 교회 성물이 가득했다. 스바네티 예술가들만의 독특한 표현법과 예술성이 느껴지는 중세 유적들을 한 자리에서 볼 수 있다니! 스바네티 박물관은 한 마디로 중세 조지아의 보물 창고였다.

스바네티 장인들의 수준을 보여주는 성상화

스바네티의 예술 역시 기독교의 전래와 함께 발전했다. 6세기 후반경 기독교가 전래된 이후 스바네티인들은 돌로 성당을 짓고 이콘을 제작하기 시작했다. 같은 산악 민족인 투세티나 오세티아인들과의 차이점이다. 스바네티의 벽화들은 주로 비잔틴 미술의 전통적인 종교화 기법을 사용하는 동시에 스바네티만의 독창적인 스타일로 표현되어 있다. 조지아의 성인이나 역사적 인물들, 성서 속 내용을 주로 표현하고 있다. 벽화 외에도 행렬용 및 제대용 십자가도 제작되었다. 스반인들의 남다른 신앙심과 예술성을 드러내는 것이라 할 수 있다.

11세기 아산(Asan), 테브도르(Tevdore), 게오르기(Giorgi), 12세기 타브디디제(Tavdidisdze), 13세기 이반 오크롬체델리(Ivane Okromchedeli) 등 걸출한 화가들의 작품을 통해 스바네티 지역의 독특한 성상화의 맥이 이어져왔다. 그들이 그린 프레스코화 걸작들은 선이 훌륭하고 색의 농담과 음영의 차분한 조화를 이루는 것이 특징이다. 채색된 필사본 등이 풍부하여 주목할 만하다.

중세 스바네티인들의 뛰어난 예술성을 느껴볼 수 있는 스바네티 박물관에서의 시간은 더없이 소중한 시간이었다. 함부로 다가설 수 없었던 해발 2천 미터의 코카서스 땅이 간직한 시간의 비밀을 이렇게 마주할 수 있다니…… 어둠 속에 웅크리고 있던 유물들이 걸어오는 말소리에 귀 기울여볼 수 있다니. 가슴이 벅찼다.

10. 우쉬굴리

Ushguli

우쉬굴리

세티 광장 주변은 메스티아에서 가장 활기찬 곳이다. 인포메이션 센터와 은행과 환전소, 레스토랑, 카페, 통신회사 대리점 등이 모두 광장 주변에 모여 있다. 이른 아침부터 메스티아의 인근으로 일일투어를 떠나려는 여행객들과 택시기사들이 뒤엉키면서 광장은 순식간에 아수라장으로 변한다. 여행객들의 대부분은 유럽에서 제일 높은 마을인 '우쉬굴리'로 떠나려는 사람들이다. 대도시에서 오는 버스들이 메스티아까지만 운행하기 때문에 이곳에 둥지를 틀고 당일치기로 우쉬굴리에 다녀오는 것이 보통이다. 나 역시 같은 이유로 이곳에 왔다.

우쉬굴리는 유럽에서 가장 높은 마을이다. 해발 2,200미터에 위치해 있다. 쉬하라봉, 우쉬바 봉, 테트눌디봉 등 해발 5천 미터 높이의 봉우리들이 모두 고개만 돌리면 보인다. 그러니 우쉬굴리가 얼마나 오랜 시간 외부세계와 단절되었을지 짐작이 되고도 남는다. 지금도 우쉬굴리는 '그들만의 세상'에서 살고 있다. 그 비밀의 세계를 향한 첫걸음이 메스티아 광장에서 시작되는 것이다.

우쉬굴리는 메스티아 광장에서 약 46킬로미터 떨어져 있다. 깎아지른 듯한 절벽과 협곡 사이로 난 도로는 위험하기로 유명하다. 길바닥은 돌투성이고, 비가 좀 많이 내리면 길이 끊기기가 예사다. 절벽에서 돌부스러기는 물론 이따금 커다란 덩어리가 떨어지기도 한다.

광장에는 메스티아와 우쉬굴리를 오가는 전용 미니밴들이 항시 대기한다. 요금은 1인당 40라리가 정가다. 나는 160라리에 차 한 대를 전용으로 렌트했다. 그때 중년의 중국인 부부가 자기들과 합승을 하자고 해서 흔쾌히 오케이를 했다. 그런데 어떻게 이렇게 계산법이 다를 수 있단 말인가. 나는 두 사람 몫의 80라리를 나에게 줄 것을 요구했고, 중국인 부부는 어차피 렌트한 것이니 60라리만 내겠다고 우겼다. 조지아인 운전기사는 내가 낸 돈과는 별도로 중국인 부부에게 60라리를 더 챙기려고 했다. 합승

우쉬굴리 택시 기사 데이비드.

이곳의 택시기사들은 서로서로 가이드, 교통 정보 제공자, 응급출동대가 되어준다.

은 당연히 없던 일이 되었다. 나로서는 좀 어처구니가 없는 상황이었는데, 지금 생각해도 한국인인 내가 가장 합리적이었다.

운전기사 데이비드는 서글서글한 인상의 스바네티인으로, 나이가 예순이라는데 그보다 훨씬 젊어 보였다. 퇴역 군인인데, 매달 지급되는 20만 원 가량의 군인연금으로는 도저히 생활이 안 되어 일년 전부터 가이드 일을 하고 있다고 했다. 그의 차량은 10년도 넘은 일제 중고 승합차였는데, 어찌나 애지중지하는지 보기가 안쓰러울 정도였다. 2남 1녀를 둔 가장으로 자식 사랑이 대단했다. 특히 트빌리시에서 대학을 다니는 둘째아들은 그의 가장 큰 자랑거리였다.

이제 막 가이드 업계에 뛰어든 데이비드에게는 살짝 장사치 느낌이 났는데, 천성적으로 선한 사람이라 약삭빠르게 처신하는 게 잘 안되는 것 같았다. 말로는 자신의 이득을 챙기려고 했지만 행동은 그러지 못했다. 말이 좀 많은 것을 빼고는 데이비드는 나무랄 데가 없었다. 하나 더, 말끝마다 "굿(good)?" 하고 묻는 거 빼고.

오전 9시가 조금 넘어 우쉬굴리로 출발했다. 차는 이내 마을을 벗어나 산길로 접어들었다. 새벽까지 내린 비로 길바닥은 진흙과 자갈투성이였다. 우리 차뿐 아니라 다른 차들도 질퍽한 비포장도로를 운전하느라 아주 애를 먹었다. 마주 오던 차가 웅덩이에 빠져, 운전사와 승객이 모두 내려서 차를 끌어내고 있었다. 그 모습을 본 데이비드가 잔뜩 긴장을 하는 통에 옆에 있던 나도 숨을 죽이고 앉아 있었다. 뒤를 돌아보니 지나온 길이 아찔했다. 언제 자갈이 차 지붕이나 앞 유리로 떨어질지 몰랐다. 한순간만 잘못 해도 차는 천길 낭떠러지로 떨어질 것이었다. 기분이 쫄깃하다 못해 심장이 터질 것 같았다.

기사들은 서로 마주치면 손 인사를 주고받거나 클랙슨 등으로 자기들만의 신호를 주고받았다. 이곳에서는 그 신호가 단순한 인사를 넘어 일종의 생명보험과도 같은 것이었다. 사고가 나면 119가 없는 이곳에서 도움을 주고받을 수 있는 것은 동업자들뿐이니 말이다. 망가진 차를 보면 그냥 지나치는 법이 없이 꼭 차를 세우고 무슨 문제인지, 도와줄 것은 없는지 확인한다. 장비를 빌려주기도 하고, 손님이 없을 때에는 차에서 내려 같이 차를 손봐주기도 한다. 그런 관습은 아마도 자연스럽게 만들어졌을 것이 틀림없다.

도로 사정은 안 좋았지만, 풍경은 그림처럼 아름다웠다. 코발트 색의 하늘은 청명했고, 공기는 갓 짠 우유처럼 신선했으며, 대기는 깃털처럼 가볍고 투명했다. 데이비드는 센스 있게 풍광이 좋은 곳에 차를 세우고 구경할 시간을 주고 셔터를 눌러주기도 했다. 하얀 설산을 배경으로 산등성이에 코쉬키들이 키를 맞춘 듯 서 있는 모습은 중세 영화에서 그대로 옮겨놓은 것 같았다. 좀처럼 현실의 풍경 같지 않았다.

차로도 가기 힘든 길을 커다란 배낭을 짊어진 채 걸어가는 사

우쉬굴리의 설산들

람들도 있었다. 그들의 젊음과 체력이 부러웠다. 차 소음과 매연으로 그들이 누리던 평화를 깨는 게 미안하기도 했다.

드디어 우쉬굴리에 도착했다. 만년설에 덮인 쉬하라 봉이 손만 뻗으면 닿을 듯 가까이 있고, 눈과 빙하가 녹은 물이 우렁찬 소리를 내며 마을 앞으로 흘렀다. 물살은 감히 가까이 다가설 엄두도 나지 않을 만큼 빠르고 거셌는데, 물빛은 어릴 때 본 할머니의 옥색 치마처럼 곱고 투명했다. 가을걷이가 끝난 목초지에는

우쉬굴리의 목가적인 풍경들

동그랗게 말린 건초더미들이 가지런히 쌓여 있었다. 개울가 풀밭에서는 소들이 세상 한가하게 풀을 뜯고 있었다. 마을 안쪽에는 천년도 더 된 돌탑 모양의 집들이 띄엄띄엄 서 있을 뿐, 하늘을 가리는 그 어떤 것도, 공기를 탁하게 할 그 무엇도 없었다. 우쉬굴리에서는 모든 것이 있는 그대로의 색으로 빛나고 있었다. 더없이 평화롭고 아름다웠다.

“스바네티의 쏠(소금) 살래요?”

길바닥은 온통 질퍽질퍽한 진흙투성인데다가 이따금 소똥이 뒤섞여 있기도 했다. 풍경은 그림처럼 아름다웠지만, 길바닥 사정은 그렇지 않았다. 앞서 걸어가던 노파가 길 한쪽으로 비켜섰다. 허리가 반쯤 굽은 노파는 키가 1미터 50이 될까말까해 보였다. 털 스웨터와 치마 차림에 두꺼운 털양말 위로 장화를 신고 있었다. 머리에는 모자를 썼고 한 손에는 지팡이가, 또 다른 손에는 꽤 무거워 보이는 비닐보따리가 들려 있었다. 전형적인 스바네티 노파의 모습으로, 나중에 마을에서 만난 노파들도 거의 비슷했다.

데이비드가 갑자기 차를 세우더니 차에서 내려 노파와 무슨 얘기를 주고받고 돌아오더니 대뜸 “혹시 스바네티 쏠 살래요?” 하고 물었다. 할머니가 들고 있던 비닐봉투 속에는 스바네티 소금이 들어 있었던 것이다.

스바네티에서 소금은 생명처럼 귀했다. 5천 미터 이상의 고산준봉과 만년설에 둘러싸인 자연은 스바네티 사람들이 살아가는 데에는 그저 가혹한 환경일 뿐이었다. 1920년대까지도 스바네티 지역은 완전히 고립된 세상이었다. 베틀을 이용해 실을 짜서 옷을 지어 입고, 말과 쟁기를 이용해 농사를 짓는 등 의식주에 관련된 모든 것들을 직접 사람의 힘만으로 해결해야 했다.

문제는 소금이었다. 1930년 러시아 영화감독 미하일 칼라토조프가 제작한 50분짜리 다큐멘터리 영화 〈스바네티 소금〉((Соль С

우쉬굴리 마을 탐방객

ванети)에는 소금을 구할 수 없었던 스바네티에서 사람과 가축 할것없이 염분을 섭취하기 위해 소변까지 받아먹는 웃지 못할 장면이 등장한다.

스바네티인들은 살아남기 위해 소금을 만들어야만 했다. 바위에 고인 비나 눈 녹은 물이 뜨거운 태양에 마르면서 생기는 소금을 일일이 채취해서 마늘과 붉은 고추, 고수풀 등 여러 가지 허브를 넣어 '스바네티 소금'을 만들었다. 그렇게 고통의 산물로 태어난 것이 바로 스바네티 소금이다.

스바네티 소금은 우리나라 김치처럼 재료와 만드는 방식에 따라 집집마다 모두 맛과 향이 다르다고 한다. 한 집안의 소금 만드는 비법은 어머니에게서 딸에게, 시어머니에게서 며느리로 대대로 전해졌다. 이 비법은 외부 사람들에게는 절대로 알려주는 법이 없다고 한다. 우리가 장맛이 좋아야 음식 맛이 좋다고 하듯이, 스바네티에서도 소금 맛이 음식 맛을 좌우하며 매운맛이 나는 불그스레한 '스반 소금'이 들어가야 진짜 스바네티 음식이라고 여긴다. 동부 카헤티 민중의 정체성이 크베브리 와인이라면, 스바네티 민중의 정체성은 바로 스바네티 소금이라고 할 수 있다.

스바네티 지역의 고산지대에서 자라는 이메레티 샤프란(야생금잔디), 기츠룰리 같은 허브를 첨가해서 만든 스반 소금에는 마그네슘, 칼슘, 인과 같은 비타민과 각종 미네랄이 풍부해서 관절병과 류머티즘, 노화 방지, 혈관질병에 좋다고 알려져 있다. 어떤 이들은 우쉬굴리가 세계 최장수 마을인 이유도 스반 소금을 먹기 때문이라고도 한다.

스바네티 노파가 만든 소금을 꼭 사고 싶었지만, 아직 여행중이라 선뜻 사지 못했다. 사진에 담긴 노파의 얼굴이 지금도 눈에 선하다.

우쉬굴리에서 스바네티 소금을 팔던 할머니

우쉬굴리, 하늘 아래 첫 동네

해발 2,200미터에 자리한 우쉬굴리는 지형적으로 코카서스의 최고봉인 쉬하라 봉(5,193미터)의 발에 해당하고, 인구리 강과 크비쉬리 강의 입에 해당하는 지점에 위치한다고 한다.

우쉬굴리에는 무르크멜리, 차자시, 취비비아니, 쥐비아니 등 네 개 마을이 있다. 현재 250명의 주민들이 70여 가구를 이루고 살아가고 있다. 우쉬굴리는 마치 시간이 깜빡하고 그대로 지나쳐 버린 마을 같았다. 중세시대에 지어진 교회와 20여 채의 코쉬키, 9~10세기에 지어진 전통 가옥 400여 채가 남아 있다. 우쉬굴리 마을은 1996년 유네스코 문화유산에 등재되었다.

개울 건너 첫 번째 마을이 무르크멜리이고, 검은 강과 인구리 강이 만나는 곳에 위치한 마을이 차자시다. 차자시 마을에는 라시크다시와 마츠흐바르 등 두 개의 성당과 우쉬굴리 성당들에서 떼어낸 성화들을 모아둔 박물관이 있다.

차자시를 지나 우쉬굴리에서 제일 큰 치비비아니 마을로 들어섰다. 마주 오던 노파가 길 한쪽으로 비켜서서 내가 지나가기를 기다렸다. 내가 그녀를 불편하게 한 것일까. 문득 저들의 입장에서는 마을을 이리저리 휘젓고 다니는 여행객들이 불편할 수도 있겠다는 생각이 들자 마음이 무거워졌다.

마을이 참 조용했다. 흙길과 오래된 집들…… 더러 나무로 지은 집도 있고, 돌을 쌓은 집도 있었다. 나무 울타리 아래 이름 모

마을 탐방에 나선 탐방객들

를 야생화들이 피어 있다. 마을 입구에 새로 올린 카페 건물을 말고는 새로 지은 건물은 없었다. 집도 골목도 수백 년 전 처음 지어진 그때 그대로 나이들어가고 있었다. 마당에 수건과 시트 같은 빨래가 널려 있는 집에는 모두 게스트하우스 혹은 카페 간판이 걸려 있었다. 간혹 손글씨로 '스바네티 소금'이라고 써붙여놓은 곳도 있었다. 외지에서 찾아오는 사람들이 늘어나면서 카페나 게스트하우스도 늘어나고 있는 듯했다. 마을 입구 경치 좋은 곳에는 벌써 그럴 듯해 보이는 건물들이 자리를 차지했다. 몇 년 후에 우쉬굴리 마을은 어떤 모습으로 변해 있을지…….

중간쯤 왔을까. 대문턱에 노인이 앉아 있었다. 노인은 아무것도 하지 않고 그냥 앉아 있었다. 눈은 정면을 응시하고 있었지만 무언가를 보고 있는 것은 아니었다. '저렇게 앉아 있다가 저녁을 맞이하면 어떻게 하지. 저러다 하루가 지나고, 한 달이 지나면 어떻게 하지. 저렇게 앉아 있다가 생이 끝나면 어떻게 하지.' 노인을 보자 이런 생각들이 스쳤다. 내가 다가가도 노인은 이미 죽은 사람처럼 꼼짝 않고 앉아 있었다. 노인과 눈이 마주쳤다. 우리 둘 다 말없이 미소를 지었다. 노인은 살아 있었다. 다행이다. 그런데 그 노인이 너무도 쓸쓸해 보였다. 인간의 삶이란 것이 이렇듯 슬픈 것인가 보다.

이번엔 열살 정도 된 아이가 골목에서 말을 탄 채 창문 사이로 엄마와 얘기를 나누는 모습이 보였다. 말 높이와 집의 창문 높이와 비슷했다. 아이는 계속 말을 타고 주변을 왔다갔다 했다. 어린

아이가 자기보다 몇 배는 큰 말을 다루는 솜씨가 보통이 아니었다. 이곳의 남자애들은 걷기 시작하면서부터 말 타는 법을 배우기라도 하는 것일까.

빈집들도 보였다. 창문과 문짝이 모두 떨어져나갔는데도 벽만은 끄떡없이 서 있었다. 벽의 갈라진 틈에서는 풀이 무성하게 자라나고 있었다. 마을은 벌써 오래전부터 쇠락의 길로 접어든 것이 분명했다. 만년설의 쉬하라 봉은 꿈쩍도 않는데, 인간의 마을은 고작 천년이었다.

우쉬굴리는 꽃잎 깊속이 파묻힌 꽃술처럼 아름다웠다. 그러나

시간의 흐름이 비껴간 듯한 우쉬굴리 마을

나비가 날아들지 않는 쓸쓸한 곳이었다. 젊은이들은 대부분 도시로 떠났고, 마을에는 노인들과 아녀자들 그리고 자신을 돌볼 수 없는 어린애들만 남아 있다. 노파들은 길에서 외지인들과 마주치면 시선을 피해 땅을 보거나 다른 곳을 보며 지나갔다. 자신들을 쳐다보는 호기심에 가득 찬 눈길을 느끼면 얼굴을 가리고 고개를 돌렸다. 여기서는 내가 환영받지 못하는 존재라는 느낌이 강하게 들었다. 생각해보니 카페 종업원이나 상점주인들, 박물관 직원들조차도 호의적이지 않았던 듯하다. 그들에게는 그 옛날 침략자들과 지금의 여행객들이 똑같아 보이는 것은 아닐까.

찰라디 빙하 트레킹

빙하는 알래스카나 북극, 아이슬란드에나 가야 볼 수 있는 줄 알았다. 조지아 여행 중 빙하를 보게 될 줄은 정말 몰랐다. 내가 생각한 빙하는 푸른빛이 감도는 두꺼운 얼음산과 얼음빙판과 손발이 꽁꽁 얼어붙을 정도의 추위와 눈도 뜨지 못할 정도의 강한 눈보라가 치는 곳이었다. 내리는 눈의 양이 녹는 양보다 많아 아래쪽의 눈이 그대로 쌓여 얼어버리면 그게 모두 빙하다. 그 빙하가 거대한 얼음 빙판, 산봉우리의 빙하, 계곡 빙하 등 다양한 형태로 존재한다는 것을 어찌 알 수 있었겠는가.

메스티아나 우쉬굴리가 해발 5천 미터 이상의 고봉들에 둘러싸인 해발 2천 미터에 위치한 마을이라 해도 빙하를 떠올리기는 쉽지 않았는데, 마을에서 한 시간 정도만 트레킹을 하면 빙하를 볼 수 있다니! 흥분이 몰려왔다.

메스티아에서 차로 20분 정도를 달려 찰라디 빙하 입구에 도착했다. 눈앞에는 천둥소리보다 크게 그르렁거리는 계곡물이 가로막고 있었다. 계곡에는 제대로 된 난간도 없는 다리 하나가 걸쳐져 있을 뿐이었다. 다리는 발을 옮길 때마다 위로 아래로, 좌우로 마구 흔들렸다. 중간쯤 건넜을 때 아래를 내려다보니 아찔했다. 꼭 '까불지 마'라고 경고하는 듯 했다.

무사히 다리를 건너 산길로 접어들었다. 한동안 완만한 경사의 오르막길과 내리막길이 이어졌다. 가끔 밑둥이 뽑힌 나무들이 힘없이 쓰러져 있는 것이 보였다. '동네 뒷산 같네' 하고 안심할 즈음, 산세는 점점 험해지기 시작했다. 키 큰 나무들이 점점 보이지 않게 되더니, 키가 작고 가지가 이리저리 휜 관목들이 점점 더 많이 나타났다. 바람도 덩달아 거세지기 시작했다.

이곳은 모든 것이 웅대했다. 한국의 산세와는 많이 달랐다. 우리의 산들은 밥공기를 엎어놓거나 포개놓은 듯이 올망졸망하고

찰라디 빙하 입구

정겹다. 반면 코카서스의 산은 거대하고 모양새도 가차 없고 단호했다. 우리의 산하가 여성적이라면, 코카서스의 산하는 분명 남성적이었다. 산이 높을수록 계곡도 깊은 법이라 했던가. 어느 지점에 오르니 계곡을 따라 빙하수가 곤두박질치듯 쏟아져내렸다. 물살이 엄청나게 셌다. 산을 타고 내려온 물살은 땅도 가르고, 바위도 깎아내면서 힘차게 정해진 자기의 길을 가고 있었다. 그 무엇도 거스를 수 없는 도도한 물살을 목도하고 있노라니, 문득 정체를 알 수 없는 불안감이 엄습해왔다. 이 불안감의 정체는 아마도 경외감일 것이다. 감탄과 공포감이 뒤섞인 감정 말이다. '쥐방울만 한 인간들이여! 자만하지 말아라' 하고 꾸짖는 엄한 목소리가 들려오는 듯도 했다.

조지아인들의 겸손은 자연과 신을 향한 경외감에서 비롯되는 듯하다. 일년내내 하얀 눈에 뒤덮인 산과 얼음과 눈이 녹아 폭포처럼 쏟아지는 물줄기 앞에서의 공포, 불안, 두려움은 자연스럽게 자신의 왜소함과 연약함을 깨닫게 했을 것이다. 깨달음을 얻은 뒤에는 겸손해지는 것 말고 달리 어쩔 수 있단 말인가.

고도가 점점 더 높아지면서 키 작은 관목도 풀도 보이지 않았다. 그러더니 시야가 확 트이고 차가운 돌과 바위로 뒤덮인 텅빈 공간이 나타났다. 완전 바위산이었다. 고원을 떠도는 바람소리가 귓가에서 윙윙댔다. 그 와중에도 자갈밭과 바위틈에서는 야생화와 손톱만 한 풀들이 자라나고 있었다. 황량한 바위산에서도 생명이 솟아나는 것을 보니 '절대적인 존재', '신의 섭리' 같은

밑둥이 뽑힌 나무

단어가 자연스럽게 떠올랐다. 가쁜 숨을 몰아쉬는 나라는 존재가 더없이 크고 선명하게 내 의식 속에 각인되는 것을 느꼈다. '나'라는 존재를 돋을새김한 것처럼 말이다. 내 안 어디에선가 외침 소리가 들려왔다. '너도 저 나무와 꽃과 바위들과 다르지 않아. 너도 이 우주의 일부야. 그러니 너의 존재를 더 자랑스러워해도 된다고.' 사람이 살아가면서 이토록 오롯이 선명하게 자신이 우주의 일부라는 사실을 느낄 수 있는 순간이 얼마나 될까.

빙하가 코앞에 있다는 것이 느껴졌다. 공기는 점점 희박해지고 풍광은 더없이 황량해졌다. 검회색 빛을 띠는 뾰족 바위들이 거대한 시멘트 산처럼 둘러 서 있다. 발밑에는 온통 깨진 돌조각과 자갈들뿐이었다. 거대한 바위가 앞을 가로막고 서 있었다. 앞서가던 사람들이 바위 앞에서 멈춰 섰다. 길이 막힌 것인가. 아직

찰라디 빙하

찰라디 빙하로 향하는 탐방객들

빙하는 보이지 않는데…… 사람들은 더 움직일 생각을 않고 웅성거렸다. 무슨 영문일까. 빙하에 대한 기대가 너무 컸던 것일까. 눈앞의 바위는 올라오면서 본 바위와 다르지 않았는데, 그 바위가 얼음벽이라고 한다. 새하얀 빙상도 하늘을 찌를 듯한 얼음벽도 없었다. 빙하는 어디에 있는 거지?' 내 머리 속에 각인된 푸른 빛 '빙상(Ice Sheet)의 환상이 깨지는 순간이었다. '저기 있잖아. 바위처럼 생긴 저게 바로 빙하야!' 여름을 지나면서 바위 위를 덮었던 설빙은 모두 녹아내린 듯하다.

동굴처럼 생긴 바위 천장에서 물이 떨어졌다. 그것이 얼음이 녹아 떨어지는 빙하수라고 한다. 빙하 트레킹은 허무할 정도로 싱거웠다. 하지만 돌 틈 사이로 흘러내린 빙하수 한 방울이 거대한 폭포수가 되어 계곡을 뒤덮으며 흘러내리는 장관은 영원히 잊을 수 없을 것 같다. '자연에 대한 두려움'을 알게 해준 풍경으로.

빙하는 지구의 중력을 받아 서서히 아래쪽으로 이동한다고 한다. 그 움직임이 너무 느려 우리의 눈에는 보이지 않는다. 빙하의 흐름속도가 빠른 경우 1년에 4킬로미터, 느린 경우 2미터 정도라고 하니, 우리가 알아채기가 쉽지 않다. 그러나 감지하지 못할 빙하의 느린 움직임은 무엇보다도 강력한 침식과 운반 작용을 한다.

오늘날 빙하는 지구 면적의 10퍼센트를 차지하고, 빙하가 저장하고 있는 담수량은 지구 전체 민물의 75퍼센트를 차지한다고 한다. 최근 어느 때보다도 빠르게 녹아내리는 빙하로 인해 지구 해수면이 상승하고 이상기후가 지구 곳곳에서 속출하고 있다. 지구의 빙하가 전부 녹아내리면 지구 해수면의 높이가 60미터 높아진다고 한다. 오늘날 전 세계의 주요 대도시들은 해발 100미터 이하에 있다고 하니, 빙하가 녹아내리는 것에 손 놓고 있을 처지가 아니다. 서울의 해발고도는 38미터다. 멀지 않은 미래에 인류는 홍수라는 대재앙에 의해 멸망할 수 있다. 여기저기서 경고음이 울린다. 2020년 8월의 대홍수와 기상이변이 그 전조가 아니기를 바랄 뿐이다.

하츠발리 리조트, 메스티아의 가을은 황홀할 정도로 아름답다

9월 초면 우쉬굴리는 가을의 한복판으로 접어든다. 가을 햇살이 닿는 모든 곳이 황금빛으로 빛난다. 하얀 몸통을 드러낸 자작나무 잎들도 황금빛이다. 이삭걷이가 끝난 산비탈, 들판에 가지런히 쌓여 있는 건초더미, 코쉬키의 돌틈, 밤송이 껍질…… 두루두루 가을 햇살의 세례를 받고 있다. 스바네티의 가을은 짧아서 더 찬란하다. 10월이 되면 찬란한 가을이 가고 긴긴 겨울이 시작된다. 메스티아의 겨울은 산도, 집도, 길도 온 세상이 하얀 눈으로 뒤덮이는 계절이다. 미국 드라마 〈왕좌의 게임〉의 대사처럼 '겨울이 오고 있다'. 메스티아의 겨울은 보통 6개월 정도 이어진다. 폭설이 내리면 며칠이고 도로가 끊겨 오도가도 못하고 갇혀 버리는 것이 보통이다. 교통의 마비와 함께 도시는 완벽하게 고립된다.

우쉬굴리 사람들은 외부와의 고립을 별로 두려워하지 않는다. 불편할 뿐이다. 스바네티 지역 사람들은 오랫동안 외부와 단절

되어 고립된 삶을 살아왔다. 우쉬굴리에 도로가 생긴 것은 소비에트 정권이 들어선 이후다. 새로운 사회주의 체제하에서 공동체를 위한 영웅적인 노동이 찬양받던 시기였다. 인류 역사상 새로운 체제를 처음 수립한 사회주의 건설자들에게 불가능은 없었다. 공동체를 위한다는 의협심과 애국심에 불타는 마을 주민들은 변변한 장비도 없이 맨손으로 산을 허물고 나무들을 제거하고 길을 만들고 다리를 놓았다.

하츠빌리 리조트는 겨울에는 스키장으로 운영되고 오프 시즌에는 전망대와 카페로 운영되는 곳이다. 그렇다 해도 그날그날의 날씨에 따라 운영 여부가 달라진다. 개점을 할지 말지 산의 허락이 필요한 것이다. 다행히 날씨가 좋아 리프트가 정상 운영되

메스티아 하츠빌리 리조트. 스키 시즌이 끝나면 전망대로 이용된다. 9월초면 벌써 단풍이 들기 시작한다.

고 있었다. 리프트가 서서히 미끄러지기 시작했다. 저 아래로 하얀 눈 대신 누렇게 물들기 시작한 우쉬굴리 들판과 숲이 펼쳐졌다. 첩첩이 쌓인 산들, 산이 갈라져 만들어진 협곡, 협곡을 따라 걸쳐 있는 하얀 물길도 뚜렷하게 보였다. 해발 5,300여 미터의 쉬하라 봉, 테디놀디 봉도 점점 가까워지는 듯했다.

황금빛 자작나무 숲 뒤로 하얀 봉우리들이 파도처럼 일렁이고 있었다. 현실의 풍경이 아니라고밖에는 달리 표현할 말이 떠오르지 않는다. 시베리아의 끝없는 평원을 따라 지평선까지 이어지던 황금빛 자작나무도 감동이었고, 차가운 겨울 실오라기 하나 걸치지 않은 나신으로 모스크바의 추위를 견디고 있던 창백한 자작나무들의 처연한 아름다움에도 마음을 뺏겨보았다. 사할린의 고단한 자작나무들도 내 기억 속에 깊이 새겨져 있다. 그러나 해발 2천 미터 고원에 펼쳐져 있는 황금빛 자작나무들의 눈부심은 어디에 어떻게 새겨야 할지 모르겠다. 자작나무 숲 뒤로 하얀 봉우리들의 일렁임은 또 어찌해야 할지. 차라리 이 호사스러움을 보지 않았더라면 좋았을 것을. 그랬다면 겨울이 시작되기 전 그 찬란한 황금빛에 몸살을 앓는 일도 없었을 텐데 말이다.

고원에 위치한 카페에서 와인 한 잔을 사들고 하얀 설산과 마주 섰다. 설산을 벗 삼아 붉은색 음료를 홀짝거렸다. 눈앞에 펼쳐진 광경이 참 멋있기도 했다. 겹겹이 둘러선 산들이 하나같이 어찌나 가파르고 높은지, 구름마저도 꼭대기까지 오르지 못하고

하츠빌리 리조트 전망대 카페. 이곳에서 마시는 한 잔의 와인은 죽을 때도 잊을 수 없는 맛이다.

산 중턱 어딘가쯤에 걸쳐져 있다. 저 높은 곳에서 무슨 일이 일어나고 있는 것일까. 빗방울이 떨어지는가 싶으면 갈라진 먹구름 사이로 햇빛이 얼굴을 내민다. 그런가 하면 금세 먹장구름이 드리운다. 불길한 앞날을 예시하는 것처럼. 두터운 안개에 반토막이 났던 봉우리가 잠시 동안 제 모습을 찾았다. 모든 것이 종잡을 수 없이 변덕스럽다. 다음을 예측할 수가 없다. 이 산의 위대함은 바로 예측할 수 없다는 데에 있다. 그리하여 스바네티인들은 일찌감치 자연에 순응하는 법을 배웠을지도 모르겠다. 아무리 애써도 벗어날 수 없는 굴레라면 차라리 순종하는 편이 나을 테니 말이다.

해발 2,000미터의 고원에 찾아온 가을

스바네티는 조지아이지만 또 조지아가 아니다. 높은 산맥은 자연스럽게 스바네티를 조지아의 다른 지역으로부터 고립을 가져왔고, 그런 이유로 스바네티는 고유하면서도 독특한 자신들만의 문화를 형성했다. 무엇보다도 그들은 3백여 명으로 구성된 자국 군대를 보유하고 사메그렐로어가 아닌 스바네티어를 사용하는 '자유로운 땅'이었다. 앞으로 10년 20년 후 스바네티는 여전히 지금의 모습일지 아니면, 고립의 봉인이 해제되어 빙하가 녹듯이 그 독자성을 상실하게 될지 알 수 없다. 다만 바라건대 스바네티는 영원히 쉬하라 봉에 숨겨진 비밀스러운 곳으로 남아 있어주기를.

우쉬굴리 우쉬바 봉

조지아에서의 마지막 만찬

메스티아를 떠나기 전날 우쉬바 봉이 잘 보이는 '파노라마' 식당에서 마지막 저녁식사를 했다. 늘 그랬던 것처럼 하차푸리, 버섯과 가지요리 그리고 스바네티 전통음식인 굽다리를 주문했다. 와인도 빼놓을 수 없다. 지난 3일간의 시간이 꿈결처럼 아득하기만 하다. 그러나 눈앞의 우쉬바 봉이 꿈이 아니라고 한다. 또 이곳에 올 수 있을까. 또 오고 싶다.

카즈베기에서 러시아에서 여행 온 여학생들과 잠깐 얘기할 기회가 있었다. 그녀들은 "트빌리시에서 맛있는 거 사 먹느라 여행경비를 다 써버렸어요. 그래서 지금은 최대한 돈을 아껴야 해요"라며 웃었다.

정말 그렇다. 러시아어에서는 조지아 음식을 '그루진스까야 꾸흐냐'라 하고, 영어로는 '조지안 쿠진'이라고 표현한다. 모두 조지아 음식에 대한 찬미의 의미가 담겨 있다. 음식과 요리의 차이라고나 할까. 조지아의 요리는 여행경비를 탕진시킬 정도로 맛있다. 복주머니같이 생긴 '힌깔리'나 노릿노릿하게 구워낸 카누 모양의 '하차푸리'는 맛도 맛이지만 생긴 것부터 너무 사랑스럽다. 여기에 짙은 루비색 와인 한 잔을 곁들이면 푸쉬킨이 말한 대로 '조지아 음식은 한 편의 시'가 된다. 한번 조지아 음식 맛에 빠지게 되면 헤어나올 수 없다. 같은 음식을 아침 저녁으로 내리 사흘을 먹어도 질리지가 않는 마성의 맛이 바로 조지아 음식이다.

스페인에 여행 갔을 때 마드리드의 숙소 바로 맞은편에 '그루지아 레스토랑'이 있었다. 그날 저녁 바로 식당을 찾았다. 메뉴판에 적힌 낯익은 조지아 음식들의 이름이 너무도 반가웠다. 하차푸리, 샤쉴릭, 힌까리, 굽다리, 바클라잔, 샐러드…… 그런데 기대가 너무 컸던 것일까. 음식 맛은 영 아니었다. 외국에서 먹는 김치찌개처럼, 겉모양만 조지아 음식이었다. 그렇게 좋아하는 샤쉴릭도 남길 정도로 실망스러운 맛이었다.

음식에도 혼이 담겨야 한다. 진짜와 흉내만 낸 것은 완전히 다르다. 그 지방에서 나오는 재료와 향신료, 조상 대대로 내려온 비법과 만드는 사람의 손맛, 거기에 2퍼센트의 무언가가 버무려져야 비로소 한 나라의 문화를 대표하는 음식이 완성된다. 음식을 문화라고 하는 이유가 여기에 있을 것이다.

조지아 음식은 대체로 짜고 향신료와 고수풀을 많이 사용하여 독특한 향이 있다. 메인 요리뿐만 아니라 빵까지 너무 짜다. 고수풀의 향도 너무 강하다. 특이한 '향' 때문에 고수풀은 빼내면서도 그 '향'이 묘한 향수를 일으키고, 조지아 음식을 떠올리면 어김없이 그 '향'이 소환되니 희한한 일이다. 그럼에도 코카서스 지역에서 나는 다양한 허브와 향신료로 맛을 낸 조지아 음식은 지구상 그 어떤 나라의 음식보다 행복감을 선사해주었다. 우리 돈으로 몇천 원이면 치즈가 듬뿍 들어간 화덕에서 갓 구운 피자 한 판을 먹을 수 있다니. 이는 분명 조지아가 지친 여행자들에게 베푼 친절함이고 축복이다.

조지아 음식은 흑해 동부 연안에 세워졌던 고대 콜키스 왕국(에그레시아 왕국)에서부터 먹던 음식들이 대체로 지금까지 이어져 오고 있다고 한다. 식재료와 향신료 및 요리방법에서 동부와 서부지역의 음식에 차이가 있다. 서부에서는 칠면조와 닭요리를 많이 먹고 동부에서는 돼지고기, 소고기, 양고기와 밀가루 빵을 주로 먹는다고 한다. 그러나 여행 중에는 큰 차이를 느끼지 못했다.

주식인 빵 역시 지역에 따라 굽는 방식과 종류에 차이가 있다. 서부에서는 옥수수가루를 사용하고 동부에서는 밀가루를 주로 사용한다고 하는데, 역시나 차이를 느끼지 못했다.

조지아의 전통빵은 통틀어 '토니스 푸리(Tonis Puri) 혹은 '푸리' 라고 부르며, 보통 '토네'라고 하는 커다란 항아리 모양의 화덕에서 구워낸다. 운이 좋으면 시골이나 한적한 마을 또 도심의 뒷골목에서 커다란 토네에서 빵을 구워내는 곳을 볼 수 있다. 토네는 진흙으로 빚어 구운 화덕으로 안쪽에 벽돌이 덧대져 있다. 토네를 만드는 데만도 한 달 이상이 걸린다고 한다. 과거에는 장작불로 화덕을 덥혔는데, 요즘은 장작 대신 전기나 가스불로 대체된 화덕을 많이 사용한다. 우즈베키스탄 등 중앙아시아 여행 중에도 '토네'에서 빵을 굽는 것을 몇 번 본 적이 있는데, 모양이나 원리는 같다.

전통적인 빵 모양은 양쪽 끝이 뾰족하고 길쭉한 모양에 가운데 혹은 양 끝에 작은 구멍이 뚫려 있으며, '쇼티스푸리' 혹은 '쇼티'라고 부른다. '쇼티'는 '검(saber)'이란 뜻인데, 빵 모양이 칼처럼 길어서 붙은 이름이다. 예전에는 지금보다 훨씬 길었다고 한다. 빵에 구멍을 낸 것은 줄을 이용해 빵을 매달기 위해서가 아니었을까 추측해본다. 옛날 영화를 보면 전쟁터나 먼 길을 떠날 때 허리춤이나 등에 빵을 매달고가는 모습을 종종 볼 수 있다.

트빌리시 아블라바리 역 근처에 두 평 남짓한 빵 공장이 있다. 그곳에서는 산만 한 덩치의 남자 셋이 하루종일 화덕에서 빵을 구워낸다. 주방이나 칸막이도 없어서 밖에서도 빵 만드는 모습이 훤히 들여다보였다. 세 사람의 역할 분담이 확실했다. 한 명은 반죽을 해서 빵을 빚고, 한 명은 쉴새없이 구워내고, 또 한 명은 판매를 담당한다. 거리에 길게 늘어선 줄이 궁금해서 가봤더니 빵 나오기를 기다리는 사람들이었다. 한참을 구경하다가 그 줄에 합류해 빵을 사왔다. '빵' 구경하는 재미에 매일 빵집에 들러 시간을 보내다가 나중에는 빵집 사람들과 친해져서 점심과 와인까지 얻어먹기도 했다.

보통 하루에 세 번 정해진 시간에 빵이 나오는데, 빵은 나오자마자 순식간에 동이 난다. 사람들은 미리들 와서 기다렸다 빵을 사 갔다. 허탕을 치고 돌아가는 사람도 많았다. 이 가게에는 상호도 없었다. 화덕 열기에 땀을 비 오듯 흘리면서도 정해진 시간에 어김없이 빵을 구워내는 세 남자가 어느 순간에는 신성해 보이기까지 했다. 빠르고 편리한 것보다는 불편하지만 전통적인 삶의 방식이 사라지지 않아 조지아 여행의 매력은 배가되는 듯하다.

여행 중에 '하차뿌리'를 가장 즐겨 먹었다. 하차푸리는 밀가루 반죽에 치즈를 넣고 구워낸 '조지아식 파이(피자)'인데, 지역에 따라 만드는 법도 모양도 다르다. 밀가루 반죽을 귀를 잡아당기듯 길게 늘린 모양에 치즈를 듬뿍 올려 구운 다음 가운데에 계란노른자를 올려주는 '아자르식 하차푸리'가 단연 인기가 좋다. 계란

조지아의 대표음식 하차푸리. 지역에 따라 만드는 방법과 모양 등이 다르다.

노른자를 터뜨려 치즈와 섞어서 먹는데, 계란과 치즈를 섞는 재미에 아자르식을 주문하기도 한다. 이메레티식 하차프리는 처음부터 밀가루 반죽에 치즈를 듬뿍 넣고 둥근 빵 모양으로 만든다. 하차프리를 주문하고 아자르식 하차프리를 기대했는데 이메레티 하차프리가 나와서 실망하는 경우도 종종 있으니, 차이점을 알아두는 것이 좋다. 어느 식당에서는 하차푸리를 꼬치처럼 꼬챙이에 구어서 잘라주기도 한다.

'힌깔리'는 프샤비, 므찌우레티, 헤브수레티 등 산악지대에서 유래된 음식이다. 코카서스 전 지역과 구소연방(CIS, Commonwealth of Independent States, 1991년까지 소연방의 일원이던 독립국가들) 지역으로 퍼져 지금은 조지아의 대표적인 음식이 되었다. 우리나라의 손만두와 비슷하게 생겨서 처음 먹는 사람들도 부담 없

조지아식 만두 힌깔리. 우리나라 손만두와 닮았다.

이 즐긴다. 한편 북쪽 지방에서는 고기만두와 파이의 중간쯤 되는 굽다리라는 음식을 즐겨 먹는다.

힌깔리는 밀가루 피에 다진 고기에 각종 향신료와 허브를 넣고 만든 나친카(만두소)를 주머니 모양으로 빚어 끓는 물에 삶아낸 요리이다. 조지아 전통 술루구니 치즈와 버섯을 넣기도 한다. 밀가루 피의 가장자리를 주름 모양으로 가지런히 겹쳐 오므린 모양이 복주머니처럼 생겼다. 힌깔리는 꼬다리 부분이 위쪽으로 오게 담는데, 다 이유가 있다. 꼬다리를 잡고 한 입에 쏙 넣어 국물까지 같이 먹어야 제맛이기 때문이다. 꼬다리는 안 먹고 남기는 것이 보통이고 접시 위에 남겨진 꼬다리를 보고 몇 개를 먹었는지 세어보기도 한다. 무심코 한 입 베어 물었다가 뜨거운 국물에 입천장을 데는 경우도 종종 있으니 조심해야 한다. 힌깔리 모

우리나라 음식이 양념맛이듯이 조지아 음식도 사용하는 허브에 따라 맛이 달라진다.

양의 기념품이나 손뜨게질 수공예 제품도 종종 볼 수 있다.

'츠크메룰리'를 빼놓을 수 없다. 튀긴 닭고기에 마늘과 버터, 물, 우유를 섞어 만든 소스를 넣고 오븐에 구워내는 요리인데, 고소한 맛이 일품이다. 라차 지역의 츠크메리라는 작은 산악마을에서 유래한 음식이다. 츠크메룰리는 나에게 '조지아 쿠진'(Georgian cuision)이라는 신세계의 문을 활짝 열어준 음식이다. 트빌리시 메테히 광장 앞에 있는 '에스파니아 식당'에서 처음 먹어보고 기회만 되면 주문했다. 그런데 식당마다 맛의 차이가 컸다. 카즈베기에서 먹은 츠크메룰리는 최악이었다.

'므츠바디'는 러시아어인 '샤쉴릭'으로 더 잘 알려진 꼬치 바비큐 요리다. 돼지고기나 닭, 양, 소 등을 먹기 좋은 크기로 잘라 와인이나 레몬에 재워 2~3일간 숙성시킨 후 꼬챙이에 끼워 장작에 구워낸다. 러시아나 중앙아시아 쪽에서는 아주 보편화된 음식이고, 길거리나 유원지 등에서도 쉽게 맛볼 수 있는 스트리트 푸드

닭요리의 하나인 츠크메룰리

조지아 꼬치구이, 므츠바디

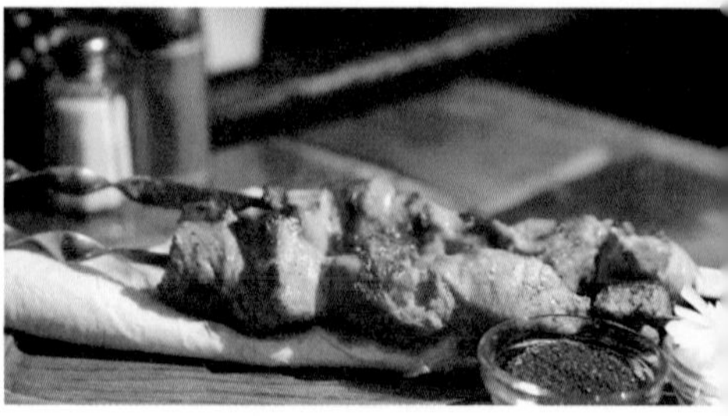

로도 손색이 없다. 장작 위에 고기를 올리고 물을 뿌려가며 불 조절을 하면서 타지 않게 노릇노릇하게 구워내는 것이 포인트다. 고기는 돼지고기, 닭고기, 소고기, 양고기 등이 두루 사용되는데, 어린 양고기로 만든 므츠바디가 제일 비싸다. 개인적으로는 솜씨 좋은 주방장이 요리한 부드러운 양고기 므츠바디가 최고로 맛났다.

므츠바디는 고기를 굽는 땔감이 중요하다. 우리가 참나무 숯에 구운 고기를 최고로 치듯이 나라마다 '최고의 땔감'이 다르다. 우즈베키스탄 사람들은 사막에서 자라는 '싹사울' 가지 땔감을 최고로 여기고, 러시아 사람들은 자작나무 장작에 구워야 맛있다고 한다. 반면 조지아 사람들은 포도나무 장작이 누린내를 잡아주고 포도나무의 향이 밴다고 하여, 포도나무에 구운 므츠바디를 최고로 친다. 우리나라에서는 참나무 숯을 최고로 여기는 것을 보면 결국 나라마다 구하기 쉬운 나무가 최고의 땔감이 되는 모양이다.

보드베 수도원 앞 카페에서 먹은 므츠바디의 맛을 잊을 수가 없다.

조지아 요리들

조지아 여행 중에 먹은 최고의 므츠바디는 시그나기의 보드베 수도원 앞 카페에서 맛볼 수 있었다. 시간이 없어 앉아서 먹지도 못하고 므츠바디 몇 조각과 빵 한 조각을 비닐봉투에 담아와 차 안에서 먹었는데, 어찌나 맛있던지 차에서 냄새가 나는 것도 아랑곳하지 않고 먹었던 기억이 새롭다.

가지요리와 버섯요리는 정말 사랑스럽다. 길고 납작하게 썰어 기름에 지져낸 가지에 마늘과 파, 호두가루 등으로 맛을 낸 요리인데, 담백하면서도 달착지근한 가지 본래의 맛이 극대화된 요리다. 전채요리로 먹어도 좋고, 포도주와도 아주 잘 어울린다. 식당마다 모양과 장식하는 것이 달라 비교하는 맛도 쏠쏠하다. 버섯요리는 '천국의 맛'이라고밖에는 달리 할 말이 없다. 송이버섯 위에 치즈를 올리고 올리브유를 듬뿍 발라 오븐에 구워낸다. 평소에 버섯을 잘 안 먹는 사람도 버섯 요리를 거부할 수는 없을 것이다. 어떤 음식을 먹든 샐러드는 기본인데, 오이와 토마토에 소스를 얹거나 신선한 야채만을 그대로 먹는 경우가 많다.

메스티아를 떠나오던 날 하늘은 여전히 맑고 설산은 변함없이 눈부셨다. 지난 사흘 동안 메스티아에서의 시간은 코카서스 하늘 아래 첫 번째 인간의 마을 우쉬굴리와 코카서스의 맹주인 해발 5천 미터 쉬하라, 우쉬바, 테티눌디 봉까지 친견했던 가슴 벅찬 시간이었다.

내가 여행 사진 찍는 법

좋은 여행사진이란 무엇일까

여행은 새로운 풍경과의 대면이다. 여행에서의 새로운 풍경이란 여행지에서 맞닥뜨리는 모든 것이라고 말하고 싶다. 아름다운 일몰, 푸르른 창공, 고색창연한 고성들, 길게 흐르는 강물, 꼬불꼬불한 골목길, 새하얀 건물, 검은색 수도복을 입은 사제, 돔 위에 걸려 있는 뾰족한 십자가 심지어는 낡은 아파트 베란다에 걸린 가난한 사람들의 빨래와 자전거 타고 가는 할아버지, 빵 굽는 사람들까지도 풍경이 된다. '그곳', '그 장소'를 구성하는 모든 것들 말이다. 그래서 그곳이 그곳일 수밖에 없게 만드는 것들, 그리하여 무거운 짐 가방을 들고 기어이 찾아가게 만드는 것들. 그것이 여행지에서의 풍경이고, 그 풍경을 담은 것이 여행사진이다. 그것이 무엇이 되었든, 마음이 감흥을 일으켜 찍은 사진 말이다.

만일 여행 사진을 흔히 말하는 '멋진 풍경' 사진으로 국한한다면, 찍을 거리는 한없이 적어지고 사진기는 그저 무거운 짐이 되어버릴 것이다.

마음이 감흥을 일으킨다는 무엇일까. 내 경우에는 뭐랄까, 누군가 뾰족한 송곳을 내 가슴속에 찔러넣는 것처럼 한쪽 가슴이 아리고 저려오는 느낌이다. 그 저린 느낌은 기쁨과 슬픔, 놀라움, 애잔함, 새로움에 대한 감동, 낯선 느낌 등 다양한 얼굴을 하고 나타나는데, 보통은 웅장하고 스펙터클한 자연을 대했을 때보다 사람들을 마주할 때 더 자주 찾아오는 것 같다. 굳이 구별하자면 자연 풍경이 아닌 삶의 풍경을 더 선호한다고 할 수 있겠다.

그렇다면 좋은 여행 사진이란 무엇일까. 어떻게 하면 여행사진을 잘 찍을 수 있을까. 여행이 낯선 나라, 즉 낯선 사람들과 낯선 문화와의 만남이라면 좋은 여행 사진이란 그 만남을, 만남의 감동을, 놀라움을, 새로움을, 기쁨을, 낯섦을 잘 담아낸 사진일 것이다. 한 마디로 사진에 스토리와 느낌이 담겨 있고, 그 사진을 본 다른 사람들도 공감하게 만드는 사진 말이다.

예전에 사진 강의를 듣고 한창 사진에 빠져 있을 때에는 스티브 맥커리나 으젠느 앗제, 로버트 프랭크, 듀안 마이클 같은 고전적인 대가들을 참 좋아했었다. 요제프 쿠델카의 집시 사진을 보고는 체코로 집시를 만나러 가고 싶었다. 앗제의 오래된 파리의 뒷골목 사진을 보면서 파리 여행을 꿈꾸었다. 몽골 사막 한복판의 상점 유리창에 고개를 내밀고 있는 아이의 순수한 웃음을 보고는 몽골을 동경했다. 듀안 마이클의 후지산 사진을 보고는 그렇게 일본이 가고 싶었다. 좋은 여행 사진은 그런 사진들일 것이다. 보는 이로 하여금 사진 속의 그곳으로 빨려들어가게 만드는 사진. 실제로 한 장의 사진을 보고 여행을 떠나는 사람이 얼마나 많은가.

사진은 존재의 증명이기도 하지만 부재의 증명이기도 하다. 내가 셔터를 누를 때, 그 순간은 사라진다. 사진에 찍힌 시간과 사람은 이미 없다. 철저하게 사라져가는 것을 기록하는 작업이다. 그런데도 사람들은 사진을 보고 사색과 우수에 잠기기도 하고, 사진 속의 장소를 찾아 길을 나서기도 한다. 사진의 역설이라고나 할까.

사진으로 표현하고자 하는 것, 들려주고 싶은 이야기들을 우리는 '비전'이라고 한다. 장비와 사진 기술 및 리터칭 기술 등은 이런 비전을 완성시키는 것에 기여한다. 독특한 화면 구성과 표현법, 색채 등 자신만의 사진 문법으로 자신의 비전을 완성시킬 수 있다면 아주 훌륭하다. 글을 쓰는 작가들에게 고유한 문체가 있듯이, 사진가 역시 자신만의 스타일을 만들어내는 게 중요한 듯하다. 그러나 내게는 모두 꿈같은 이야기이다. 하다못해 아름다운 일출과 일몰 사진을 찍기 위해 기상 상황을 체크하고 몇 시간이고 기다리는 인내심도 없고 렌즈와 삼각대, 필터, 스트로브 등 장비를 이고지고 갈 정성도 없으니 언감생심이다. 다만, 나는 내 사진이, 내가 '셔터를 눌렀던' 순간의 그 느낌과 그 마음이 다른 누군가에게 전달되기를 바랄 뿐이다. 그래서 누군가의 가슴을 뛰게 하고 꿈을 꾸게 만든다면 더없이 행복할 것이다.

내 여행길의 동반자, 캐논 5D Mark3와 라이카Q

내가 사진을 처음 접한 것은 5~6년 전이다. 내셔널 지오그래픽 사진 아카데미에서 진행하는 '다큐멘터리 사진 초급과정'이 나의 첫 사진 클래스였다. 중급, 고급반까지 수강하고 수료증까지 받았다. 그런데 이 강좌에서는 카메라 조작법 같은 기술적인 것은 거의 가르쳐주지 않고 '다큐멘터리 사진, 포토저널리즘' 같은 어려운 주제를 놓고 강의했고, 그런 방향으로 하나의 주제를 잡아 지속적으로 자신만의 작업을 하고 포트폴리오를 만드는 방법 등을 교육했다. 당시 나는 일제 강점기 사할린으로 강제 동원되거나 이주한 한인들을 기록하겠다고 러시아 사할린섬을 세 번이나 다녀오기도 했다. 사진은 그런 열정이 없이는 할 수 없는 창의적인 작업이라는 것을 그때 알았다.

사진 관련 서적이나 강의에서는 대체로 '야경 사진 잘 찍는 법'이나 '장노출 사진 찍기', '별 사진 찍는 법', '여행 사진 잘 찍는 법', '풍경 사진 잘 찍는 법', '인물사진 잘 찍는 법'을 가르쳐준다. 이런 강의에서는 비전보다는 기술적인 스킬을 가르쳐주는 것에 역점을 두는데, 그 또한 유용하다. 사진을 잘 찍으려면 강의도 듣고, 전시도 많이 보고, 많이 찍는 것 말고는 답이 없는 것 같다.

나의 첫 디지털카메라는 캄보디아 여행길에 인천공항 면세점에서 구입한 캐논 똑딱이 IXUS90IS이다. 내가 이 모델을 선택한 것은 기능이나 사진의 결과물이 마음에 들어서가 아니라 순전히 예뻐서였다. 휴대폰의 절반도 안 되는 크기의 카메라가 어찌나 고급스럽고 앙증맞던지. 가방은 물론이고 옷주머니에도 쏙 들어가는 그 카메라를 한동안 분신처럼 들고다녔다. 전자동이어서 셔터를 누르기만 되었다. 광학의 원리니 렌즈의 종류, 렌즈의 굴절, ISO를 몰라도 조리개 값이니 셔터 스피드니 하는 것에 신경 쓰지 않고 누르기만 하면 예쁜 사진이 척척 찍혀 나오니 얼마나 재미 있었겠는가. 실제로 본 것보다 훨씬 더 화사하고 선명하게 현실을 재현해내는 것이 완전 마술상자 같았다. 그렇게 사진과 친해졌다. 그 후 올림푸스 똑딱이와 소니 미러리스 NEX-5를 거쳐 캐논 60D를 샀다. 내 생애 최초의 DSRL 카메라였다. 풀바디, 크롭바디 어쩌고 하는 소리가 무슨 소리인 줄도 모르고 중급용 DSLR을 사라는 주변의 권고를 받아들였다. 거기에 일명 '축복이'라고 불리는, 크롭 바디의 렌즈계의 총아로 불리는 17~55mm 렌즈를 장착하니 더없이 근사했다. 그 카메라를 들고 참 여러 곳을 돌아다녔다.

몇 년이 지난 후 지금 들고 다니는 캐논 5D Mark3를 장만했다. 렌즈는 주로 24~70m 표준렌즈를 사용하고, 16~35mm 광각렌즈와 85mm 단렌즈를 사용한다. 그러다 조금 가볍고 휴대하기 편한 카메라가 필요해서 28mm 렌즈가 장착된 라이카Q를 하나 더 장만해서 서브 카메라로 들고 다닌다. 라이카Q는 셔터 소리가 작고 최대 조리개 개방값이 F/1.7로 밝아서 실내 촬영에 용이하다. 교회나 성당, 사원, 박물관, 미술관 등 실내에서는 주로 라이카를 사용한다. 라이카는 해상도가 워낙 좋아서 실내, 실외, 풍경, 인물 어느 상황에서도 OK이다. 전업 사진작가가 아닌 나로서는 이 정도면 충분하다. 가끔 망원렌즈와 50mm 단렌즈가 있었으면 하다가도, 여행 중에 렌즈를 자꾸 갈아 끼우는 것도 번거로워 꼭 사야겠다는 생각은 들지 않는다.

카메라 성능과 사진의 질은 별로 비례하지 않는다는 것은 예를 들 필요도 없이 명확하다. 요즘은 휴대폰 카메라가 웬만한 카메라보다 성능이 좋은 데다가, 사진보정 앱 하나만 다운로드하면 손쉽게 리터칭까지 할 수 있어 사진 찍는 것이 너무도 쉽고 즐거운 세상이 되었다.

무엇을 찍을까

의외로 여행지에서 무엇을 찍을지 모르겠다는 사람이 많다. 기념사진 몇 장 찍고는 고이 다시 카메라 가방에 모셔두는 사람도 있고, 애써 가져간 고급 DSRL 카메라는 고이 모셔두고 휴대폰으로만 찍는 사람도 있다. 그러나 잘 생각해보면, 아니 주위를 둘러보기만 해도, 자신이 서 있는 그곳에 찍을 거리가 넘쳐난다는 것을 알게 될 것이다.

예컨대 유명 사원을 간다고 치자. 대부분 사원 전경 사진 몇 장 찍고, 사원 앞에 선 본인 사진과 일행과의 단체 사진 몇 장 찍고 그만이다. 그러나 장소가 주는 분위기, 건물의 디테일, 건물 등에서 찾아지는 상징 부호나 패턴, 현지인들이 그 장소를 대하는 태도, 우리와는 다른 색감 등에 관심을 준다면, 그 모든 것이 다양하고 멋진 피사체가 된다는 것을 말해두고 싶다. 실제로 나는 폐허가 된 사원의 쓸쓸함을 표현하려고 텅 빈 사원 뜰만 찍기도 하고, 문고리만 화면 가득 찍기도 하고, 사원 안의 노점상을 더 많이 찍어오기도 한다.

장엄한 사원보다도 사원 뒤편에 있는 시장에서 더 많은 시간을 보내기도 한다. 그곳에 찍을 거리가 무궁무진하게 많기 때문이다. 싱싱한 과일과 야채, 사람들의 표정, 소박하지만 화려한 색감의 옷들, 물건을 사들고 가는 사람들의 뒷모습, 리어카 앞에 모여 수박을 먹는 아이들, 형형색색의 향료들…… 어떤 때는 시장 사람들과 친해지려고 그들이 파는 물건을 한 보따리 사오기도 한다. 성벽 아래나 교회 담벼락 아래에서 뛰어놀고 있는 아이들은 또 얼마나 사랑스러운가. 뻔한 건축물 사진보다 뒷골목 사진이나 현지인의 모습이 찍힌 사진들이 더 많은 감흥을 자아낸다는 것은 분명한 사실이다. 그러니 자신이 흥미를 느끼거나 느낌이 왔을 때 그 찰나의 순간을 놓치지 말고 맘껏 찍으면 된다.

그렇게 찍어온 사진들을 어떻게 할까? 힘들게 사진을 많이 찍어왔어도 보여줄 사람도 없고 폴더 안에 보관만 해야 한다면 굳이 힘들게 사진을 찍고픈 마음이 덜 들 것이다. 실제로 여행에서 돌아온 후 사진 폴더를 열어보지 않는 경우도 더러 봤다.

내가 찍은 사진을 남들에게 보여주고 사진을 매개로 소통할 수 있는 창을 만들면 사진 생활을 지속해나가는 데 많은 도움이 된다. 네이버 블로그나 다음 티스토리, 구글 블로그 등을 만들어 사진을 업로드하고 여행 당시의 소감을 곁들여놓는다면 분명 훌륭한 여행기가 될 것이다. 또 누가 아나. 출판사나 잡지 편집자가 보고 '책 내자고' 연락을 해올지. 혹은 사진을 좀 써도 되겠냐고 문의해올지.

자동? 수동? 어떤 모드로 찍어야 하나?
— 내 카메라에 대한 확실한 이해

많은 이들이 카메라 모드를 자동으로 놓고 찍는지 혹은 수동으로 놓고 찍는지를 궁금해한다. 그러나 그건 크게 고려 사항이 아닌 것 같다. 본인에게 익숙한 대로, 편한 대로 찍으면 된다. 다만 자동모드에서는 상황이나 장면을 순간적으로 낚아채기에 유리한 면이 있다. 난 대체로 수동모드로 놓고 찍는 편인데, 가끔 노출이 안 맞아서 새하얗게 날아가거나 새까만 사진이 나오기도 한다. 요즘은 자동모드나 AV 모드로 찍는 것이 편해서 특별한 노출이 필요하지 않다면 완전 자동이나 AV 모드로 찍기도 한다. 그러나 정말 자신이 말하고자 하는 바를 제대로 표현하려면 수동모드로 찍는 것을 권하고 싶다. 셔터 스피드와 조리개 값이 모두 자신의 비전을 표현하는 훌륭한 수단이 된다는 것을 명심해야 한다.

한편, 자동모드라고 너무 방심해서는 안 된다는 점도 말해두고 싶다. 셔터를 누르기 전에 늘 조리개 값과 셔터 스피드를 확인해야 한다. 블로그나 SNS에 올라온 야경 사진들 가운데 흔들리는 사진이 생각보다 많다. 셔터 속도가 너무 느려서 사진이 흔들린 것인데, 그런 경우 셔터 스피드가 1/10, 1/20 정도밖에 안 될 것이다. 그럴 때에는 ISO를 더 많이 올려주는 것으로 해결할 수 있다. 의외로 많은 이들이 ISO를 높이는 것을 두려워하는데, 전혀 그럴 필요가 없다. 요즘 카메라는 ISO를 10,000 이상 올려도 노이즈가 문제가 되지 않는다(노이즈에 민감하다면 삼각대를 사용해야 할 것이다). 조리개 값이 낮으면 심도가 낮다. 심도는 초점이 맞는 범위인데, 심도가 너무 낮으면 주변부는 모두 흐릿하게 나온다. 나란히 선 두 사람을 찍었는데 한 명만 선명하게 나왔다면 조리개 값을 점검해봐야 할 것이다. 난 요즘도 가끔 그런 실수를 한다. 특히 레스토랑 같은 곳에서 음식 사진을 찍을 때는 먹는 것에 팔려 대충 찍다가 보면 형편없는 사진이 나오기 일쑤다. 무심코 세팅값을 확인하지 않고 찍었다가 낭패를 보는 것이다. 때문에 셔터를 누르기 전에 반드시 세팅값을 확인해야 한다. 사진에 독특한 효과를 내고 싶다면 다중노출이나 HDR 모드를 사용해보는 것도 좋다.

무엇보다 작동법을 포함해 자기 카메라에 대해 속속들이 알고 있어야 한다. 카메라는 병사의 무기와 마찬가지이다. 최고의 총이 있다 한들 적이 나타난 순간 총을 다룰 줄 몰라 쏠 타이밍을 놓친다면 무슨 소용이 있단 말인가. 카메라도 마찬가지다. 찍고 싶은 피사체나 장면을 놓치지 않도록 자기의 카메라를 능숙하게 다뤄야 하는 것은 기본 중의 기본이다.

좋은 사진은 얼마나 발품을 팔았나에 달려

좋은 사진을 찍으려면 남들보다 더 많은 발품을 팔아야 한다. 보통 유명 관광지에는 포토존이 있다. 사람들은 대체로 그곳에서 기념사진 한두 장 찍고 떠나곤 하는데, 그러면 다른 사람들과 똑같은 사진밖에 찍을 수 없다. 같은 장소라도 앞으로도 가보고, 뒤로도 가보고 하면서 주위를 돌아다니다 보면 분명 '앗! 이거다' 싶은 앵글이 나오는 장소가 있다. 남들이 보지 못하는 것을 볼 수 있다면 재능있는 사진가다. 같은 장소에서 전혀 다른 사진을 만들어낼 줄 아는 아주 유능한 사진가 말이다. 피사체에 가깝게 다가서는 것도 중요하다. 사진이 좋지 않다면 '충분히 피사체에 다가서지 않았기 때문이다'라는 유명한 말도 있지 않은가.

'찰나'를 포착하자

이리저리 다니다보면 생각지도 못한 곳에서 좋은 장면을 만나기도 하는데 그 순간을 포착하는 것이 중요하다. 그러려면 카메라는 늘 켜져 있는 상태여야 한다. 내 카메라의 렌즈 뚜껑은 항상 열려 있고, ON 상태이다. 숙소에 들어와서야 카메라를 끈다.

앙리 카르티에 브레송의 '결정적 순간'이라는 말을 한 번쯤은 들어봤을 것이다. 이 말의 핵심은 아마도 '타이밍'의 중요성일 것이다. 타이밍과 구도가 딱맞아 떨어지는 찰나의 순간이 결정적 순간이 아닐까. 그리고 우리는 그 '결정적 순간'을 놓치지 말아야 한다.

오른쪽 위의 사진은 트빌리시 시내에 있는 나리칼라를 다 둘러보고 내려오면서 찍은 사진이다. 성 위에서 이미 많은 사진을 찍은 뒤였지만 성벽에 서서 쿠라 강과 트빌리시 풍경을 감탄하면서 바라보고 있는 일가족이 보이는 순간 셔터를 눌렀다. 똑같이 도시 전경을 담아도 사람이 있으면 훨씬 생동감이 돈다. 한쪽 구석에 기념촬영을 하는 연인들의 모습이 활기를 더해준다. 카

NIRVANA

메라가 온 상태가 아니었다면 저 가족들은 금방 뿔뿔히 흩어졌을 것이고 저 사진을 찍지 못했을 것이다.

우연히 들어간 교회에서 때마침 유아 세례식이 거행되고 있었는데, 마침 물을 뿌려주는 순간을 포착한 것은 행운이었다. 그 다음 사진은 아이의 웃는 모습과 고개를 숙여서 보이지는 않지만 큰 아이들의 웃음까지 느껴지는 분위기가 잘 잡혔다.

나리칼라에서 찍은 또 한 장의 사진 역시 무너진 성벽을 배회하다가 순간적으로 포착한 장면이다. 폐허가 된 고성의 돌더미에 자유롭게 걸터앉아 맥주를 마시는 젊은 여행객들의 모습에서 나리칼라가 과거의 유물이 아니라 새로운 생명을 얻는 것처럼 보였다. 그러니까 이 사진은 성벽을 찍은 것이 아니다. 트빌리시가 과거와 현재, 낡은 것과 새로운 것이 대비를 이루며 공존하는 도시임을 보여주고 싶었다.

사진은 프레임으로 보여주는 예술이다. 설득력 있는 사진이 되려면 프레임 속의 화면을 잘 구성해야 한다. 너무 많이 넣으면 산만하고, 있어야 할 것이 없으면 허전하고 혼이 담기지 않은 사진이 될 것이다. 프레임의 구성은 고도의 집중력이 요구되는 선택과 결정의 산물이다.

오른쪽 사진은 우연히 케헤티 들판에서 만난 카헤티의 농부의 사진이다. 처음보는 포도 트럭 앞에서 넋을 잃고 서 있는 내가 재밌다는 듯 미소를 지으며 포도송이를 건네는 카헤티 농부의 선

함이 사진을 뚫고 그대로 전달되는 듯 하다. 그렇다. 나는 포도트럭과 포도가 아니라 카헤티 농부의 선량함을 사진에 담고 싶었다. 마침 붉은색 티셔츠와 푸른색 바지의 대조도 좋은 구성요소가 되었다.

현지인들과 친밀감을 나누고 사람들에게 다가가자

현지인들과 친밀감을 나누는 것도 좋은 여행 사진을 위한 중요한 요소다. 이번 조지아 여행을 떠나기 전부터 나는 사제들의 모습을 많이 담겠다는 생각을 했었다. 80퍼센트가 넘는 국민이 정교를 믿는 나라에서 그들이 얼마나 종교를 신성시하는지, 얼마나 깊이 생활 속에 종교가 녹아들어가 있는지 궁금했다. 우연히 사메바 사원에서 멀리 쿠타이시에서 온 사제 한 분과 잠시 얘길 나눌 기회가 있었다. 사제의 온유한 태도와 겸손한 몸가짐, 맑은 눈빛에 나까지 감화되는 듯했다. 신을 섬기는 것이 너무 행복하다고 말하는 사제의 얼굴에서 뿜어져나오는 기쁨과 신에 대한 사랑의 표정은 지금도 생생하다.

말도 통하지 않는 외국에서 처음 외국인에게 다가서려면 엄청난 용기가 필요하다. 언어가 통하지 않는다면 더 어렵고 위축이

든다. 그러나 사람간에는 통하는 정서가 있는 것 같다. 떨리는 마음으로 다가갔는데 눈이 마주친 순간 서로 미소를 교환한 적이 얼마나 많았던가.

카즈베기에서 어둠이 깔리는 줄도 모르고 동네를 어슬렁거리고 있었다. 그때 할아버지가 산에서 양을 몰며 내려오고 있었다. 그 풍경이 내 눈에는 '너무도 카즈베기적'으로 보였다. 할아버지도 꼭 사진에 담고 싶었지만 인상이 조금 험악해 보였다. 멀찌감치에서 양들을 찍다가 용기를 내 다가섰다. 인사를 건네고 카메라를 가리키니 아무말 없이 그저 미소만 지어주었다. 찍어도 좋다는 신호였다. 만족스러운 사진을 건지지는 못했지만 왼쪽 사진처럼 카즈베기 양치기 할아버지의 순박한 미소가 담긴 사진을 찍을 수 있었고, 나름 만족한다. 곧이어 또다른 양치기 할아버지를 만났는데 그 할아버지는 양몰이용 막대기까지 휘두르며 오지 말라며 으름장을 놓았다. 그러나 이런 경우는 아주 드물다.

현지 문화의 이해는 필수

어느 지역을 여행하든지 여행지의 문화를 미리 알고 간다면 훨씬 좋은 장면을 포착할 수 있다. 정교 국가에서 교회는 그들에겐 삶이 시작되는 곳이고, 삶이 끝나는 곳이다. 엄마 뱃속에 있을 때부터 교회를 다니기 시작해 세례를 받고, 결혼을 하고, 장례 미사를 드리고, 또 교회에 묻힌다. 그들의 삶이 얼마나 교회에 밀착되어 있는지를 보여 주고 싶었다. 교회 결혼식, 세례식, 기도하는 사람들을 많이 담은 이유다.

이 사진을 찍기 위해 나는 결혼식이 끝날 때까지 지켜보았다. 전속 사진가가 된 것처럼 말이다. 물론 예식에 방해가 되지 않도록 조심했다. 그들 역시 나를 밀어내거나 하지 않았다. 나와 눈이 마주친 신부는 눈부신 미소를 보여주는 것으로 나의 존재와 찍는 행위를 용인해주었다. 그 미소 덕분에 난 더 대담해져서 바로 지척에서 정교 교회에서 신랑 신부가 하나가 되었음을 상징하는 의식인 두 팔을 묶고 있는 장면을 포착할 수 있었다. 이 지역에서

모시는 성인이 가득한 성당에서 신비로운 빛에 감싸여 오래된 전통에 따라 혼인 서약식을 하는 장면을 여행중에 본 것은 대단한 행운이 아닐 수 없다.

여행자들이 쉽게 접해볼 수 없는 현지인들의 일상도 훌륭한 사진의 소재가 된다.

빛을 잘 활용하자

사진은 빛으로 그리는 그림이다. 가능하면 아침 시간과 일몰 시간은 놓치지 않는 것이 좋다. 도시가 깨어나는 새벽 시간이나 어둠이 깔리는 시간은 여행지의 분위기를 담기에 더없이 좋은 시간이다. 그러나 모든 시간이 사진 찍기에 최적의 시간임을 명심하자. 또 빛의 질을 파악해두는 것도 필요하다. 부드러운 빛, 강한빛, 측면광, 정면광, 역광 등 빛을 잘 이해하면 훨씬 나은 사진을 만들 수 있다.

저녁 식사를 마치고 숙소로 돌아가는데 깜깜한 므츠헤타 거리에서 유독 이 건물만 환하게 불이 밝혀져 있었다. 무심코 셔터를 눌렀는데 뜻밖에도 아주 화사한 사진을 얻을 수 있었다. 게다가 두 선남선녀가 저녁 데이트를 즐기고 있었을 줄이야. 그때는 어두워서 그들이 있는지조차 몰랐었는데 말이다. 덕분에 므츠헤타의 낭만적인 분위기의 밤거리 사진을 얻을 수 있었다. 이런 경우

에는 정말 서프라이즈 선물을 받은 것처럼 즐겁다.

조지아 여행에서는 한 줄기 빛이 어두운 돌 틈으로 들어와 빛 속에서 먼지 입자가 떠도는 순간 사람들이 기도하는 장면이 참 좋았다. 신비하고 성스러움이 느껴져서 말이다. 부모와 아이들이 함께 사원에서 와서 초에 불을 밝히고 함께 기도를 하는 모습은 어느 여행지에서는 볼 수 없는 특별한 장면이었다.

좀 다른 사진을 찍고 싶다면 다른 경험을 해야 한다. 그래서 일부러 쿠라 강에서 모터보트를 타기도 했다. 강의 물살을 가르면서 '절벽 위에 세워진 트빌리시'를 실감했다. 강 한복판에서 바라보는 트빌리시는 전혀 다른 도시였다.

해외여행지에서는 사람들에게 카메라를 들이대는 일이 한국에서보다 훨씬 자유롭다. 먼저 사진을 찍어 달라고 포즈를 취하기도 하고, 자신들을 찍는 것에 대해 전혀 개의치 않는 것이 보통이다.

그러다보니 별생각 없이 카메라를 들이대곤 하는데, 한 번은 나도 모르게 황당한 경우를 당했다. 조지아에서는 교회 입구마다 걸인들이 앉아서 지나가는 이들의 자비를 구하는 경우가 많다. 어느 이른 아침 트빌리시 루스타벨리 거리에서 성당을 사진에 담고 있는데, 갑자기 걸인 여자가 찍지 말라며 막 소리를 지르는 것이었다. 솔직히 난 그 여자를 보지도 못했었다. '당신을 찍는 것이 아니라 교회를 찍는 것'이라고 설명했지만 그녀의 막무

가내 외침은 계속되었다. 황당하고 불쾌했다. 그런데 그 일은 그동안 소외된 사람들에게 무례하게 마구 카메라를 들이대지는 않았는지 돌아보는 계기가 되었다. 국제 구호기구의 인도주의 프로젝트를 위해 세계 곳곳을 다니며 사진 촬영을 하는 사진작가 데이비드 두쉬만은 이렇게 말했다. "소외되고 잊혀진 사람들을 찍어야 할 합당한 이유가 있을 것이다. 그러나 찍지 말아야 할 이유도 있다. 이미 상처 입은 그들의 존엄을 더욱 짓밟는 일이 될 수도 있기 때문이다." 지금은 이 말을 잊지 않으려고 애쓰고 있다.

사진 찍을 때의 사소한 팁 몇 가지를 소개하면서 이 글을 마치고자 한다. 모두 시행착오를 통해 배운 팁들이니 아주 쓸모 없는 소리는 아닐 것이다.

사진은 수평을 맞춰야 한다. 특별한 의도가 있지 않다면 수평을 맞추자. 기본 중의 기본이다. 프레임의 가장자리는 말끔하게 정리할 필요가 있다. 사진은 흔히 빼기의 예술이라고 한다. 프레임에 너무 많은 것을 집어넣지 말아야 한다. 보여주고 싶은 것만 넣자. 서로 대비되는 것들을 한 프레임 안에 배치하면 좀 더 강렬한 사진을 얻을 수 있다. 색의 대비가 될 수도 있고, 사람과 동물의 대비가 될 수도 있다. 그런 요소들을 잘 찾아낼수록 시선을 끄는 사진을 만들 확률이 높다. 또 황금분할 원칙이 있다. 사진의 화면을 9등분을 해서 주요 피사체를 1/3지점에 배치하면 가장

강력하고 안정적인 시각적 효과를 얻을 수 있다는 구도의 원리다. 그러나 꼭 그렇게 찍어야 한다는 소리는 아니다. 참고하면서 자신의 사진의 구도를 잡으면 된다. 완벽한 대칭을 원하면 정 가운데에 배치해도 좋고, 극단적인 긴장감을 원하다면 화면의 귀퉁이에 넣어도 된다. 또 세로 사진과 가로 사진을 적당하게 시도해보는 것도 좋다.

나의 여행 사진 촬영 노하우를 요약해보면 대략 이 정도가 될 듯하다.

1. 카메라 작동법을 숙지하자. 눈 감고도 조작할 정도로. 나에게 맞는 작동법을 세팅해두는 것도 좋다.
2. 현지의 전통, 역사, 문화에 대한 사전 지식을 갈무리해두자. 사진의 영감을 얻는 데 도움이 된다.
3. 찰나를 포착하자. 결정적인 순간을 놓치지 않으려면, 잠들기 전까지 렌즈 캡을 열어두고 카메라는 항상 켜두어야 한다.
4. 현지인들과 교감을 나누자. 그들과 친근감을 형성할수록 좋은 사진을 찍을 확률이 높다.
5. 빛이 아름다운 때를 놓치지 말자. 같은 장소를 다른 시간대에 촬영해보는 것도 좋다. 모든 시간이 사진 찍기에 최적의 시간임을 명심하자.
6. 부지런히 다리품을 팔자. 그리고 결정적인 순간을 기다리자.

단언컨대, 사진은 우리의 여행을 더 풍요롭게 해준다. 무심코 지나칠 수 있는 풍경에도 한 번 눈길을 주게 하고 사람과 풍경에 더 가까이 다가서게 해준다.

소울풀 조지아

신화·종교·와인의 나라 조지아

지은이 | 변영숙

펴낸곳 | 마인드큐브
펴낸이 | 이상용
책임편집 | 김인수
디자인 | SNAcommunications(서경아, 남선미)

출판등록 | 제2018-000063호
이메일 | viewpoint300@naver.com
전화 | 031-945-8046
팩스 | 031-945-8047

초판 1쇄 발행 | 2021년 10월 18일
ISBN | 979-11-88434-52-7(03900)